송쌤의
엔트리 게임
코딩학교

송쌤의 엔트리 게임 코딩 학교

1쇄 발행 2019년 5월 16일
5쇄 발행 2023년 12월 9일

지은이 송상수
펴낸이 장성두
펴낸곳 주식회사 제이펍

출판신고 2009년 11월 10일 제406-2009-000087호
주소 경기도 파주시 회동길 159 3층 / **전화** 070-8201-9010 / **팩스** 02-6280-0405
홈페이지 www.jpub.kr / **투고** submit@jpub.kr / **독자문의** help@jpub.kr / **교재문의** textbook@jpub.kr

소통기획부 김정준, 이상복, 김은미, 송영화, 권유라, 송찬수, 박재인, 배인혜, 나준섭
소통지원부 민지환, 이승환, 김정미, 서세원 / **디자인부** 이민숙, 최병찬

진행 및 교정 · 교열 이 슬 / **내지디자인** 디자인86 / **표지디자인** 미디어픽스
용지 타라유통 / **인쇄** 한길프린테크 / **제본** 일진제책사

ISBN 979-11-88621-57-6 (63000)
값 18,000원

제이펍은 여러분의 아이디어와 원고를 기다리고 있습니다. 책으로 펴내고자 하는 아이디어나 원고가 있는 분께서는 책의 간단한 개요와 차례, 구성과 저(역)자 약력 등을 메일(submit@jpub.kr)로 보내주세요.

송쌤의 엔트리 게임 코딩학교

송상수 지음

Jpub 제이펍

| 드리는 말씀 |

- 엔트리 프로그래밍 환경(코드 블록, 오브젝트 등)은 독자의 학습 시점에 따라 책의 내용과 다를 수 있습니다.
- 책에 실린 작품(예제)은 https://bit.ly/3eOUzIL에서 확인할 수 있습니다.
- 오브젝트나 블록 이름은 엔트리 사이트를 기준으로 편집하였으므로 한글 맞춤법과 다를 수 있습니다.
- 책의 내용과 관련된 문의사항은 지은이 혹은 출판사로 연락해 주시기 바랍니다.
  - 지은이: gi_sik_in@naver.com
  - 출판사: help@jpub.kr

차례

추천의 말

"이 책은 '게임'을 주제로 기초부터 심화된 내용까지 재미있게 코딩할 수 있도록 구성되어 있습니다. 다소 어려운 개념도 알기 쉬운 설명과 재미있는 예제로 쉽게 이해할 수 있습니다. 스스로 게임을 만들고, 세상에 공유하고, 사람들의 의견을 듣고 개선하는 과정이 누구에게나 평생 잊지 못할 즐거운 경험과 자산이 될 것입니다. 이 책은 그 과정을 경험하는 데 가장 큰 도움을 줄 것으로 생각합니다."

— **권순신** 코드스케치 대표

"게임을 하는 아이에서 게임을 만드는 아이로! 한번 시작하면 시간 가는 줄 모르고 하게 되는 게임에는 어떤 원리와 요소들이 숨어 있을까요? 이 책을 통해 소프트웨어의 원리를 배우며 게임 개발자의 첫걸음을 내디뎌 보세요. 그리고 게임을 더 게임답게 해줄 다양한 기능을 추가하며 발전시켜 보세요. 다른 사람이 만든 게임을 하는 것보다 내가 만든 게임을 친구들이 재밌게 즐겨 준다면 훨씬 더 멋질 거예요!"

— **김재휘** 초등학교 교사(전 엔트리 연구원)

"이 책의 저자인 송상수 선생님은 어린이 코딩 교육 분야에서 단연코 우리나라 최고 전문가 중의 한 분입니다. 이번에도 기대를 저버리지 않고, 어린이들이 가장 많이 사용하는 프로그래밍 언어인 '엔트리'로 재밌는 게임을 직접 코딩하는 책을 만들었습니다. 모두 열두 가지의 게임이 아주 깔끔하고 맛나게 정리되어 있어, 상호작용하는 멋진 디지털 작품을 만들어 볼 수 있습니다. 이 책을 통해 우리 어린이들에게 또 다른 차원의 디지털 역량이 생겨날 것으로 기대합니다."

— **김현철** 고려대학교 컴퓨터학과 교수

"코딩을 배울 때, 단순히 기능을 익히거나 방법만 익힌다면 코딩 교육을 통해 기르고자 하는 CT(Computational Thinking)를 제대로 성장시키기 어려울 것입니다. 그러나 더 큰 프로젝트의 수행 과정에서 자연스럽게 코딩이 융합된다면, 그 코딩은 학생들의 기억에 오래 남으면서도 CT를 충분히 기를 수 있는 유의미한 코딩이 될 것입니다. 이 책은 학생들의 흥미를 이끄는 '게임 개발'이라는 주제로 코딩을 풀어가고 있습니다. 따라서 학생들은 자신이 좋아하는 게임을 만드는 과정에서 자연스럽게 코딩을 활용할 뿐만 아니라 자신의 창의력을 무한히 펼칠 수 있을 것입니다."

— **신민철** 대구하빈초등학교 교사

"이 책은 완성도 높은 게임에 필요한 기능 요소들을 직접 만들 수 있도록 돕는 친절한 책입니다. 저자인 송상수 선생님은 코딩을 배우는 친구들이 놓치지 말아야 할 여러 소프트웨어 개념들을 각 게임의 기능 구성 요소에 잘 녹여 놓았습니다. 더 많은 친구들이 자신만의 게임을 직접 만들고, 자랑하고, 즐길 수 있는 세상을 좀 더 앞당겨주어 감사할 따름입니다."

— **이민석** 국민대학교 소프트웨어학부 교수

머리말

게임 코딩 세계로의 초대!

생활 속에서 우리는 다양한 소프트웨어를 만나고 사용합니다. 가전제품 속에도 엘리베이터 속에도 소프트웨어는 존재합니다. 컴퓨터에서 사용하는 다양한 응용 프로그램과 스마트폰 앱도 모두 소프트웨어죠. 여러분이 좋아하는 '게임'도 소프트웨어의 한 종류입니다. 우리는 이렇게 소프트웨어와 함께 숨쉬며 살아갑니다.

만약 여러분이 게임을 만든다면 그것은 소프트웨어를 만드는 일이 됩니다. 지금까지 여러분은 주어진 게임을 재미있게 사용하기만 했습니다. 하지만 이제는 그 게임을 직접 만들게 될 것입니다. 게임을 만드는 일은 단순히 게임을 하는 것보다 훨씬 더 재미있고 신나는 일입니다.

게임을 만들기 위해서는 다양한 지식이 필요합니다. 게임도 소프트웨어이므로 먼저 소프트웨어를 만드는 원리를 알아야 합니다. 그뿐만 아니라 게임에는 수학, 과학, 미술, 음악처럼 다양한 과목의 원리들이 들어 있습니다. 여러분은 저와 함께 게임을 만들며 지금까지 학교에서 배운 다양한 지식이 게임에 어떻게 사용되는지도 알게 될 것입니다.

벌써부터 두근두근 설레지 않나요? 이제 저와 함께 게임 코딩의 세계로 떠나봅시다.

송상수

이 책에 대하여

PART I. 소개

이 파트에서는 게임 장르와 게임의 구성 요소를 공부하고, 좋은 게임을 만드는 방법에 대해 알아봅니다. 다음으로 프로그래밍과 엔트리에 관해 소개합니다. 엔트리에 가입하는 방법은 물론, 게임을 만들기 위한 엔트리 화면을 요목조목 설명하고, 게임을 만드는 과정을 소개합니다.

PART II. 기초

간단한 게임을 만들며 소프트웨어와 게임을 만드는 기초 원리를 익힙니다. 누구나 배울 수 있도록 단계별 구성과 친절한 설명으로 이루어져 있으니 포기하지 말고 도전해 보세요.

PART III. 응용

파트 2에서 간단한 게임을 만들면서 배운 개념을 토대로 한층 업그레이드된 게임을 만듭니다. 각 챕터의 마지막에는 게임 융합 이야기가 있어서 게임 프로그래밍에서 수학과 과학 같은 교과 내용이 어떻게 사용되는지 알 수 있습니다.

PART IV. 심화

조금 더 완성도 있는 게임을 위해 게시판, 로그인, 랭킹 기능과 같이 게임에서 사용되는 다양한 심화 기능의 원리를 소개하고 함께 만들어봅니다.

다음 표는 각 챕터에서 배울 프로그래밍 개념과 엔트리 기능을 요약한 것입니다. 이 책을 처음 펼쳤다면 이 표가 어려워 보일 수 있지만, 이 책을 모두 읽은 후에는 이 표에 있는 단어들이 익숙해져 있을 겁니다. 자, 그럼 시작해 볼까요?

챕터	설명	
	프로그래밍 개념	엔트리 기능
chap 1 **게임의 세계**	8가지 게임 유형을 살펴보고, 게임을 제작하는 과정을 설명한다.	
chap 2 **엔트리 알아보기**	엔트리에 가입하는 방법과 엔트리 만들기 화면을 소개한다.	
chap 3 **풍선 터트리기**	순차 구조, 선택 구조, 이벤트	초시계, 모양, 소리, 크기
chap 4 **경찰차 레이싱**	반복 구조, 선택 구조, 이벤트	회전하기, 모양, 소리, 이동하기
chap 5 **용돈 벌기 게임**	변수, 비교 연산, 반복 구조, 이벤트	초시계, 모양, 소리, 무작위 수, 좌표, 이동하기
chap 6 **미어캣 가족 구하기**	선택 구조, 반복 구조, 이벤트	장면, 무작위 수, 회전 방식, 모양, 튕기기, 이동하기, 말하기, 글상자
chap 7 **방 탈출 게임**	신호, 선택 구조, 비교 연산, 이벤트	장면, 효과, 말하기, 좌표, 이동하기, 모양, 묻고 대답 기다리기, 글상자
chap 8 **덧셈 달리기 게임**	반복 구조, 선택 구조, 비교 연산, 변수	모양, 이동하기, 말하기, 무작위 수, 합치기, 소리,
chap 9 **민첩성 테스트**	변수, 비교 연산, 선택 구조, 이벤트	장면, 모양, 초시계, 무작위 수, 합치기, 글상자
chap 10 **바운스볼**	논리 연산, 변수, 반복 구조, 선택 구조	복제본, 좌표, 모양, 효과, 이동하기
chap 11 **번개 피하기**	공유 변수, 선택 구조, 반복 구조, 비교 연산, 논리 연산, 신호	복제본, 무작위 수, 좌표, 이동하기, 모양, 글상자
chap 12 **타이핑 게임**	리스트, 선택 구조, 반복 구조, 비교 연산, 신호	글상자, 묻고 대답 기다리기, 초시계, 무작위 수, 모양, 좌표, 이동하기
chap 13 **엔트리런**	함수, 반복 구조, 선택 구조, 비교 연산, 변수	복제본, 글상자, 무작위 수, 좌표, 이동하기, 모양, 합치기,
chap 14 **우주 대전**	선택 구조, 반복 구조, 변수, 비교 연산, 논리 연산, 신호, 이벤트	복제본, 모양, 좌표, 이동하기, 크기, 글상자
chap 15 **최고 기록 만들기**	공유 변수, 반복 구조, 선택 구조, 이벤트, 비교 연산, 신호	닉네임, 초시계, 글상자, 합치기, 모양
chap 16 **게시판 만들기**	공유 리스트, 선택 구조, 반복 구조, 이벤트, 변수, 비교 연산	글상자, 묻고 대답 기다리기, 닉네임, 말하기, 합치기
chap 17 **로그인 기능 만들기**	공유 리스트, 선택 구조, 반복 구조, 이벤트, 변수, 비교 연산	글상자, 묻고 대답 기다리기, 합치기, 모양
chap 18 **랭킹 기능 만들기**	공유 리스트, 선택 구조, 반복 구조, 이벤트, 변수, 비교 연산	글상자, 묻고 대답 기다리기, 합치기

이 책의 구성 요소

학습 목표

각 챕터에서 공부할 프로그래밍 개념과 엔트리 기능 등 학습 목표를 한눈에 볼 수 있습니다.

난이도

각 챕터의 난이도를 표시하였습니다. 난이도는 별 하나부터 다섯 개까지 단계별로 높아집니다.

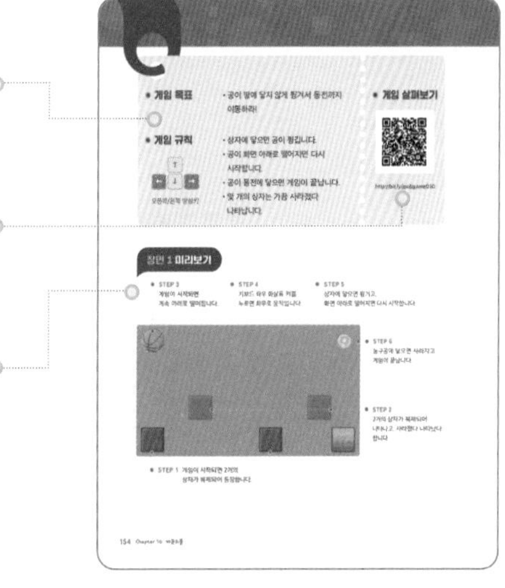

게임 정보

이 챕터에서 만들 게임의 기본 정보(게임 목표, 규칙, 조작 키)를 안내합니다.

QR 코드

QR 코드를 통해 작품을 실행해 볼 수 있습니다.

미리보기

미리보기를 통해 게임을 만드는 과정을 단계별로 보여줍니다.

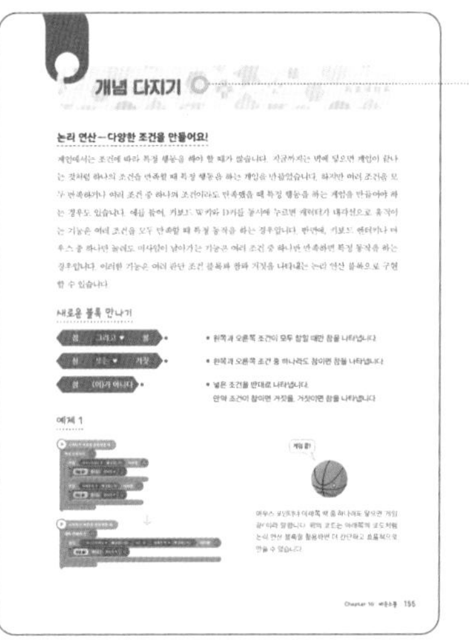

개념 다지기

작품을 만들 때 알아야 하는 프로그래밍 개념을 설명하고, 관련된 엔트리 블록을 소개합니다. 이해하기 쉽도록 예제가 함께 제공됩니다.

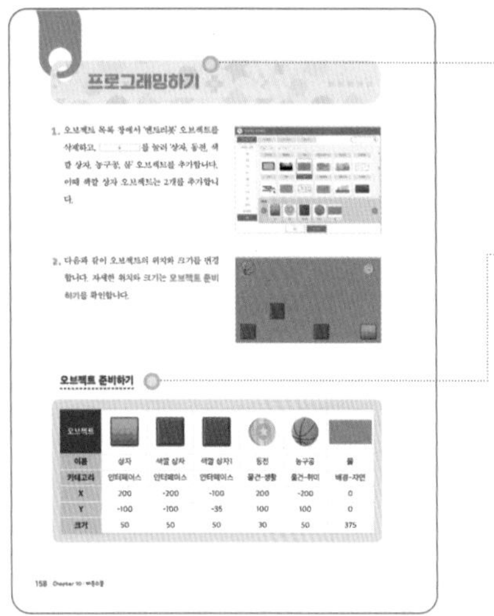

프로그래밍하기

처음부터 끝까지 코드를 하나하나 조립하면서 작품을 만들어봅니다. 한 단계 한 단계 아주 친절히 설명하므로 혼자서도 공부할 수 있습니다.

오브젝트 준비하기

작품에 나오는 오브젝트 정보를 장면별로 모아서 한꺼번에 보여줍니다. 오브젝트 준비하기를 보면, 설명을 읽지 않아도 작품에 필요한 오브젝트를 한 번에 설정할 수 있습니다.

tip

프로그래밍 팁이나 노하우 등을 알려줍니다.

개념 톡톡

프로그래밍 단계에서 좀 더 자세히 알아야 하는 요소가 있으면 추가로 설명해 줍니다.

검토하기

완성된 코드를 검토하는 단계입니다. 보너스 문제인 '더 나아가기'도 제공됩니다.

PART

I.

소개

chapter

1

게임의 세계

1.1 게임과 게임 장르

아이부터 어른까지 사람들은 게임을 즐깁니다. 집과 PC방에서는 PC로, 이동하는 공간에서는 스마트폰으로 다양한 컴퓨터 게임을 합니다. **게임(game)**이란 단어는 '흥겹게 뛰놀다'라는 의미를 가진 인도유럽어 'ghem'에서 유래했습니다. 학자마다 정의가 조금씩 다르지만, 게임은 규칙에 따라 목적을 달성하는 활동이라고 볼 수 있습니다.

컴퓨터가 처음 등장했던 시기에 게임은 매우 단순한 형태로만 존재했습니다. 하지만 소프트웨어 기술과 장비가 발전함에 따라 게임에도 다양한 장르가 등장하기 시작했습니다. 대표적인 게임 장르는 아래와 같습니다.

1) 격투 fighting

캐릭터의 행동을 키보드나 버튼으로 조작하여 플레이어가 서로 대결하는 게임입니다. 이 유형의 게임은 플레이어의 실력이 게임 플레이에 직접적인 영향을 미치는 경우가 많습니다. 대표적인 격투 게임으로는 '철권, 스트리트 파이터, 더 킹 오브 파이터즈' 등이 있습니다.

더 킹 오브 파이터즈

2) 슈팅 shooting

적의 공격을 피하고 총이나 포를 쏘는 게임입니다. 캐릭터로는 주로 비행기가 등장합니다. 비교적 간단한 제작 과정 때문에 게임 역사의 초창기부터 이 유형의 게임이 많이 개발되었습니다. 대표적인 슈팅 게임으로는 '스트라이커즈 1945, 드래곤 플라이트' 등이 있습니다.

스트라이커즈 1945

3) 플랫폼 platform

발판, 언덕, 계단 같은 플랫폼이 등장하고, 캐릭터는 이 플랫폼을 움직이며 목적을 달성하는 방식의 게임입니다. 이 유형의 게임에서는 점프라는 요소가 필수적으로 사용됩니다. 대표적인 플랫폼 게임으로는 '버블보블, 슈퍼마리오 브라더스' 등이 있습니다.

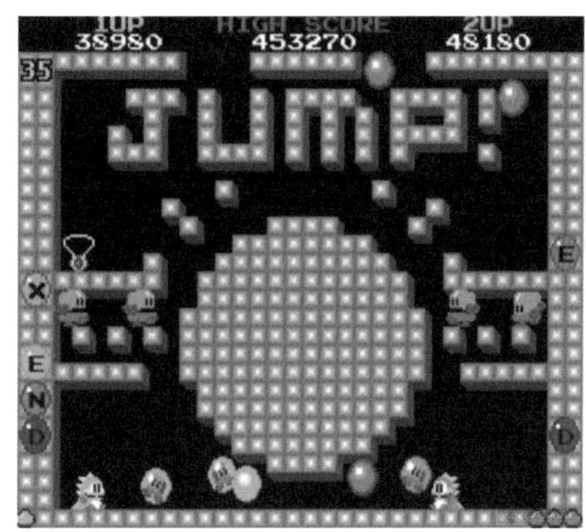

버블보블

4) 롤플레잉 role-playing

자신이 특정한 캐릭터가 되어 가상의 상황 속에서 특정한 목표를 달성하는 게임입니다. 가상 공간에서 자신의 역할을 수행하는 게임도 이 유형에 속합니다. 보통 이 유형의 게임은 사냥과 전쟁 등을 통해 캐릭터의 레벨을 높이고 특정 스킬을 연마하는 식으로 진행됩니다. 대표적인 롤플레잉 게임으로는 '리니지, 메이플 스토리, 듀랑고' 등이 있습니다.

메이플 스토리

5) 시뮬레이션 simulation

가상으로 현실과 비슷한 환경을 만들고, 현실을 간접 체험하는 게임입니다. 도시를 건설하거나 놀이공원을 운영하는 게임, 동물이나 사람을 키우는 게임 등도 이 유형의 게임에 속합니다. 대표적인 시뮬레이션 게임으로는 '심시티, 심즈' 등이 있습니다.

심시티

6) 어드벤처adventure

캐릭터가 주어진 시나리오 속에서 모험을 하며 사건과 문제를 풀어가는 게임입니다. 이 유형의 게임은 주로 대사와 상황들이 나오고 어떤 행동을 할지 선택하는 형식으로 진행됩니다. 롤플레잉 게임은 주인공이 자유로운 행동을 통해 상황을 만들어가지만 어드벤치 게임은 게임 속 상황에 따라 제한적인 행동만 할 수 있다는 차이가 있습니다. 대표적인 어드벤처 게임으로는 '방 탈출 게임' 등이 있습니다.

방 탈출 게임

7) 퍼즐puzzle

주어진 규칙과 논리적인 사고로 특정 문제를 해결하는 게임입니다. 이 유형의 게임은 매우 간단한 조작법과 규칙으로 이루어진 경우가 많습니다. 대표적인 퍼즐 게임으로는 '테트리스, 지뢰 찾기, 애니팡' 등이 있습니다.

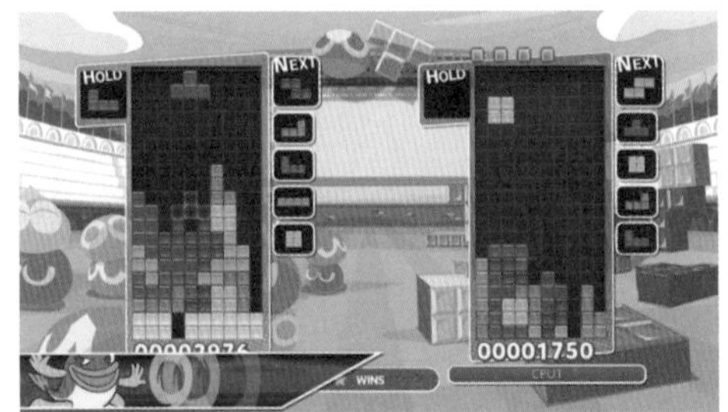

테트리스

8) 스포츠sports

스포츠를 주제로 한 게임입니다. 축구, 농구, 야구, 레이싱 등 다양한 종류의 게임이 이 유형의 게임에 해당됩니다. 대표적인 스포츠 게임으로는 '카트라이더, FIFA 온라인' 등이 있습니다.

FIFA 온라인

9) 전략 strategy

리그 오브 레전드

전략을 통해 대결하는 게임입니다. 전략 게임은 보통 한 번씩 돌아가며 진행하는 턴(turn) 방식과 실시간으로 진행되는 실시간 방식으로 나눠집니다. 이 유형의 게임은 규칙이 복잡하고 어렵다는 특징이 있습니다. 대표적인 전략 게임으로는 턴 방식의 '문명', 실시간 방식의 '스타크래프트, 리그 오브 레전드' 등이 있습니다.

10) FPS First Person Shooter

배틀필드

1인칭 시점으로 무기나 도구를 활용해 전투를 하는 게임입니다. 대부분 3D 방식으로 제작되어 게임을 하는 동안 자신이 게임 속에 있다는 생각을 할 정도로 사실감이 높다는 특징이 있습니다. 대표적인 FPS 게임으로는 '배틀필드, 배틀그라운드, 오버워치, 서든어택' 등이 있습니다.

1.2 게임의 구성 요소

게임 장르는 다양하지만 게임에는 **규칙, 디자인, 목표**라는 3가지 공통된 구성 요소가 있습니다. 이 구성 요소가 빠지면 제대로 된 게임을 만들 수 없습니다. 각 구성 요소를 자세히 살펴봅시다.

1) 규칙

게임 규칙: 게임의 핵심 구성 요소이며 게임에서 지켜야 할 규칙을 말합니다. 무엇을 하면 점수 같은 보상을 받고, 어떻게 하면 게임이 종료되는지, 아이템은 언제 어떻게 사용할 수 있는지 등이 규칙에 해당됩니다.

액션: 플레이하는 캐릭터가 할 수 있는 행동을 말합니다. 캐릭터가 점프하는 것, 무기를 사용하는 것, 뛰는 것, 이동하는 것이 모두 액션에 해당됩니다.

2) 디자인

플레이어: 롤플레잉 게임에서는 사람, 슈팅 게임에서는 비행기, 레이싱 게임에서는 자동차와 같이 게임에서 내 역할을 할 대상을 말합니다.

인터페이스: 게임 내에서의 공격 버튼, 캐릭터의 체력, 점수 등과 같이 게임 내에서 상태를 알려주거나 액션을 할 수 있는 시각적인 디자인을 모두 포함하는 말입니다.

소품: 동전과 같은 아이템, 게임에서 플레이어는 아니지만 특정한 역할을 하는 것을 말합니다.

배경: 게임이 진행되는 무대를 말합니다. 배경은 고정되어 있기도 하며, 위나 옆으로 움직이기도 합니다. 게임에 따라 2D가 아닌 3D로도 표현할 수 있습니다.

3) 목표

격투 게임은 싸워서 상대방을 이기는 것이 목표이며, 레이싱 게임은 가장 빨리 레이스를 도는 것이 목표입니다. 이 외에도 제한된 시간에 점수를 최대한 많이 얻는 것, 오래 살아남는 것 등이 게임 목표가 될 수 있습니다.

1.3 좋은 게임을 만들려면?

앞서 살펴본 게임의 구성 요소가 다 포함되어 있다고 해서 모든 게임이 좋은 게임이 되지는 않습니다. 좋은 게임은 '재미있고, 몰입할 수 있어' 계속 하고 싶게 하는 특징이 있습니다. 이런 특징을 가지는 게임을 만들기 위한 팁을 살펴봅시다.

1) 재미있는 게임 만들기

규칙

- 규칙이 간결하고 이해하기 쉬워야 합니다. 너무 많은 규칙은 플레이어가 금방 게임을 그만두게 만듭니다.
- 특정한 확률로 나오는 '랜덤 박스, 전설 카드, 강화'처럼 운이 따르는 요소를 넣으면 게임이 더욱 재밌어집니다.

난이도

- 게임의 목표를 달성하는 데 너무 오랜 시간이 걸리면 게임을 하다가 포기하는 경우가 많습니다. 큰 목표 아래에 작은 목표를 여러 개 두면 플레이어가 성취하는 재미를 느껴 게임을 계속하게 도와줍니다.
- 특정 단계의 미션을 완료할 때마다 또는 시간이 지날 때마다 난이도가 점점 높아지는 것이 좋습니다. 처음부터 난이도를 너무 높게 만들지 않도록 주의하세요.
- 난이도가 너무 쉬우면 사용자는 게임에 금방 싫증을 느낍니다. 여러 번 게임을 테스트해 보면서 너무 어렵지도 쉽지도 않게 단계를 구성해 보세요.

동기와 보상

- 게임에서 단계와 레벨을 두고, 더 높은 단계와 레벨로 나아갈수록 다양한 스킬을 획득하거나, 특별한 아이템을 착용하도록 해서 플레이어에게 보상을 주세요.
- 자신의 점수뿐만 아니라 다른 사람의 점수와 랭킹을 보여주세요. 이런 요소들은 플레이어가 자신의 점수와 랭킹을 더 높이기 위해 게임을 계속하게 만듭니다.

2) 몰입할 수 있는 게임 만들기

스토리

- 플레이어는 이야기가 있는 게임에 몰입합니다. 특정한 상황과 이야기를 만들어 게임 속에 녹여보세요.

디자인/사운드

- 분위기에 맞는 배경, 캐릭터, 소품을 사용해 보세요. 다만, 디자인 요소들은 통일된 느낌이 있어야 합니다. 통일되지 않은 디자인 요소들은 플레이어의 몰입을 방해합니다.
- 미션을 완료하거나 점수를 얻거나 보상을 얻었을 때는 게임 화면에서 바로 표현될 수 있게 해보세요.
- 상황에 맞는 배경 음악, 버튼을 누를 때나 미션을 해결했을 때의 효과음 등을 적절하게 사용해 보세요.

게임 외적 요소

- 게임의 조작법과 규칙을 알려주는 기능을 넣어서 플레이어가 게임을 쉽게 이해하고 조작할 수 있게 도와주세요.

1.4 게임을 만드는 과정

게임은 어떻게 만들 수 있을까요? 게임은 소프트웨어의 한 종류입니다. 그렇기 때문에 게임을 만드는 것은 소프트웨어를 만드는 과정이라 할 수 있습니다. 이 과정을 자세히 살펴봅시다.

1) 구상하기

가장 먼저 어떤 게임을 만들지 생각합니다. 이 과정에서는 평소에 자신이 상상했던 게임을 떠올려 봅니다. 잘 떠오르지 않으면 재미있게 했던 게임을 생각해 봅니다.

2) 게임 구성 요소 정리하기

앞서 살펴본 게임의 3가지 구성 요소인 규칙, 디자인, 목표를 정리합니다. 게임은 어떤 규칙으로 진행되며, 플레이어에게는 어떤 목표가 주어지는지, 등장하는 캐릭터는 어떤 행동을 할 수 있는지 정리하고, 게임 화면, 캐릭터, 소품, 배경을 어떤 것으로 할지 디자인적인 요소도 정리해 봅니다.

3) 알고리즘 만들기

이 과정에서는 알고리즘을 만듭니다. **알고리즘**이란, 소프트웨어를 만들기 위한 설계도와 같습니다. 생각한 규칙과 목표를 어떻게 소프트웨어로 만들지 구체적인 해결법을 순서대로 표현한 것을 알고리즘이라 합니다. 머릿속에만 있었던 생각을 알고리즘을 통해 구체적으로 표현하다 보면, 미처 생각하지 못했던 부분이나 자신이 잘못 생각한 것들을 발견하면서 보다 정확한 소프트웨어를 만들 수 있습니다. 보통 글이나 순서도 같은 그림으로 알고리즘을 표현합니다.

4) 프로그래밍하기

프로그래밍이란, 프로그래밍 언어의 명령어를 사용하여 프로그램을 만드는 것을 말합니다. 바로 이 프로그램이 소프트웨어입니다. 이 과정에서는 먼저 컴퓨터가 알아들을 수 있는 명령인 **프로그래밍 언어**를 선택해야 합니다. 그다음에는 만든 알고리즘에 따라 프로그래밍을 합니다. 우리는 앞으로 **엔트리**라는 프로그래밍 언어를 사용하여 프로그램을 만들 것입니다.

5) 검토하기

마지막으로, 만들어진 게임(소프트웨어)을 실행하여 **오류**가 없는지 확인합니다. 오류가 있다면 오류를 수정해야겠죠? 그리고 오류가 아니더라도 좀 더 개선할 점은 없는지 확인하여 만든 프로그램을 더 확장해 봅니다. 또한, 자신이 만든 게임을 공유하여 다른 사람에게 의견을 받는 것도 게임을 개선하는 좋은 방법입니다.

이렇게 다섯 단계를 통해 게임을 만들 수 있습니다. 그럼, 이 책에서 사용할 프로그래밍 언어인 엔트리에 대해 자세히 알아볼까요?

chapter 2

엔트리 알아보기

2.1 엔트리란?

엔트리(Entry)는 우리나라에서 만든 교육용 프로그래밍 언어입니다. 'Entry'의 뜻이 '입장'인 것처럼 엔트리를 사용하면 누구나 쉽게 프로그래밍의 세계로 들어올 수 있습니다.

엔트리에서는 일상 언어로 이루어진 명령어 블록을 순서대로 조립하면서 자신만의 프로그램을 만들 수 있습니다. 또한, 게임, 애니메이션, 미디어 아트, 응용 프로그램 등을 만들고 다른 사람과 공유할 수 있습니다.

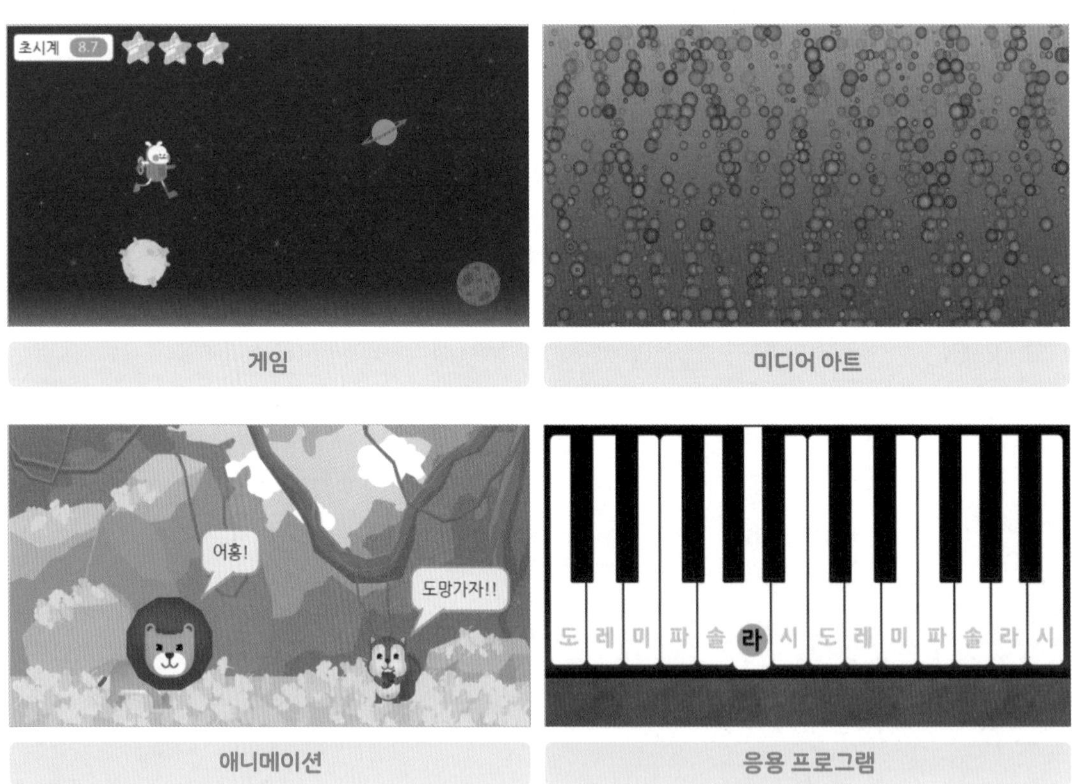

게임 / 미디어 아트 / 애니메이션 / 응용 프로그램

2.2 엔트리 가입하기

엔트리 사용 환경

엔트리는 인터넷으로 접속해서 사용하는 방법과 오프라인 프로그램을 다운로드하여 사용하 는 방법이 있습니다. 인터넷에서는 별도의 프로그램을 설치하지 않고 이용할 수 있습니다. 인터넷 환경과 인터넷 브라우저만 있으면 언제든지 엔트리 사이트(playentry.org)에 접속해서 프로그램을 만들 수 있습니다. 다만, Internet Explorer는 버전 11 이상이면 사용할 수 있지만,구글의 크롬(Chrome)을 사용하는 것이 더 좋습니다.

오프라인 프로그램은 엔트리 사이트의 [다운로드] 메뉴에서 설치할 수 있습니다. 1GB 이상의하드디스크 용량과 Windows 8 혹은 MAC OS 10.8 이상의 운영체제가 설치되어 있으면 인터넷이 연결되어 있지 않아도 엔트리를 사용할 수 있습니다.

회원가입

엔트리는 가입하지 않고도 누구나 무료로 사용할 수 있지만, 자신이 만든 소프트웨어를 저장하고 공유하려면 회원가입을 해야 합니다. 그러면 회원가입을 해볼까요?

1. 인터넷 브라우저를 열어 주소창에 playentry.org를 입력하고 오른쪽 상단의 **로그인**을 누릅니다.

2. 로그인 화면이 나타나면 오른쪽 하단의 **회원가입하기**를 누릅니다. 회원가입 화면이 나타나면 이용약관과 개인정보 수집 약관에 동의한 후 **e 아이디로 회원가입**을 누릅니다.

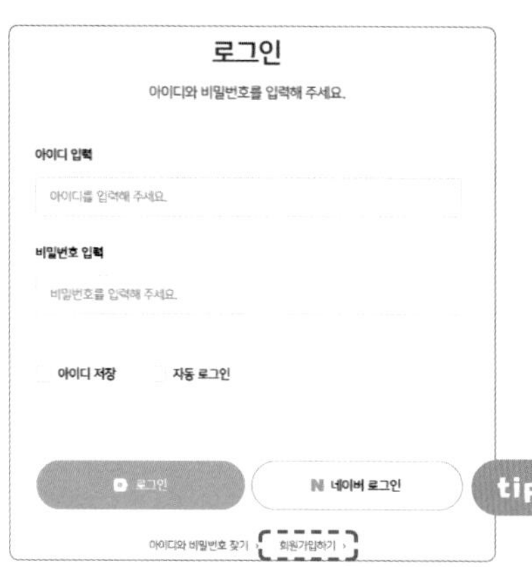

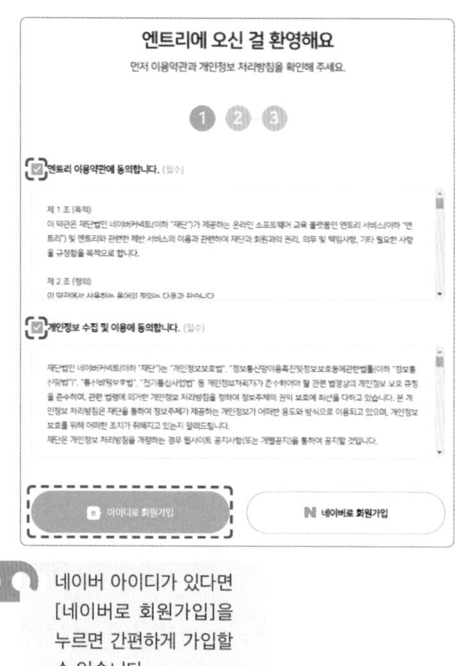

tip 네이버 아이디가 있다면 [네이버로 회원가입]을 누르면 간편하게 가입할 수 있습니다.

3. 아이디와 비밀번호를 입력하고 **다음**을 누릅니다. 회원 유형에는 일반을 선택합니다. 성별, 닉네임을 입력하고 출생연도를 선택합니다. 만 14세 미만이면 보호자 이름과 휴대전화 번호를 입력하고 **인증번호 받기**를 누릅니다. 휴대전화 번호로 온 인증번호를 입력한 후 **인증 확인**을 누릅니다. 메일 주소가 있다면 입력한 뒤 **확인**을 누릅니다.

tip 비밀번호는 5자 이상의 영문/숫자를 조합해서 입력해야 합니다.

tip 이메일 주소는 비밀번호 찾기와 커뮤니티 기능을 활용하기 위한 인증 절차에 사용됩니다.

4. 회원가입이 완료되면 **메인으로** 버튼을 누릅니다.

5. 화면 오른쪽 상단에 보이는 아이콘을 누르면 **마이 페이지** 메뉴를 확인할 수 있습니다. **마이 페이지**에서는 여러분이 만든 작품을 저장하고, 수정하고, 공유할 수 있습니다.

2.3 엔트리 화면 구성

회원가입을 했다면 이제 엔트리가 어떻게 구성되어 있는지 알아볼까요? 다음과 같이 로그인을 한 뒤 상단 메뉴에서 **만들기 ➡ 작품 만들기**를 클릭하면 엔트리 만들기 화면이 나옵니다.

엔트리 만들기 화면은 다음과 같습니다.

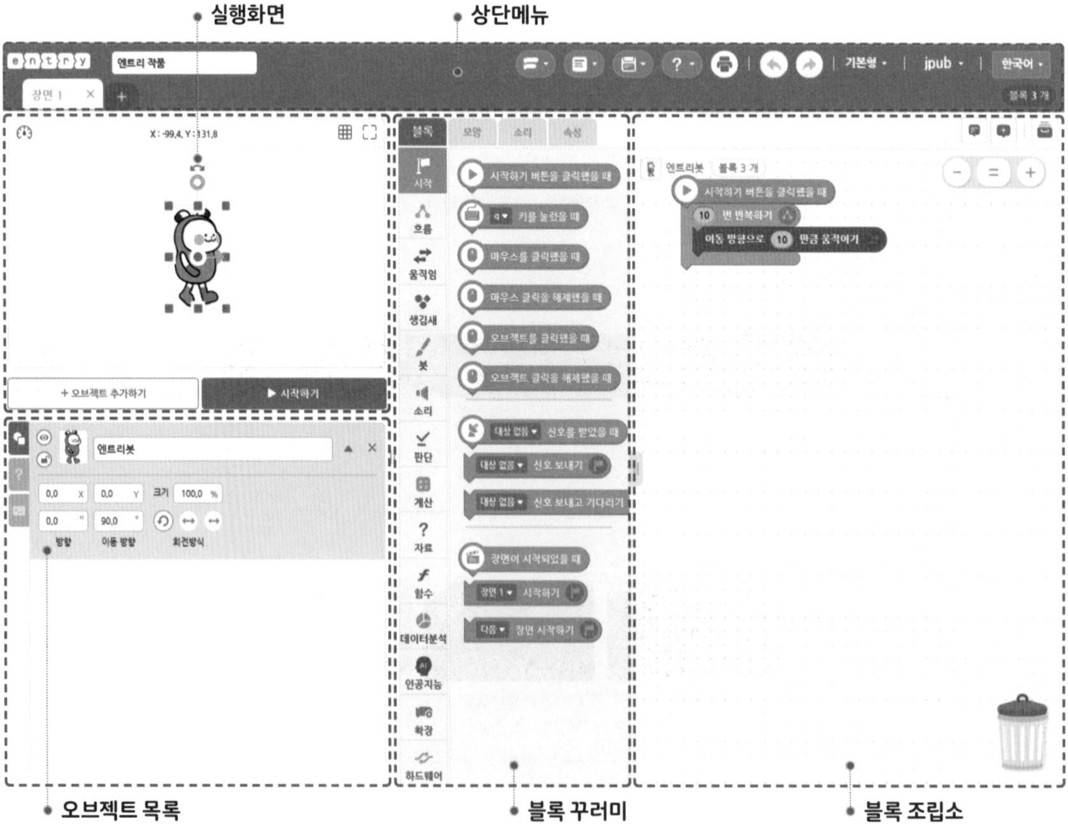

실행화면

상단메뉴

오브젝트 목록

블록 꾸러미

블록 조립소

1) 상단메뉴

상단메뉴는 작품 제목과 저장 버튼, 도움말, 나의 계정 등 환경과 관련된 요소로 이루어져 있습니다.

❶ **엔트리 로고**: 엔트리 메인페이지로 이동합니다.

❷ **작품 이름**: 작품의 이름입니다. 클릭하여 다른 이름으로 변경할 수 있습니다.

❸ **언어 선택**: 블록 코딩 또는 엔트리 파이썬으로 언어를 변경할 수 있습니다.

❹ **파일**: 작품을 새로 만들거나 저장한 작품을 불러옵니다.

❺ **저장하기**: 현재 작품을 저장하거나 복사본으로 저장합니다.

❻ **도움말**: 엔트리 사용과 관련된 도움말을 확인할 수 있습니다.

❼ **인쇄**: 만든 작품의 내용을 프린터로 인쇄할 수 있습니다.

❽ **입력 취소 & 다시 실행**: 작업을 바로 이전이나 이후로 되돌릴 수 있습니다.

❾ **전환 버튼**: 실과 교과서에 최적화된 만들기 모드로 전환할 수 있습니다.

❿ **계정**: 나의 작품을 조회하거나 나의 정보를 수정하고, 로그아웃할 수 있습니다.

⓫ **언어**: 한국어, 영어, 일본어, 베트남어로 언어를 변경할 수 있습니다.

2) 블록꾸러미

블록꾸러미는 블록, 모양, 소리, 속성 탭으로 이루어져 있습니다. 그리고 블록 탭에는 13개의 카테고리와 그에 따른 블록들이 들어 있습니다.

❶ **블록 탭**: 오브젝트를 움직일 수 있는 다양한 명령 블록들이 있는 곳입니다. 시작, 흐름 등 13개 가테고리에 140여 개의 블록들이 있습니다.

❷ **모양 탭**: 오브젝트의 모양을 추가하거나 이름을 수정하고 복제하는 등의 작업을 할 수 있는 탭입니다.

❸ **소리 탭**: 오브젝트의 소리를 관리하는 탭입니다. 새롭게 소리를 추가할 수 있고, 이미 추가된 소리들을 재생 버튼을 이용해서 바로 들어볼 수도 있습니다.

❹ **속성 탭**: 코드에 관여하는 변수나 신호, 리스트, 함수 등을 추가할 수 있는 탭입니다.

❺ **카테고리**: 같은 성격을 가진 블록을 묶어 놓은 공간입니다.

❻ **블록**: 가장 작은 단위의 명령어입니다. 블록으로 오브젝트에 명령을 내려서 프로그램을 만들 수 있습니다.

3) 블록 조립소

블록 조립소는 블록꾸러미에 있는 블록들을 마우스로 가져와서 조립하는 공간입니다. 오브젝트마다 별도의 블록 조립소가 있으며, 블록을 연결한 후 실행화면에 있는 ▶시작하기 버튼을 누르면 위에 있는 블록부터 순서대로 실행됩니다.

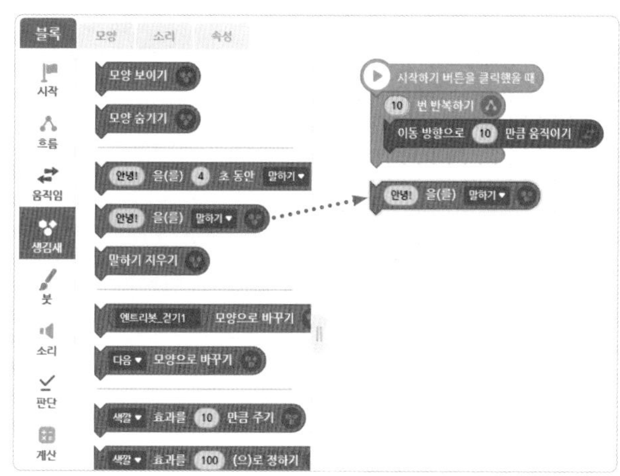

4) 실행화면

실행화면은 블록 조립소에서 만든 프로그램이 실행되는 공간입니다. 실행화면은 좌표를 가지고 있습니다. 실행화면 한가운데의 좌푯값 x=0, y=0을 중심으로 x축은 -240~240까지 y축은 -135~135까지 나타낼 수 있습니다. 모눈종이 버튼(▦)을 클릭하면 실행화면의 좌표를 볼 수 있으며, 모눈종이의 한 칸은 '20'입니다. 실행화면 위에 마우스를 가져가면 상단에 마우스 포인터의 좌표가 나타나며, 각 오브젝트의 정보에서 오브젝트 중심점의 좌표를 확인할 수 있습니다.

❶ **시작하기**: 작성한 코드를 실행할 수 있습니다. 이 책에서는 ▶시작하기 로 나타냈습니다.

❷ **오브젝트 추가하기**: 새로운 오브젝트를 추가할 수 있습니다. 이 책에서는 [+ 오브젝트 추가하기] 로 나타냈습니다.

❸ **확대**: 실행화면을 최대로 확대합니다. '원래크기로' 버튼(⤡)을 누르면 기존의 화면 크기로 돌아갑니다.

❹ **모눈종이**: 모눈종이를 실행화면에 표시합니다.

❺ **속도 조절**: 프로젝트가 실행되는 속도를 조절할 수 있습니다.

5) 오브젝트와 오브젝트 목록

명령어를 통해 움직일 수 있는 캐릭터, 배경, 글상자 등을 오브젝트라고 합니다. 오브젝트는 이름, 위치, 크기, 방향, 이동 방향, 회전 방식의 정보를 가지고 있습니다. 이러한 정보들은 오브젝트 핸들러(오브젝트의 점)를 이용하여 바꾸거나 오브젝트 목록에서 직접 수정할 수 있습니다. 또한, 작품에 사용된 모든 오브젝트들은 오브젝트 목록에 나열되어 있습니다.

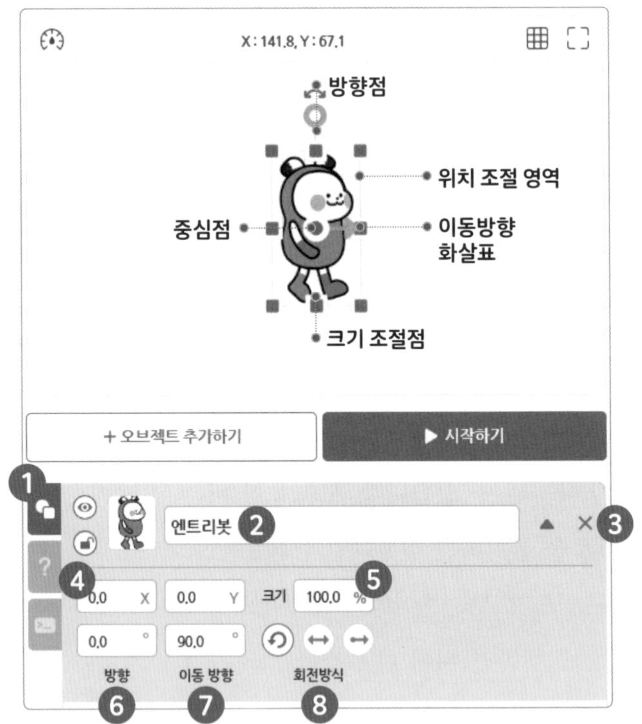

❶ **오브젝트 목록/도움말 전환 버튼**: 버튼을 클릭하여 오브젝트 목록이나 블록 도움말을 불러올 수 있습니다.

❷ **이름**: 오브젝트의 이름을 나타냅니다. 이름을 클릭하여 수정할 수 있습니다.

❸ **삭제**: 해당 오브젝트를 삭제합니다.

❹ **위치**: 오브젝트 중심점의 x, y 좌표를 의미합니다. 오브젝트가 선택된 상태에서 위치 조절 영역을 끌어 옮기거나 오브젝트 목록에서 직접 좌표를 입력할 수 있습니다. 중심점만 옮겨도 위치가 변하지만, 특별한 목적이 없는 경우에는 중심점이 오브젝트의 중앙에 위치하는 것이 좋습니다. (오브젝트를 끌어 옮길 때는 방향점이나 중심점, 크기 조절점을 누르지 않도록 합니다.)

❺ **크기**: 오브젝트의 크기를 나타냅니다. 오브젝트의 크기는 크기 조절점을 끌어 옮겨 조절하거나 오브젝트 목록에서 직접 입력할 수 있습니다. 크기 조절점을 사용하면 오브젝트의 가로세로 길이를 다르게 조절할 수 있으며, 직접 입력하면 가로세로가 일정한 비율로 조절됩니다. 처음 오브젝트를 불러올 때의 크기는 100으로 제공되며, '배경' 카테고리에 해당하는 오브젝트는 실행화면에 꽉 차는 크기인 375로 제공됩니다.

❻ **방향**: 오브젝트의 기울어진 정도를 의미합니다. 오브젝트의 방향은 방향점을 끌어 옮겨 바꿀 수 있습니다. 시계의 12시 방향을 0도로 하여 시계 방향으로 돌릴수록 각도가 증가하고 360도가 되면 0으로 돌아옵니다. 오브젝트 목록에서 직접 방향 값을 입력할 수도 있습니다. 오브젝트가 회전할 때에는 중심점을 기준으로 회전합니다.

❼ **이동 방향**: 오브젝트의 진행 방향을 의미합니다. 오브젝트의 이동 방향은 '이동 방향 화살표'를 끌어 옮겨 변경할 수 있습니다. 이동 방향은 이동 방향 화살표와 방향점이 일치할 때를 0도로 하여 시계 방향으로 돌릴수록 증가하며 360도가 되면 0으로 돌아옵니다. 즉, 이동 방향은 중심점과 방향점을 잇는 축을 기준으로 이동 방향 화살표만큼 벌어진 각도를 의미합니다. 이동 방향도 오브젝트 목록에서 직접 값을 입력할 수 있습니다.

❽ **회전 방식**: 오브젝트의 회전 방식을 결정합니다. 회전 방식에는 '모든 방향 회전, 좌우 방향 회전, 회전 없음'의 세 가지 방식이 있으며, '화면 끝에 닿으면 튕기기' 블록을 사용하면 회전 방식에 따른 오브젝트의 회전 모습을 볼 수 있습니다.

2.4 엔트리의 동작 원리

엔트리로 프로그래밍을 하는 과정은 '연극'을 만드는 과정과 같습니다. 연극을 만들기 위해서는 가장 먼저, 어떤 무대와 배우, 소품이 필요한지 생각한 뒤, 그들이 어떤 말과 행동을 할지 순서대로 알려주는 대본을 만들어야 합니다. 대본이 완성되면 감독의 "큐!" 사인에 맞춰 대본에 따라 연극이 진행됩니다. 즉, 연극에 등장하는 모든 것은 대본에 따라 말과 행동을 합니다.

엔트리로 프로그램을 만들 때도 마찬가지입니다. 연극에 등장하는 무대, 배우, 소품 등을 엔트리에서는 **오브젝트**라 하고, 연극의 대본처럼 오브젝트가 어떤 행동을 할지 정해 주는 것을 **코드**라 합니다. 그리고 감독이 큐 사인을 주면 연극이 시작되는 것처럼 엔트리에서는 ▶시작하기 를 누르면 프로그램이 시작되고 오브젝트가 코드에 따라 행동합니다. 이렇게 완성된 연극을 엔트리에서는 **작품**이라 합니다. 이 책에서는 소프트웨어와 프로그램, 작품을 모두 같은 말로 사용하겠습니다.

소프트웨어 = 프로그램 = 작품

연극

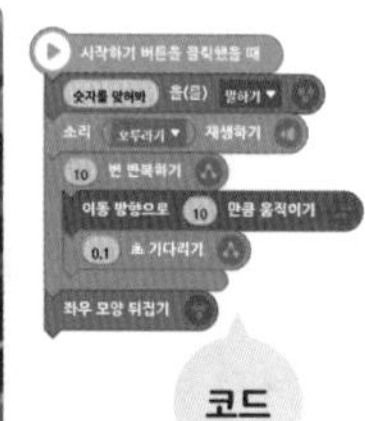

작품(프로그램)

용어 정리하기	
	• **오브젝트**: 연극의 무대, 배우, 소품처럼 실행화면에서 명령어를 통해 움직일 수 있는 것들 • **실행화면**: 연극의 무대처럼 오브젝트가 있는 화면 공간 • **블록**: 연극에서 하나의 대사처럼 오브젝트를 움직이거나 변화시킬 수 있는 각각의 명령어 • **코드**: 연극의 대본처럼 블록들을 조립하여 만든 명령어 모음 • **작품**: 완성된 연극처럼 완성된 프로그램

PART II.

기초

chapter

3

풍선 터트리기

학습 목표

순차, 선택, 이벤트 개념을 이용하여
마우스로 클릭하는 게임 만들기

- **프로그래밍 개념**

  순차 / 선택 / 이벤트

- **엔트리 기능**

  초시계 / 모양 / 소리 / 크기

난이도 ☆ ☆ ☆ ☆ ☆

- **게임 목표**
  - 빠른 시간 내에 풍선을 터트려라!
- **게임 규칙**
  - 풍선을 클릭하면 풍선의 크기가 커집니다.
  - 풍선이 화면 끝에 닿으면 터집니다.

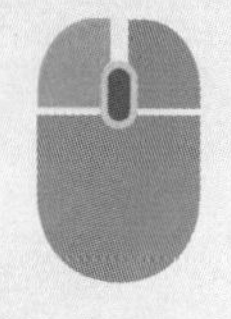

왼쪽 마우스 버튼

- **게임 살펴보기**

https://bit.ly/entrycoding03

장면 1 미리보기

STEP 1 게임이 시작되면 초시계가 동작합니다.

STEP 2 마우스를 클릭하면 풍선이 커집니다.

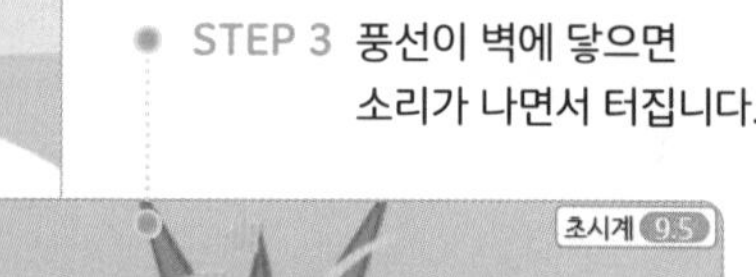

STEP 3 풍선이 벽에 닿으면 소리가 나면서 터집니다.

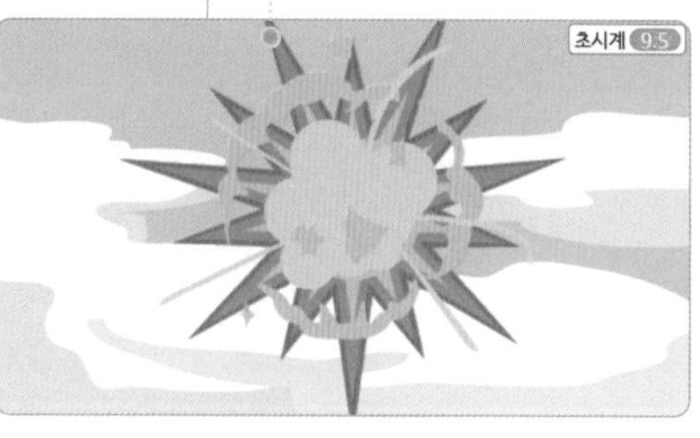

개념 다지기

순차 – 순서대로 명령을 내려요!

엔트리 블록을 조립해서 컴퓨터에게 명령을 내리면 우리가 원하는 게임을 만들 수 있습니다. 블록을 조립하고 ▶시작하기 를 누르면 컴퓨터는 조립된 블록 명령어를 위에서 아래의 순서대로 실행하는데, 이것을 **순차**라고 합니다. 블록의 순서가 바뀌면 실행되는 순서도 바뀌게 되므로 게임을 만들 때는 먼저 어떤 순서로 명령을 내릴지 잘 생각하고, 그 순서에 맞게 블록을 조립해야 합니다.

예제

풍선 색을 바꾼 후 2초 동안 기다리다가 사라집니다.

선택 – 조건에 따라 다른 명령을 내려요!

게임은 '만약에 어떤 상황이 발생하면 미리 지정된 행동을 하도록' 프로그래밍하는 경우가 많습니다. 예를 들어, 슈팅 게임에서 내 비행기가 적의 미사일에 닿았을 때 게임 오버 화면이 나타나거나 생명이 하나 줄어듭니다. 이런 기능은 특정한 조건(상황)에 따라 명령을 다르게 수행하는 **선택**이란 개념을 활용한 것입니다. 다음과 같은 블록을 활용하면 다양한 조건에 따라 다른 명령을 수행하는 게임을 만들 수 있습니다.

새로운 블록 만나기

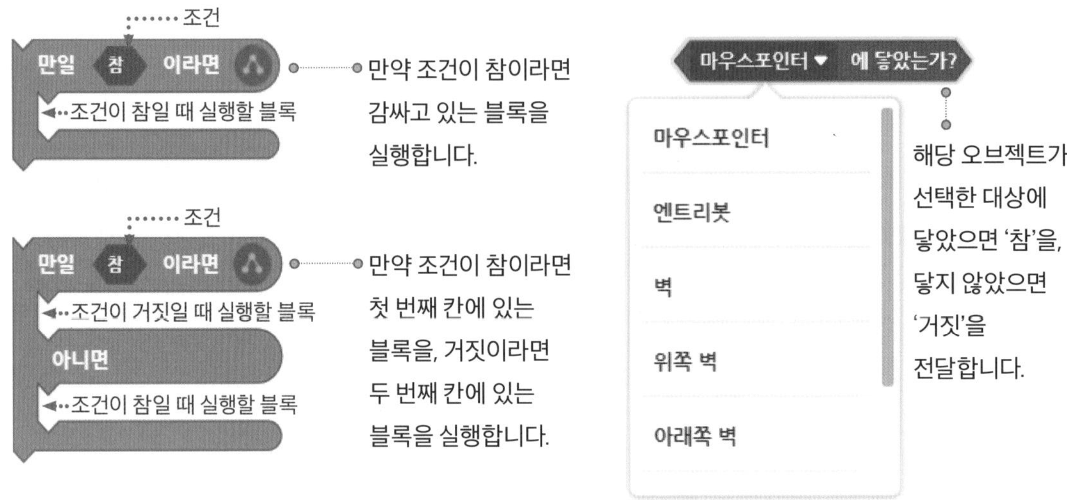

예제

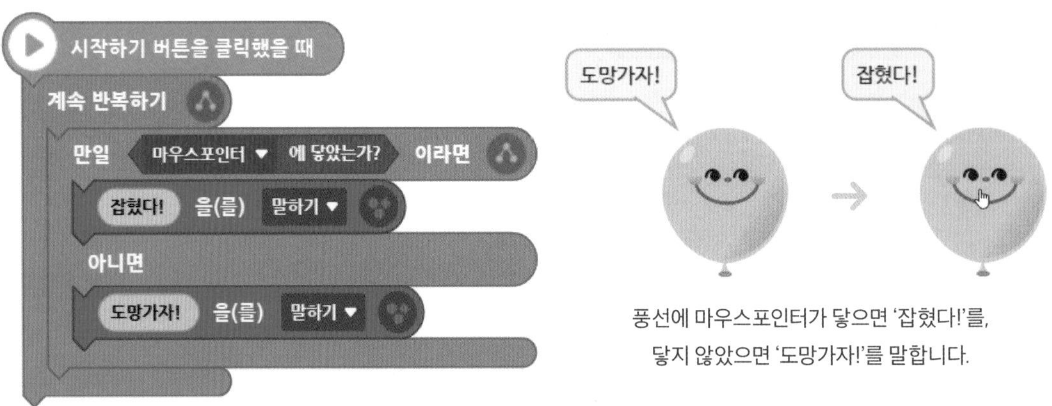

풍선에 마우스포인터가 닿으면 '잡혔다!'를, 닿지 않았으면 '도망가자!'를 말합니다.

이벤트 – 키보드와 마우스를 눌렀을 때!

이벤트는 키보드를 누르거나 마우스를 클릭했을 때 미리 정해진 행동을 하도록 하는 것을 뜻합니다. 키보드로 캐릭터를 조종하거나 마우스를 클릭했을 때 캐릭터가 클릭한 위치로 이동하는 기능들은 이벤트 개념을 활용한 것입니다. 이벤트 블록을 활용하면 이벤트 블록에 적힌 일이 일어날 때마다 그 아래에 연결된 블록이 실행됩니다.

새로운 블록 만나기

키보드에서 선택한 키를 누를 때마다 그 아래에 연결된 블록들을 실행합니다.

마우스를 클릭하거나 클릭을 해제할 때마다 그 아래에 연결된 블록들을 실행합니다.

오브젝트를 클릭하거나 클릭을 해제할 때마다 그 아래에 연결된 블록들을 실행합니다.

예제

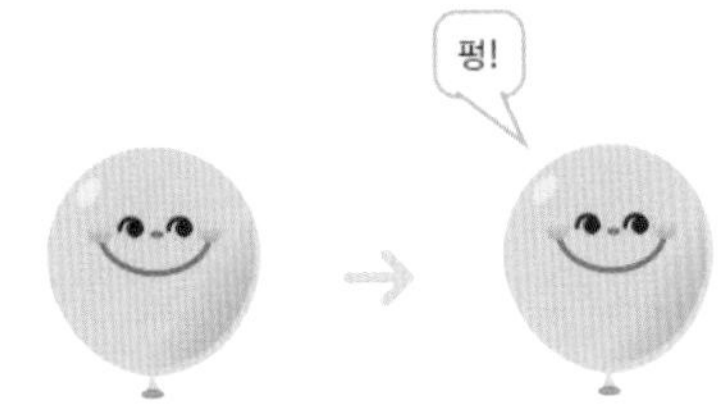

스페이스 키를 누를 때마다 '펑!'이라고 말합니다.

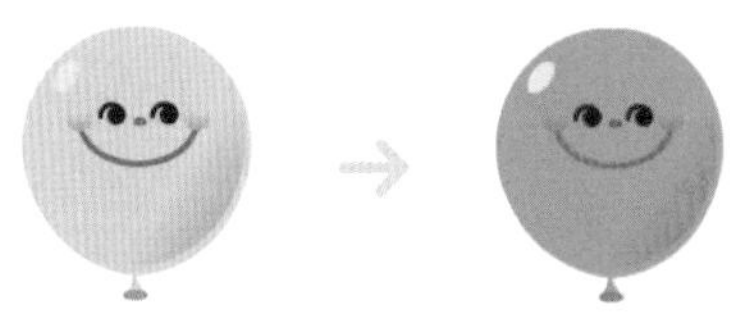

마우스를 클릭할 때마다 색이 바뀝니다.

프로그래밍하기

1. 엔트리 사이트(https://playentry.org/)에 접속해서 **만들기** 페이지를 실행합니다. 그리고 기본 오브젝트인 '엔트리봇'을 삭제하겠습니다. 오브젝트 목록에서 삭제(×)를 누르면 삭제할 수 있습니다.

2. 이제 작품에 필요한 오브젝트를 추가합니다. [+ 오브젝트 추가하기]를 누르면 '오브젝트 추가하기' 화면이 나타납니다. 왼쪽의 카테고리에서 원하는 오브젝트를 골라 사용할 수 있습니다. 여기서는 '풍선'과 '구름 세상'을 사용하겠습니다. '풍선'은 '물건' 카테고리의 '기타' 항목에서 찾을 수 있고, '구름 세상'은 '배경' 카테고리의 '자연' 항목에서 찾을 수 있습니다. 두 오브젝트를 선택하고 **추가하기**를 누르면 오브젝트 목록에 두 오브젝트가 나타납니다.

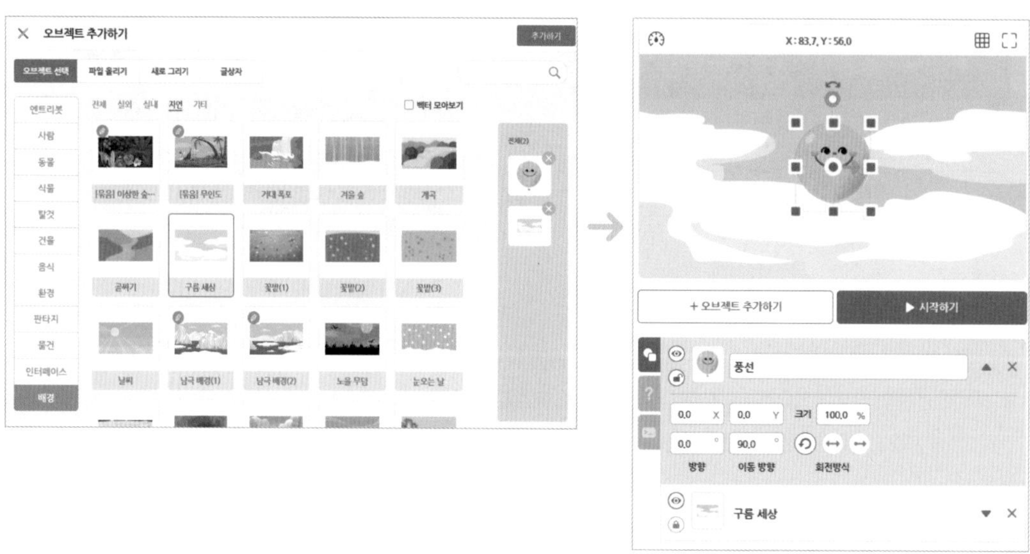

장면 1 오브젝트 준비하기

오브젝트	(풍선 이미지)	(구름 세상 이미지)
이름	풍선	구름 세상
카테고리	물건-기타	배경-자연

STEP 1 초시계 동작시키기

게임이 시작되면 초시계가 동작합니다.

3. '구름 세상' 오브젝트를 클릭하고, **시작**에서 [시작하기 버튼을 클릭했을 때] 블록을 블록 조립소로 옮깁니다. 초시계가 동작하도록 **계산**에서 [초시계 시작하기 ▼] 블록을 가져와 연결합니다.

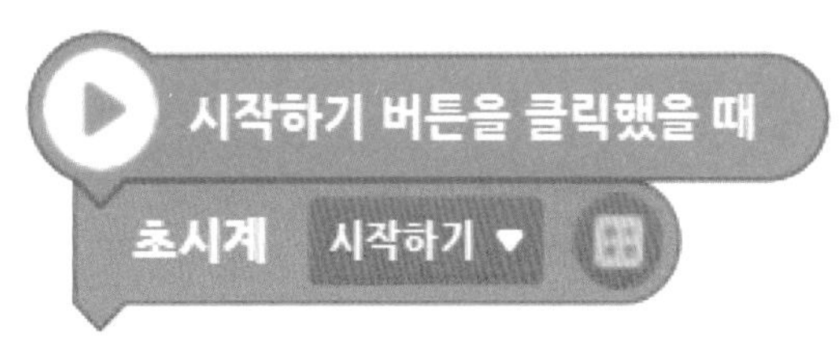

4.  를 눌러 실행해 보면 초시계의 값이 시간에 따라 올라가는 것을 확인할 수 있습니다.

tip 실행화면에서 초시계를 마우스로 드래그하면 원하는 위치로 옮길 수 있습니다.

STEP 2 풍선 커지게 하기

마우스를 클릭하면 풍선의 크기가 커집니다.

5. 마우스를 클릭하면 명령이 실행되도록 '풍선' 오브젝트를 클릭하고, **시작**에서 [오브젝트를 클릭했을 때] 블록을 가져옵니다. 풍선의 크기가 커지도록 **생김새**에서 [크기를 10 만큼 바꾸기] 블록을 가져와 연결합니다. 크기를 10씩 바꾸면 게임이 빨리 끝날 수 있으니 '10'을 클릭하여 '5'로 바꿔줍니다.

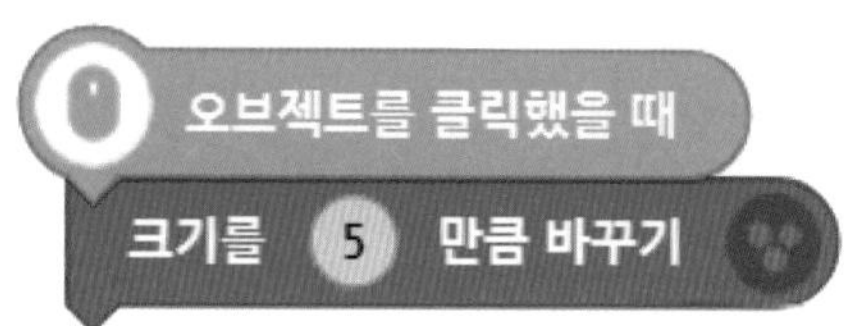

6.  를 누르고, 풍선을 클릭해 보세요. 풍선이 점점 커지는 것을 확인할 수 있습니다.

STEP 3 풍선이 벽에 닿으면 터지게 하기

❶ 풍선이 벽에 닿는지 확인합니다.
❷ 풍선이 벽에 닿으면 초시계를 정지하고
❸ 방귀 소리를 내고
❹ 터진 풍선의 모양으로 바꾸었다가 사라지게 합니다.

7. 지금은 풍선이 벽에 닿을 만큼 커져도 터지지 않습니다. 벽에 닿았을 때 특정한 행동을 하도록 **흐름**에서 [만일 참 이라면] 블록을 가져와 6 아래에 연결합니다.

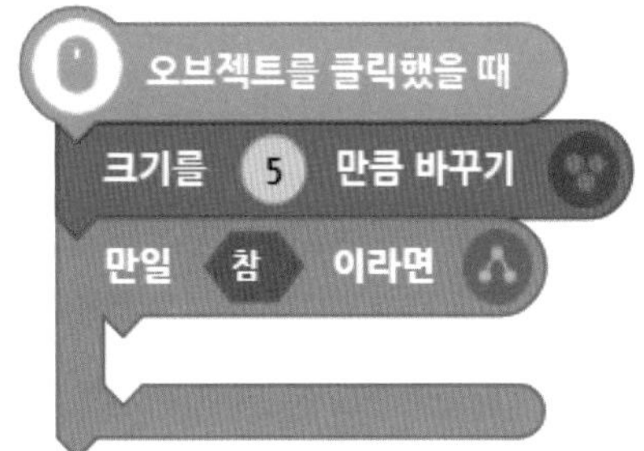

8. 풍선이 벽에 닿았는지 판단하기 위해 **판단**에서 [마우스포인터 ▾ 에 닿았는가?] 블록을 가져와 [만일 참 이라면] 블록의 [참] 부분에 합칩니다. 그리고 드롭다운 버튼을 눌러 '마우스포인터'를 '벽'으로 바꿉니다.

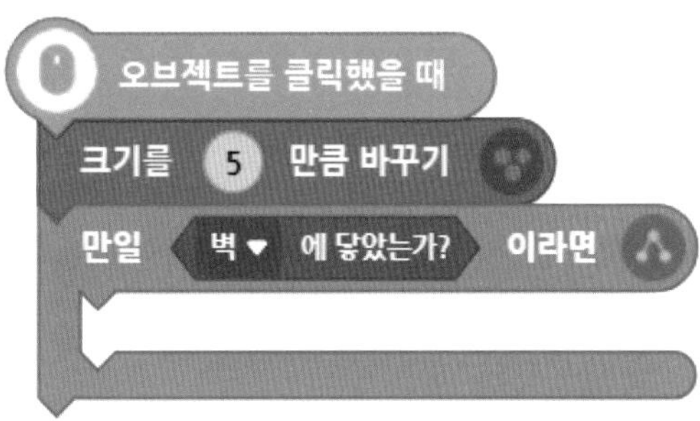

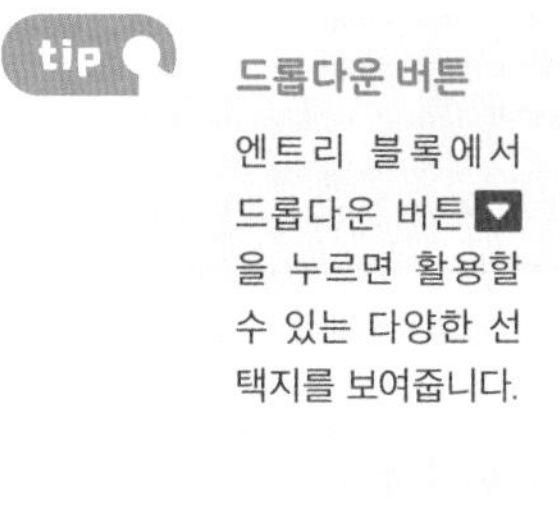

tip

드롭다운 버튼

엔트리 블록에서 드롭다운 버튼 ▾ 을 누르면 활용할 수 있는 다양한 선택지를 보여줍니다.

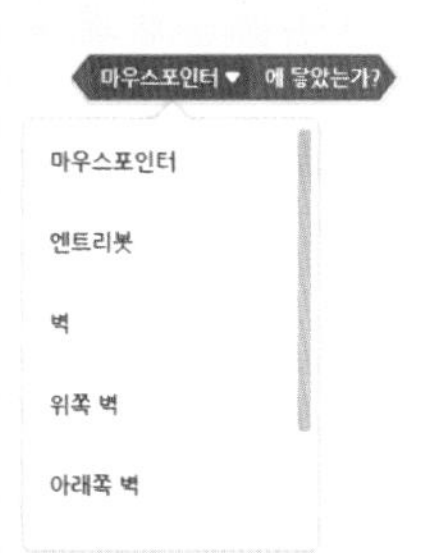

블록 합치기

[벽 ▾ 에 닿았는가?] 블록을 [만일 참 이라면] 블록에 가져가 보세요. [참] 부분에 쏙 들어가죠?

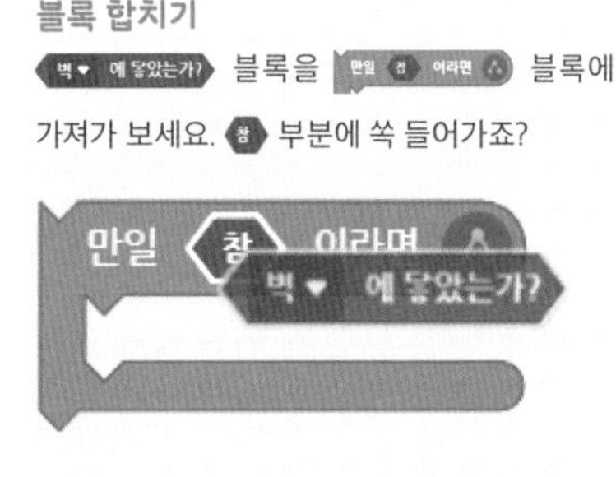

9. 풍선이 벽에 닿으면 가장 먼저 초시계를 정지하도록 **계산**에서 [초시계 시작하기 ▾] 블록을 가져와 8 블록에 넣고, 드롭다운 버튼을 눌러 [초시계 정지하기 ▾] 로 바꿉니다.

10. 다음으로, 벽에 닿았을 때 방귀 소리가 나도록 **소리 탭 ➡ 소리 추가하기** 버튼을 차례로 눌러 '방귀 소리3'을 추가합니다.

11. **소리**에서 [소리 (방귀 소리3 ▼) 재생하기] 블록을 가져와 [초시계 정지하기 ▼] 아래에 연결합니다.

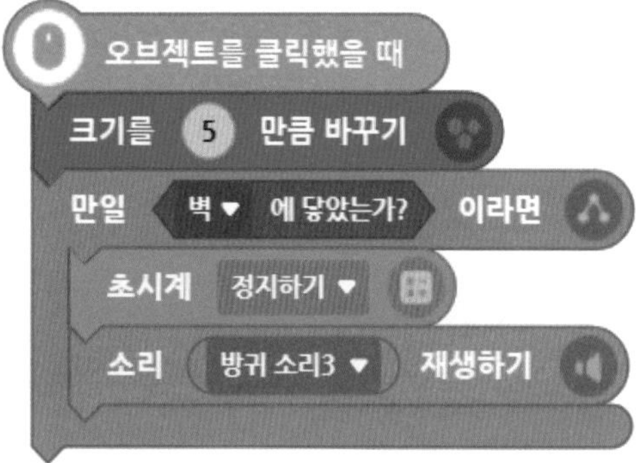

12. 마지막으로, 풍선이 터진 모양으로 바뀌었다가 사라지게 해 봅시다. **생김새**에서 [풍선_웃는 모양으로 바꾸기]를 가져와 '풍선_웃는'을 '풍선_터짐'으로 바꾸고, 그 아래에 **흐름**에서 [2 초 기다리기] 블록을 연결합니다. 이제 **생김새**에서 [모양 숨기기] 블록을 가져와 연결하여 다음과 같이 코드를 완성합니다.

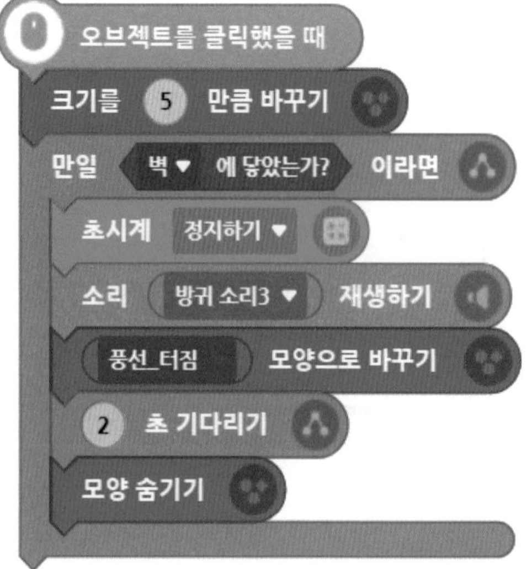

13. ▶ 시작하기 를 눌러 게임이 제대로 동작하는지 살펴봅시다.

개념 톡톡

모양

모양 탭을 누르면 해당 오브젝트가 가지고 있는 모양 목록을 볼 수 있습니다. 모양을 바꾸려면 모양 목록에서 원하는 모양을 누르거나 풍선_웃는 모양으로 바꾸기 블록을 사용하면 됩니다.

검토하기

완성된 코드를 검토해 봅시다. https://bit.ly/entrycoding03c에 접속하면 전체 코드를 볼 수 있습니다. 놓친 부분은 없는지 천천히 살펴보세요.

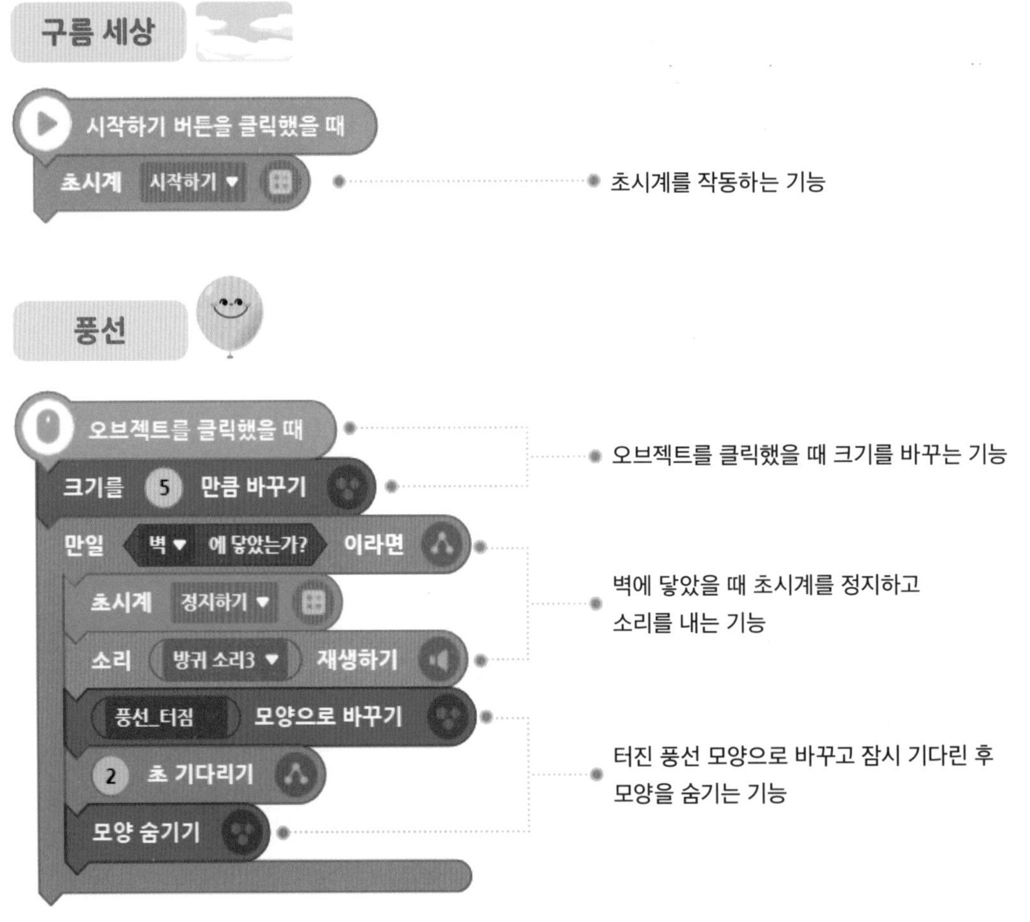

더 나아가기

❶ 오른쪽 벽에 닿았을 때만 풍선이 터지도록 해봅시다.

❷ 풍선을 클릭할 때마다 소리가 나도록 해봅시다.

chapter

4

경찰차 레이싱

학습 목표

반복, 선택, 이벤트 개념을 이용하여
키보드로 조작하는 간단한 게임 만들기

• 프로그래밍 개념

반복 / 선택 / 이벤트

• 엔트리 기능

회전하기 / 모양 / 소리 / 이동하기

난이도 ☆ ☆ ☆ ☆ ☆

- **게임 목표**
  - 경찰차를 깃발까지 이동시켜라!

- **게임 규칙**
  - 키보드 방향키로 경찰차를 움직일 수 있습니다.
  - 미로에 닿으면 처음부터 다시 시작합니다.
  - 깃발에 닿으면 게임이 끝납니다.

방향키

- **게임 살펴보기**

https://bit.ly/entrycoding04

장면 1 미리보기

STEP 2 오른쪽/왼쪽 방향키를 누르면 오른쪽/왼쪽으로 회전합니다.

STEP 3 경찰차가 미로에 닿으면 처음부터 다시 시작합니다.

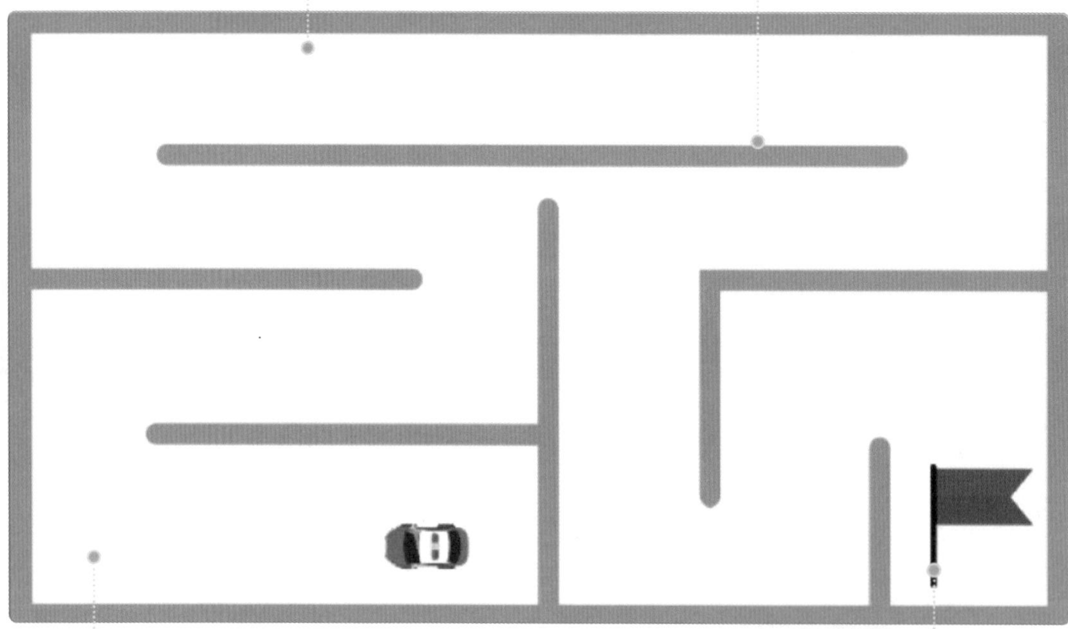

STEP 1 위/아래 방향키를 누르면 앞/뒤로 이동합니다.

STEP 4 경찰차가 깃발에 닿으면 소리와 함께 경찰차가 사라지고 게임이 끝납니다.

개념 다지기

반복 — 반복되는 명령을 묶어요!

게임에 등장하는 오브젝트(캐릭터)는 반복하는 행동을 하는 경우가 많습니다. 두더지 잡기 같은 게임은 두더지가 화면에 계속 숨었다가 나타나는 행동을 반복합니다. 몬스터를 잡는 게임에서 몬스터는 화면 속에서 계속 돌아다닙니다. 이처럼 컴퓨터가 반복하는 행동을 하도록 명령을 내리는 것을 **반복**이라 합니다. 아래와 같은 블록을 활용하면 오브젝트가 반복하는 행동을 하도록 명령을 내릴 수 있습니다.

새로운 블록 만나기

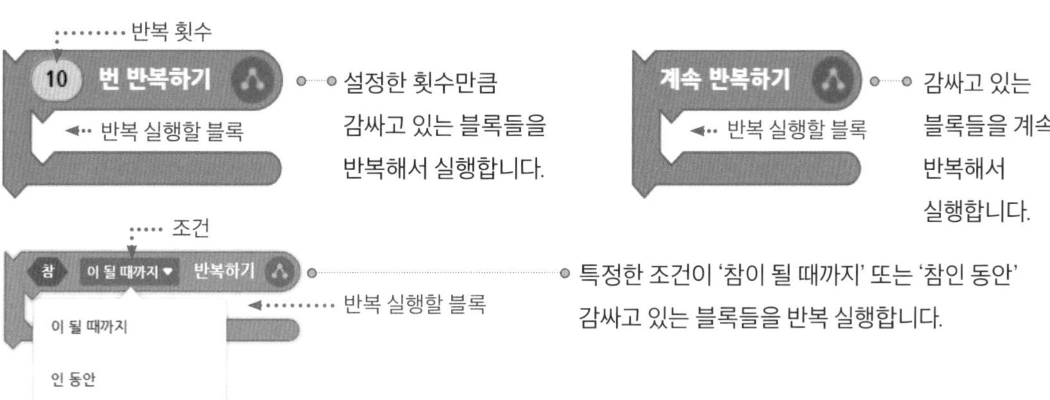

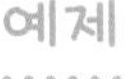
예제

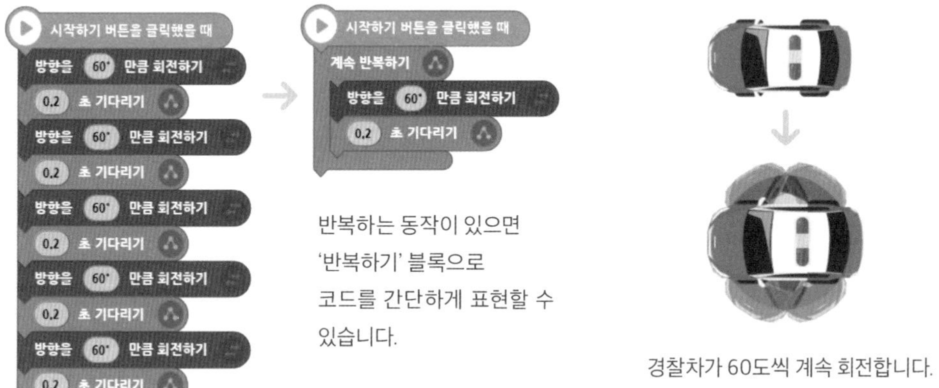

경찰차가 60도씩 계속 회전합니다.

프로그래밍하기

1. 오브젝트 목록에서 '엔트리봇' 오브젝트를 삭제하고, [+ 오브젝트 추가하기]를 눌러 '파란 경찰차, 깃발, 미로(1)' 오브젝트를 추가합니다.

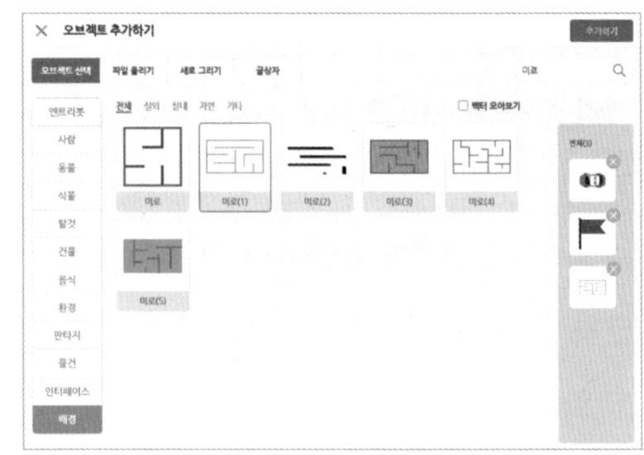

tip 다음 쪽에 나오는 오브젝트 준비하기의 '카테고리'를 참고하면 해당 오브젝트를 보다 쉽게 찾을 수 있습니다.

2. 실행화면에서 오브젝트를 선택해 드래그하면 위치를 옮길 수 있습니다. 오른쪽 그림에 보이는 것처럼 위치와 크기를 변경합니다. 자세한 위치와 크기는 **오브젝트 준비하기**에 나타냈습니다.

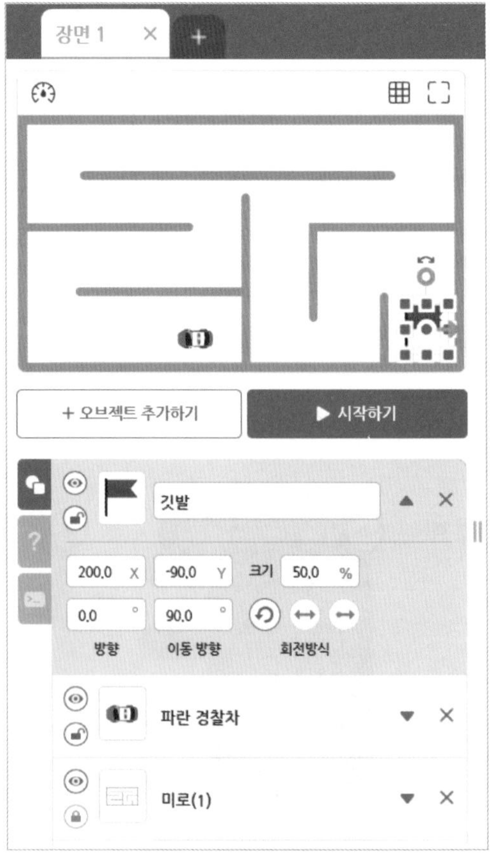

tip 오브젝트의 크기 조절점을 조절하면 오브젝트의 크기도 변경할 수 있습니다.

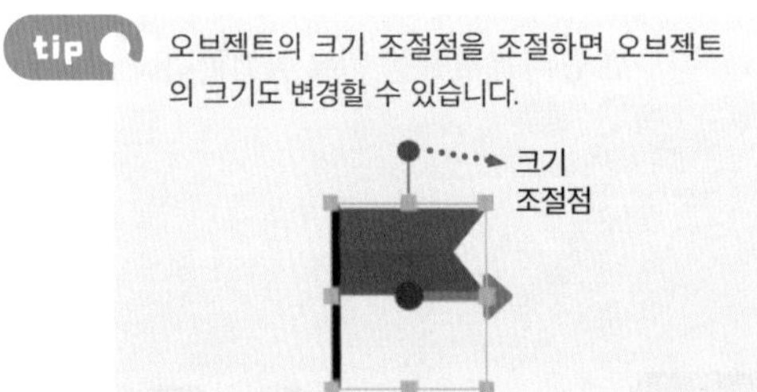

오브젝트 준비하기

오브젝트			
이름	파란 경찰차	깃발	미로(1)
카테고리	탈것-땅	물건-기타	배경-기타
X	-50	200	0
Y	-100	-90	0
크기	30	50	375
이동 방향	270	90	90

3. 실행화면에서 파란 경찰차 오브젝트를 클릭하고, 이동 방향을 나타내는 화살표를 마우스로 끌어 방향을 오른쪽(●→)에서 왼쪽(←●)으로 바꿉니다.

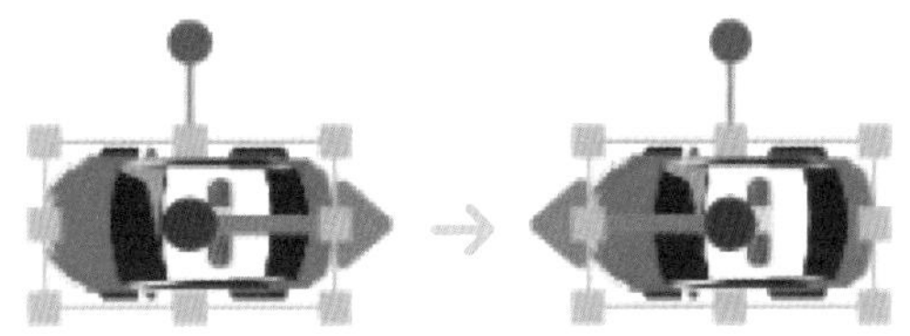

개념 톡톡

오브젝트 위치와 크기 정확하게 변경하기

오브젝트 목록에서 변경할 오브젝트를 클릭하면 오브젝트의 위치와 크기를 입력할 수 있습니다. 이 책에서는 **오브젝트 준비하기**를 통해 해당 작품에서 사용하는 오브젝트의 위치와 크기를 안내합니다.

STEP 1 키보드로 경찰차 움직이기

위/아래 방향키를 누르면 경찰차가 앞/뒤로 이동합니다.

4. 키보드를 눌렀을 때 명령이 실행되도록 **시작**에서 [q▼ 키를 눌렀을 때] 블록을 블록 조립소로 옮깁니다. [q▼]를 누르고 목록에 보이는 위쪽 화살표 키를 선택하여 [위쪽 화살표 ▼ 키를 눌렀을 때] 블록을 만듭니다.

5. 위쪽 화살표 키를 누르면 경찰차가 앞으로 이동하도록 **움직임**에서 [이동 방향으로 10 만큼 움직이기] 블록을 가져와 연결합니다.

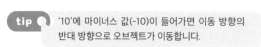

6. 아래쪽 화살표 키를 누르면 뒤로 이동하도록 **5**를 참고하여 다음과 같이 코드를 만듭니다.

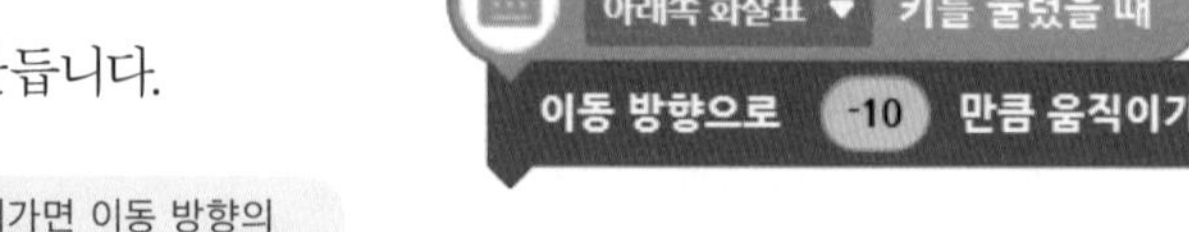

tip '10'에 마이너스 값(-10)이 들어가면 이동 방향의 반대 방향으로 오브젝트가 이동합니다.

7. ▶ 시작하기 를 누르고 키보드 위/아래쪽 화살표 키를 누르면 경찰차가 앞/뒤로 움직이는 것을 확인할 수 있습니다.

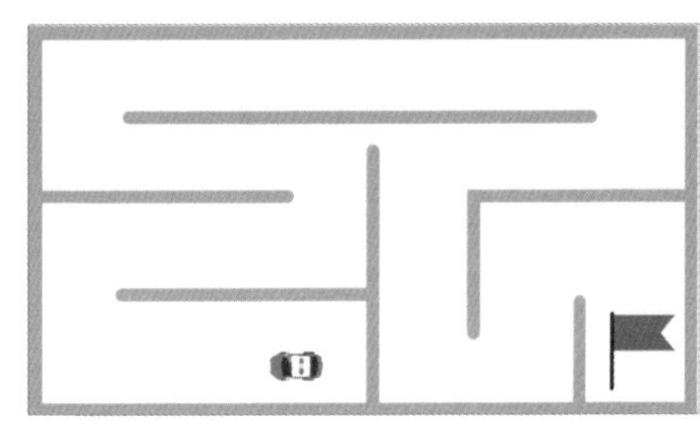

STEP 2 키보드로 경찰차 회전시키기

오른쪽/왼쪽 방향키를 누르면 경찰차가 오른쪽/왼쪽으로 회전합니다.

8. 키보드를 눌렀을 때 명령이 실행되도록 시작에서  블록을 가져옵니다. 4에서처럼 q ▾ 를 눌러 [오른쪽 화살표 ▾ 키를 눌렀을 때] 블록을 만듭니다.

9. 키보드 오른쪽 키를 눌렀을 때 오른쪽으로 회전하도록 **움직임**에서 [방향을 90° 만큼 회전하기] 블록을 연결하고 '90'을 '10'으로 바꿉니다.

10. 왼쪽 화살표 키를 누르면 왼쪽으로 회전하도록 8과 9를 참고하여 다음과 같이 코드를 만듭니다.

11. ▶ 시작하기 를 누르고 오른쪽/왼쪽 방향키를 누르면 경찰차가 오른쪽/왼쪽으로 회전하는 것을 확인할 수 있습니다.

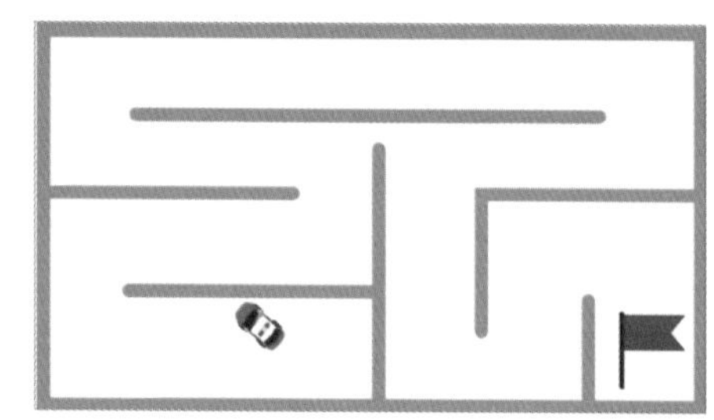

개념 톡톡

이동 방향과 이동 방향 화살표

이동 방향은 오브젝트의 진행 방향을 의미합니다. 오브젝트의 이동 방향은 주황색 '이동 방향 화살표'를 끌어서 변경할 수 있습니다. 이동 방향으로 10 만큼 움직이기 블록을 사용하면 이동 방향 화살표 방향 또는 그 반대 방향으로 오브젝트를 이동할 수 있습니다.

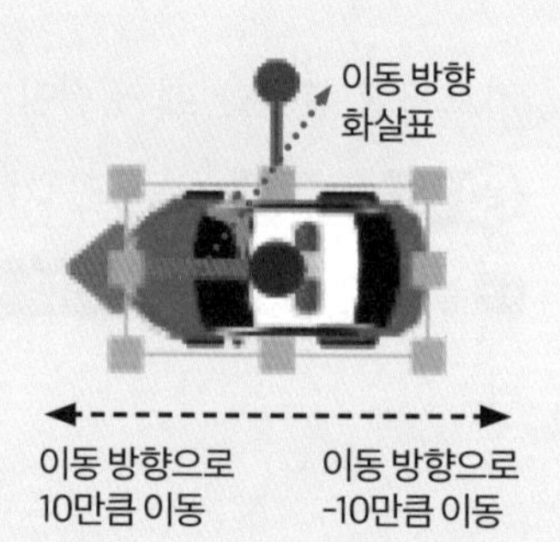

방향

방향은 오브젝트의 기울어진 정도를 의미합니다. 오브젝트를 클릭하면 방향을 나타내는 방향점이 나옵니다. 방향점을 끌어 옮겨 방향을 바꿀 수 있으며, 게임을 실행 중일 때는 방향을 90° 만큼 회전하기 블록으로 방향을 바꿀 수 있습니다. +값을 입력하면 오른쪽으로 회전하고, -값을 입력하면 왼쪽으로 회전합니다.

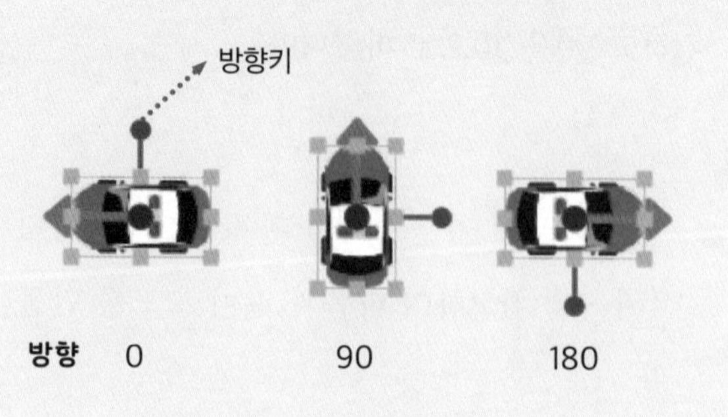

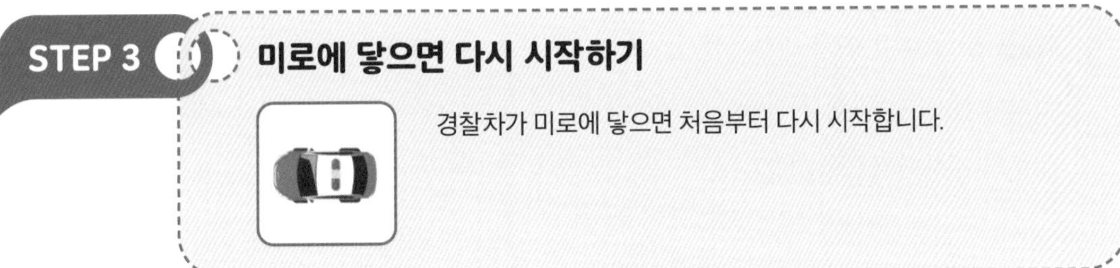

STEP 3
미로에 닿으면 다시 시작하기
경찰차가 미로에 닿으면 처음부터 다시 시작합니다.

12. 지금은 경찰차가 미로에 닿아도 아무런 일이 일어나지 않습니다. 미로에 닿았을 때 특정한 행동을 하도록 **시작**에서 [시작하기 버튼을 클릭했을 때] 블록과 **흐름**에서 [만일 참 이라면] 블록을 가져와 다음과 같이 코드를 만듭니다.

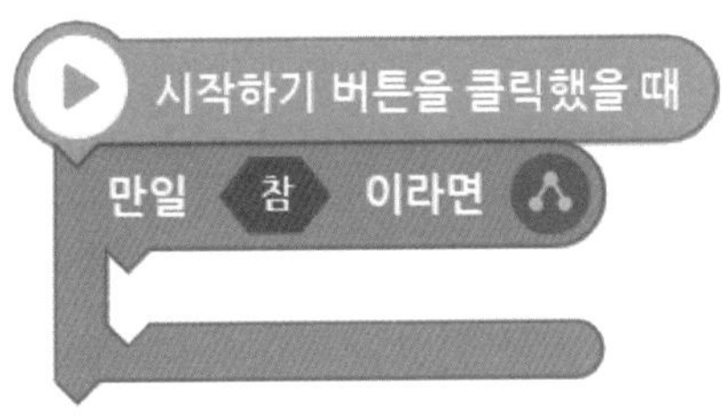

13. 미로에 닿았는지 판단하기 위해 **판단**에서 [마우스포인터 ▼ 에 닿았는가?] 블록을 가져와 드롭다운 버튼을 눌러 마우스포인터를 '미로(1)'로 바꿉니다. 그리고 [만일 참 이라면] 블록의 [참] 부분에 합칩니다.

14. 미로에 닿으면 게임이 처음부터 다시 시작되도록 **흐름**에서 [처음부터 다시 실행하기] 블록을 가져와 [만일 참 이라면] 블록 안에 넣습니다.

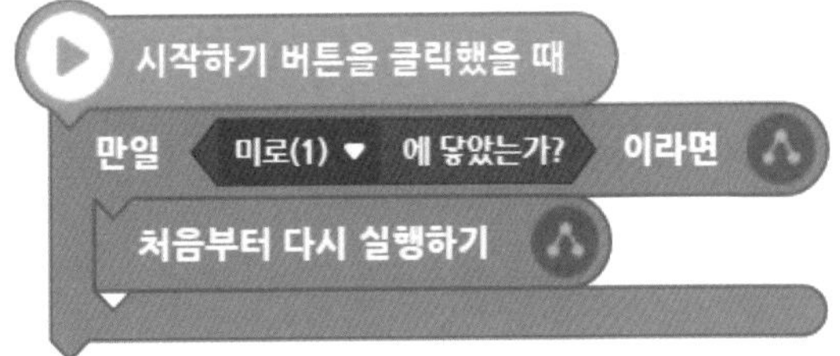

15. ▶ 시작하기 를 누르고 경찰차를 미로에 닿도록 움직여 봅시다. 왜 미로에 닿아도 게임이 처음부터 시작되지 않을까요?

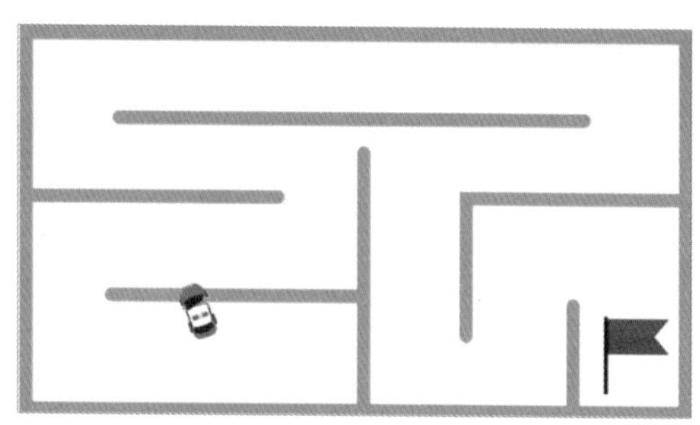

16. 컴퓨터는 ▶ 시작하기 버튼을 클릭하면 순식간에 지금 경찰차가 미로에 닿았는지 확인하고, 코드의 실행을 끝냅니다. 그런데 ▶ 시작하기 버튼을 누른 순간은 경찰차가 미로에 닿아있지 않기 때문에 뒤늦게 경찰차가 미로에 닿아도 아무런 일이 발생하지 않는 것입니다. 이럴 때는 경찰차가 미로에 닿았는지 계속 반복해서 확인을 해야 합니다. **흐름**에서 계속 반복하기 블록을 가져와 다음과 같이 코드를 수정합니다.

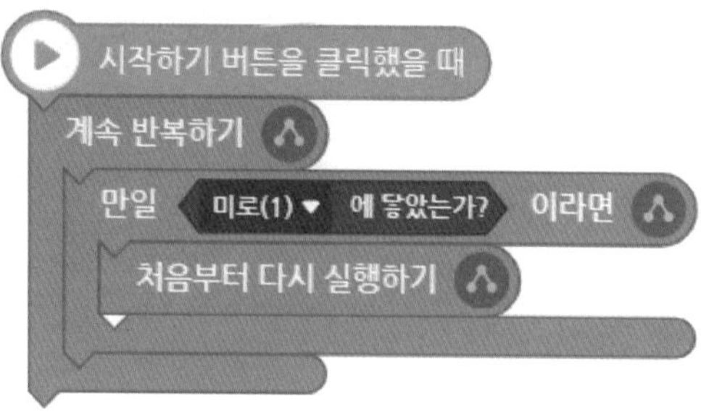

tip 14의 블록에서 만일 미로(1) ▾ 에 닿았는가? 이라면 블록을 마우스로 드래그해 보세요. 그러면 밑에 있는 블록까지 함께 움직이죠? 이 블록을 계속 반복하기 블록 안으로 드래그해 보세요. 쏙 들어가죠? 그리고 다시 계속 반복하기 블록을 드래그하여 시작하기 버튼을 클릭했을 때 블록 밑으로 옮겨주세요.

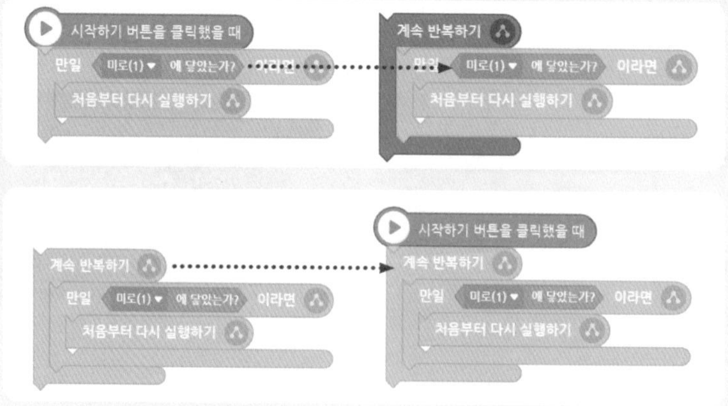

17. ▶ 시작하기 를 눌러 경찰차가 미로에 닿으면 게임이 처음부터 다시 시작되는지 확인합니다.

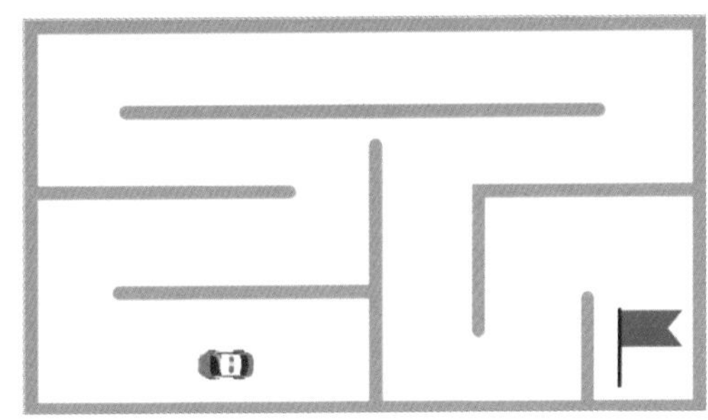

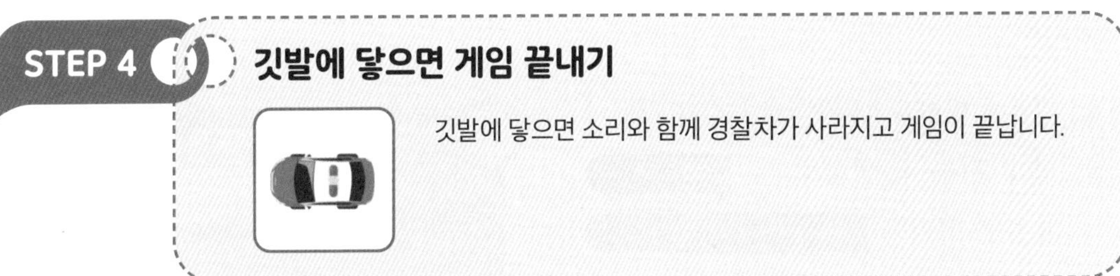

깃발에 닿으면 게임 끝내기

깃발에 닿으면 소리와 함께 경찰차가 사라지고 게임이 끝납니다.

18. 깃발에 닿았을 때 특정한 행동을 하도록 **흐름**에서 `만일 참 이라면` 블록을 가져옵니다. **판단**에서 `마우스포인터 ▼ 에 닿았는가?` 블록을 가져와 '마우스포인터'를 '깃발'로 바꿉니다. 완성된 블록은 `만일 참 이라면` 블록의 `참` 부분에 합치고 **16**의 코드 안에 넣습니다.

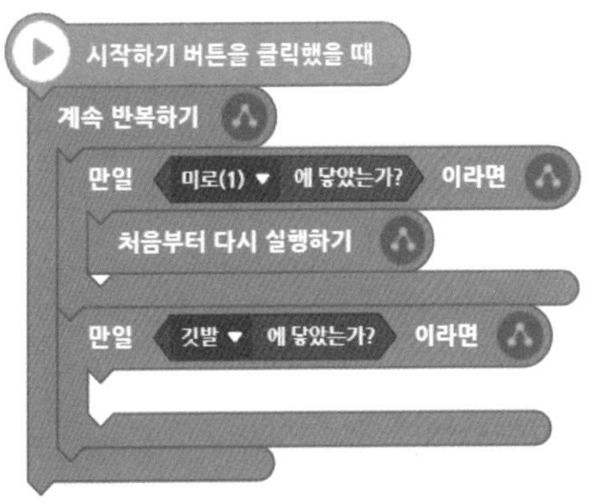

19. 깃발에 닿았을 때 박수 소리가 나도록 **소리 탭** ➡ **소리 추가하기** 버튼을 차례대로 눌러 '박수 갈채' 소리를 추가합니다.

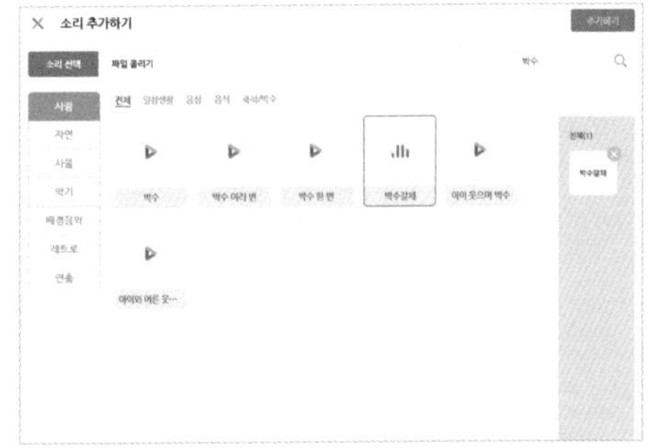

20. **소리**에서 [소리 (박수갈채 ▾) 재생하기] 블록을 가져와 [만일 〈깃발 ▾ 에 닿았는가?〉 이라면] 블록 안에 넣습니다.

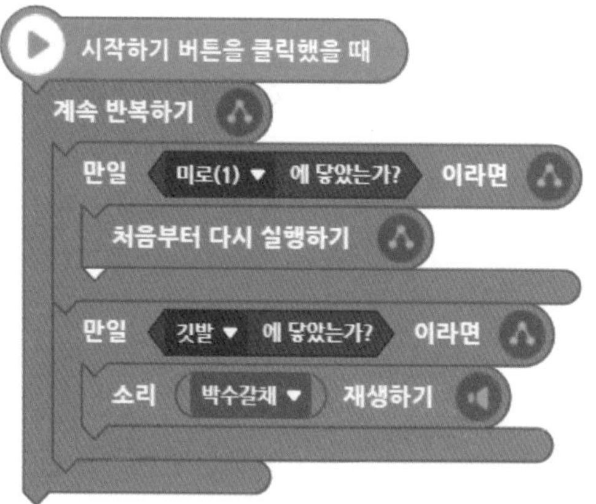

21. 깃발에 닿았을 때 경찰차가 사라지며 게임이 끝나도록 **생김새**에서 [모양 숨기기] 블록을 가져와 [소리 (박수갈채 ▾) 재생하기] 아래에 연결합니다.

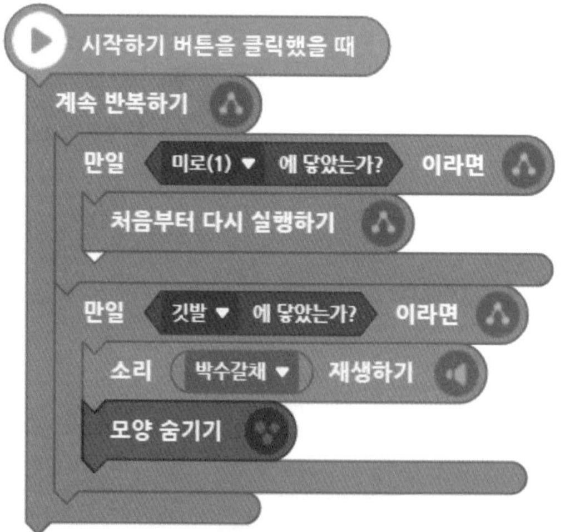

22. [▶ 시작하기]를 눌러 경찰차가 깃발에 닿으면 소리와 함께 모양이 사라지는 것을 확인할 수 있습니다.

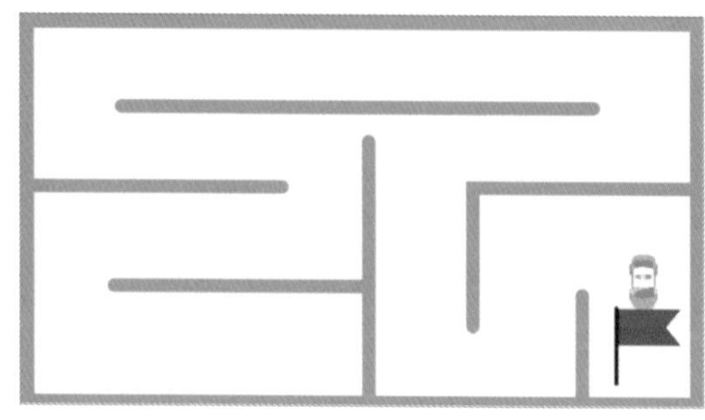

검토하기

완성된 코드를 검토해 봅시다. https://bit.ly/entrycoding04c에 접속하면 전체 코드를 볼 수 있습니다. 놓친 부분은 없는지 천천히 살펴보세요.

파란 경찰차

위쪽 화살표 ▾ 키를 눌렀을 때
이동 방향으로 10 만큼 움직이기

아래쪽 화살표 ▾ 키를 눌렀을 때
이동 방향으로 -10 만큼 움직이기

①

오른쪽 화살표 ▾ 키를 눌렀을 때
방향을 10° 만큼 회전하기

왼쪽 화살표 ▾ 키를 눌렀을 때
방향을 -10° 만큼 회전하기

②

시작하기 버튼을 클릭했을 때
계속 반복하기
만일 미로(1) ▾ 에 닿았는가? 이라면
처음부터 다시 실행하기

③

만일 깃발 ▾ 에 닿았는가? 이라면
소리 박수갈채 ▾ 재생하기
모양 숨기기

④

① 위쪽/아래쪽 방향키를 누르면 앞/뒤로 이동하는 기능
② 오른쪽/왼쪽 방향키를 누르면 오른쪽/왼쪽으로 회전하는 기능
③ 경찰차가 미로에 닿았을 때 처음부터 다시 시작하는 기능
④ 경찰차가 깃발에 닿았을 때 소리를 내고 사라지는 기능

더 나아가기

❶ 게임이 시작되면 초시계가 동작하고, 게임이 끝나면 초시계가 멈추도록 해봅시다.
❷ '요술봉 버튼' 오브젝트를 추가해서 요술봉에 닿으면 경찰차의 크기가 변하도록 해봅시다.

chapter

5

용돈 벌기 게임

학습 목표

변수와 비교 연산을 활용하여
점수가 있는 간단한 게임 만들기

- **프로그래밍 개념**

  변수 / 비교 연산 / 반복 / 이벤트

- **엔트리 기능**

  초시계 / 모양 / 소리 / 무작위 수 / 좌표 / 이동하기

난이도 ☆ ☆ ☆ ☆ ☆

게임 목표

- 10초 동안 용돈을 최대한 많이 획득하라!

게임 규칙

왼쪽 마우스 버튼

- 동전 앞면을 클릭하면 용돈이 올라갑니다.
- 동전 뒷면을 클릭하면 용돈이 0원이 됩니다.
- 10초가 지나면 게임이 끝납니다.

게임 살펴보기

https://bit.ly/entrycoding05

장면 1 미리보기

STEP 2 게임이 진행되는 동안 화면의 무작위 위치에 나타납니다.

STEP 1 게임이 시작되면 10초 동안 시간이 나오다가 사라집니다.

STEP 3 동전 앞면을 클릭하면 용돈이 올라갑니다.

STEP 4 동전 뒷면을 클릭하면 용돈이 0원이 됩니다.

개념 다지기

변수 — 정보를 저장하고 사용해요!

게임에는 점수처럼 숫자와 아이템 이름 같은 문자 정보가 저장되어 화면에 나타납니다. 이런 정보를 저장하고 사용하려면 변수를 만들어야 합니다. **변수**는 컴퓨터에서 문자, 숫자 등의 정보를 담는 그릇입니다. 변수에는 하나의 정보만 넣을 수 있고, 변수에 들어 있는 값을 바꾸거나 불러와서 사용할 수 있습니다. 아래와 같은 블록을 활용하면 게임에서 점수 기능을 만들 수 있습니다.

새로운 블록 만나기

예제 1

마우스로 오백 원을 클릭하면 용돈 변수가 0에서 500이 됩니다.

예제 2

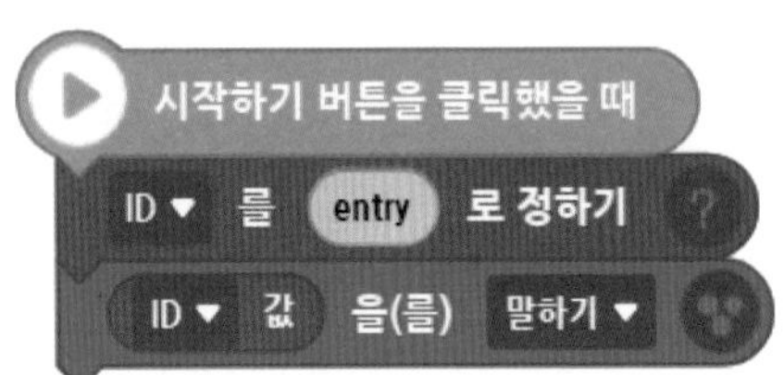

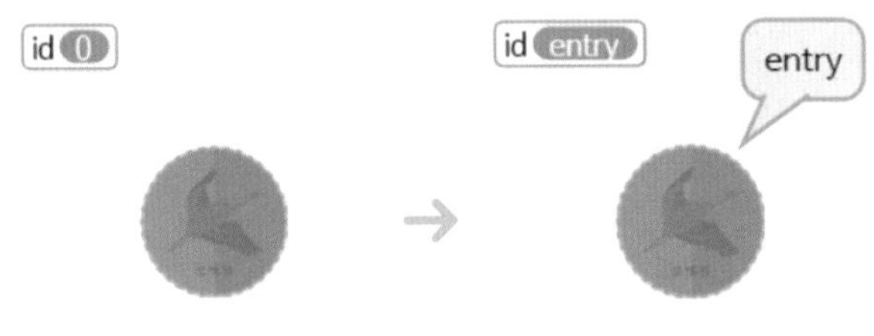

ID 변수 값을 entry로 정했으므로 entry라고 말합니다.

비교 연산 — 값을 비교하는 조건을 만들어요!

게임에서는 '10초가 지나면 게임이 끝난다, 점수가 50점이 되면 다음 단계로 넘어간다'처럼 숫자 값을 비교해서 특정한 행동을 하도록 하는 경우가 많습니다. 이렇게 두 값을 비교하여 조건을 만드는 것을 **비교 연산**이라 합니다. 비교 연산 블록은 두 수의 비교 결과에 따라 '참'과 '거짓'의 값을 가집니다. 이 블록은 선택 블록의 '참' 부분에 들어가서 특정한 조건에 따라 행동을 다르게 하도록 도와줍니다.

새로운 블록 만나기

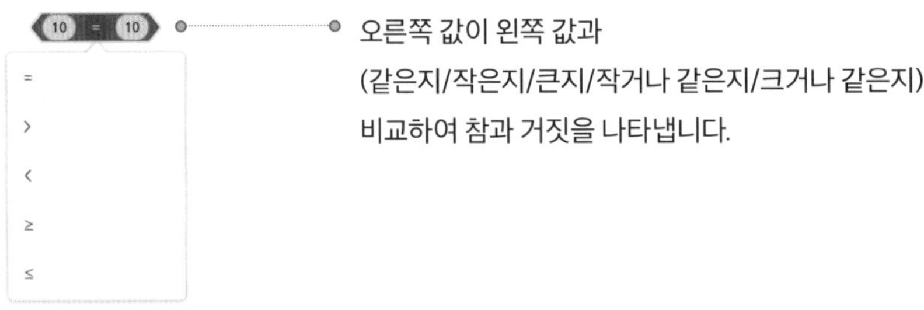

오른쪽 값이 왼쪽 값과
(같은지/작은지/큰지/작거나 같은지/크거나 같은지)
비교하여 참과 거짓을 나타냅니다.

예제

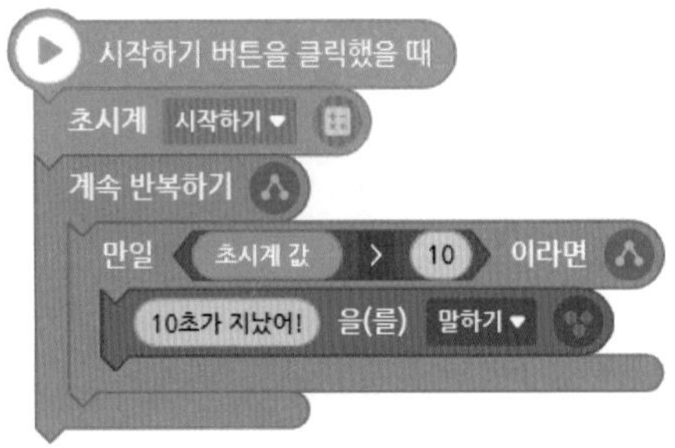

초시계 값이 10보다 크면 조건이 참이 되어 그 안에 있는
말하기 블록을 실행합니다.

프로그래밍하기

1. 오브젝트 목록에서 '엔트리봇' 오브젝트를 삭제하고, [+ 오브젝트 추가하기]를 눌러 '백원동전, 오백원동전, 도서관 오브젝트'를 추가합니다. '오백원동전' 오브젝트는 한 번 더 추가하여 두 개를 만들어주세요.

2. 실행화면에서 오브젝트를 선택하여 드래그하면 위치를 옮길 수 있습니다. 또 오브젝트의 크기 조절점을 조절하면 오브젝트의 크기도 변경할 수 있습니다. '오브젝트 준비하기'를 참고하여 다음과 같이 위치와 크기를 변경합니다.

오브젝트 준비하기

오브젝트				
이름	백원동전	오백원동전	오백원동전1	도서관
카테고리	물건-생활	물건-생활	물건-생활	배경-실내
X	100	-100	0	0
Y	0	0	0	0
크기	70	70	70	375

3. '오백원동전1' 오브젝트를 클릭하고 **모양** 탭에서 숫자 500이 보이는 모양을 클릭해서 동전의 모양을 바꿉니다.

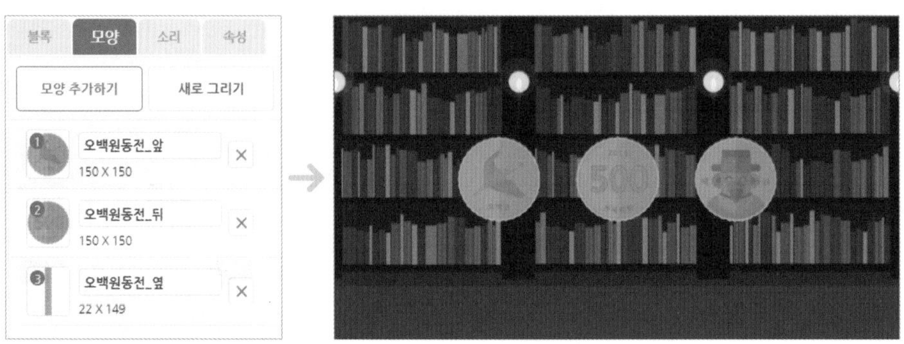

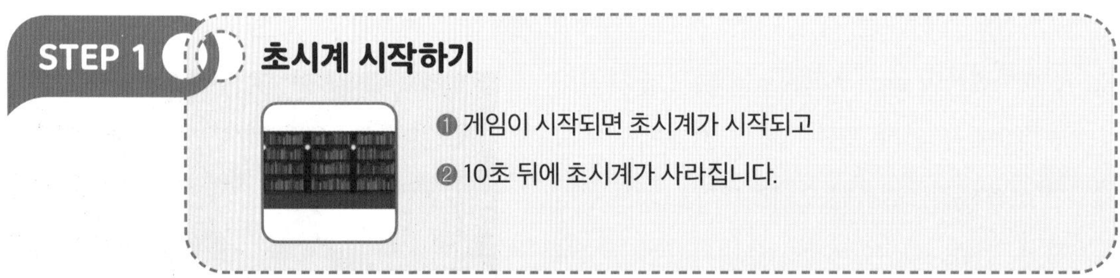

STEP 1
초시계 시작하기
❶ 게임이 시작되면 초시계가 시작되고
❷ 10초 뒤에 초시계가 사라집니다.

4. '도서관' 오브젝트를 클릭하고, **시작**에서 [시작하기 버튼을 클릭했을 때] 블록을 블록 조립소로 옮깁니다. 초시계가 시작되도록 **계산**에서 [초시계 시작하기] 블록을 가져와 연결합니다.

5. 10초 동안 기다리도록 **흐름**에서 [2 초 기다리기] 블록을 연결하고 '2'를 '10'으로 바꿉니다.

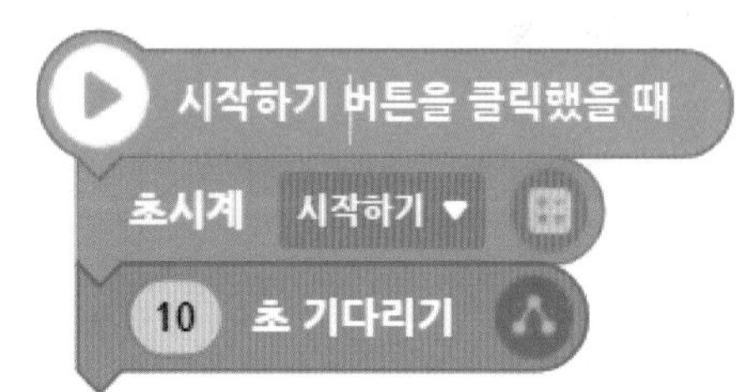

6. 10초가 지난 후에 초시계를 숨기도록 **계산**에서 [초시계 숨기기] 블록을 가져와 연결합니다.

7. [▶ 시작하기]를 누르면 초시계가 10초 동안 나타났다가 사라지는 것을 확인할 수 있습니다.

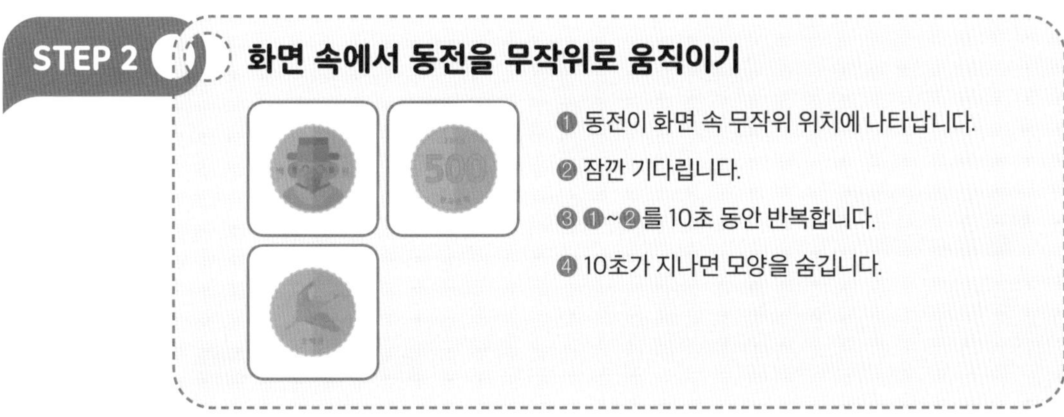

STEP 2
화면 속에서 동전을 무작위로 움직이기

❶ 동전이 화면 속 무작위 위치에 나타납니다.

❷ 잠깐 기다립니다.

❸ ❶~❷를 10초 동안 반복합니다.

❹ 10초가 지나면 모양을 숨깁니다.

8. 동전들이 화면 속 무작위 위치에 나타나게 해봅시다. '백원동전' 오브젝트를 클릭하고 **시작**에서 [시작하기 버튼을 클릭했을 때] 블록과 **움직임**에서 [x: 0 y: 0 위치로 이동하기] 블록을 가져와 연결합니다.

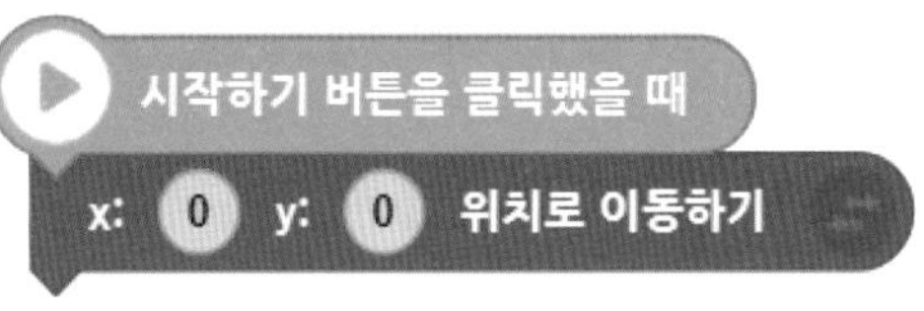

9. 실행화면에서 무작위 위치에 나타나도록 **계산**에서 (0 부터 10 사이의 무작위 수) 블록을 가져와 x와 y값에 각각 넣습니다.

10. 실행화면의 전체 크기는 가로 -240~240, 세로 -135~135입니다. (0 부터 10 사이의 무작위 수) 블록의 '0'과 '10'을 다음과 같이 변경해서 실행화면 전체에서 무작위로 나타나게 해봅시다.

개념 톡톡

무작위 수

지정된 범위에서 컴퓨터가 숫자를 무작위로 선택하게 하려면 (0 부터 10 사이의 무작위 수) 블록을 사용할 수 있습니다. 이 블록은 실행될 때마다 0~10 사이의 값을 무작위로 선택합니다.

좌표

실행화면은 오브젝트의 위치를 나타내는 좌표를 가지고 있습니다. 실행화면 한가운데의 좌푯값(x=0, y=0)을 중심으로 가로 x축은 -240~240까지, 세로 y축은 -135~135까지 나타낼 수 있습니다.

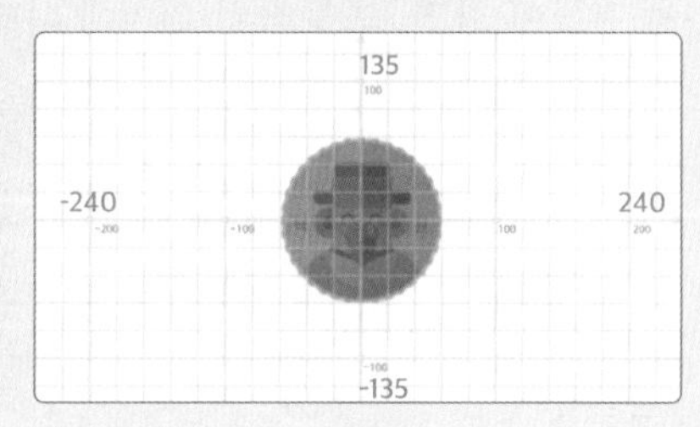

11. ▶시작하기 를 누르면 동전은 한 번만 무작위 위치로 이동합니다. 10초 동안 무작위 위치로 이동하도록 **흐름**에서 참 이 될 때까지 ▾ 반복하기 블록을 가져와 **1o** 의 블록을 다음과 같이 고쳐 조립합니다.

12. 초시계 값이 10초가 넘어갈 때까지 반복하기 위해 **판단**의 10 ≥ 10 블록과 **계산**의 초시계 값 블록을 가져와 다음과 같이 합칩니다.

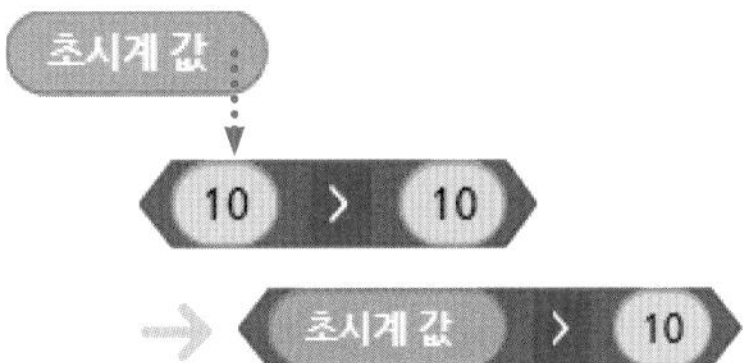

13. 완성된 초시계 값 > 10 블록은 참 이 될 때까지 ▾ 반복하기 블록의 참 에 넣습니다.

시작하기 버튼을 클릭했을 때
초시계 값 > 10 이 될 때까지 ▾ 반복하기
x: -240 부터 240 사이의 무작위 수 y: -135 부터 135 사이의 무작위 수 위치로 이동하기

14. ▶시작하기 를 누르면 매우 빠른 속도로 동전이 움직이는 것을 볼 수 있습니다. 움직이는 속도를 너무 빠르지 않게 하기 위해 **흐름**에서 2 초 기다리기 블록을 가져와 참 이 될 때까지 ▾ 반복하기 블록 안에 넣습니다.

시작하기 버튼을 클릭했을 때
초시계 값 > 10 이 될 때까지 ▾ 반복하기
x: -240 부터 240 사이의 무작위 수 y: -135 부터 135 사이의 무작위 수 위치로 이동하기
2 초 기다리기

15. 그리고 [2 초 기다리기] 블록의 '2' 자리에 [0 부터 10 사이의 무작위 수] 블록을 넣고 '0'과 '10'을 각각 '0.5'와 '1'로 고칩니다.

16. 10초가 지나면 동전의 모양이 숨겨지도록 **생김새**에서 [모양 숨기기] 블록을 가져와 연결합니다.

17. '오백원동전'과 '오백원동전1'도 **16**처럼 코딩합니다. [▶ 시작하기]를 누르면 동전이 10초 동안 무작위 위치로 이동하는 것을 확인할 수 있습니다.

STEP 3 동전 앞면을 클릭하면 용돈 올라가게 하기

❶ 마우스로 동전 오브젝트를 클릭하면

❷ 소리가 나고

❸ 클릭한 동전만큼 용돈이 올라갑니다.

18. 오브젝트를 클릭하면 명령이 실행되도록 '백원동전'을 클릭하고 **시작**에서 [오브젝트를 클릭했을 때] 블록을 가져옵니다.

19. 오브젝트를 클릭했을 때 소리가 나도록 **소리** 탭 ➡ **소리 추가하기** 버튼을 차례대로 눌러 '캐스터네츠' 소리를 추가합니다.

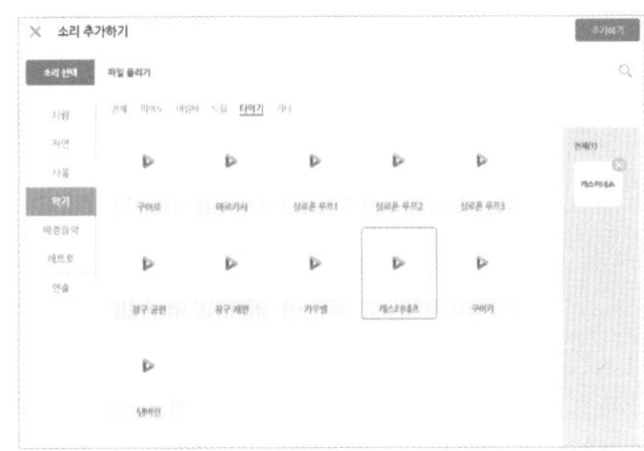

20. **소리**에서 [소리 캐스터네츠2 ▾ 재생하기] 블록을 가져와 연결합니다.

21. 이제 용돈이 올라가게 해봅시다. 먼저, 용돈을 나타내는 '용돈' 변수를 만들어봅시다. **속성 탭 ➡ 변수 ➡ 변수 추가하기**를 누르고 변수 이름을 '용돈'으로 정한 뒤 **확인**을 누릅니다. 그러면 실행화면에 용돈 변수창이 나타납니다.

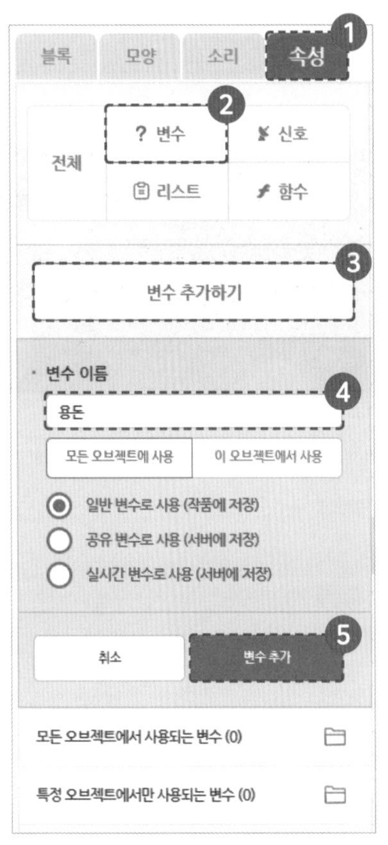

22. **자료**에서 [용돈 ▾ 에 10 만큼 더하기] 블록을 가져와 연결한 다음 '10'을 '100'으로 바꿉니다.

23. 이제 '오백원동전'을 클릭하고 같은 방법으로 다음과 같은 코드를 만듭니다.

24. ▶ 시작하기 를 눌러 백원동전과 오백원동전(앞면)을 클릭하면 용돈이 올라가는지 확인합니다.

STEP 4 동전 뒷면을 클릭하면 용돈 초기화하기

❶ 뒷면이 보이는 동전 오브젝트를 클릭하면

❷ 경고음 소리가 나고

❸ 용돈을 0원으로 초기화합니다.

25. '오백원동전1'을 클릭하고 '위험 경고' 소리를 추가한 후 다음과 같이 코드를 만듭니다.

오브젝트를 클릭했을 때
소리 위험 경고 ▼ 재생하기

26. 동전을 클릭했을 때 용돈이 0원이 되도록 **자료**에서 용돈 ▼ 를 0 로 정하기 블록을 가져와 연결합니다.

오브젝트를 클릭했을 때
소리 위험 경고 ▼ 재생하기
용돈 ▼ 를 0 로 정하기

27. ▶ 시작하기 를 눌러 뒷면이 보이는 동전을 클릭하면 용돈이 0으로 초기화되는 것을 확인해 보세요.

검토하기

완성된 코드를 검토해 봅시다. https://bit.ly/entrycoding05c에 접속하면 전체 코드를 볼 수 있습니다. 놓친 부분은 없는지 천천히 살펴보세요.

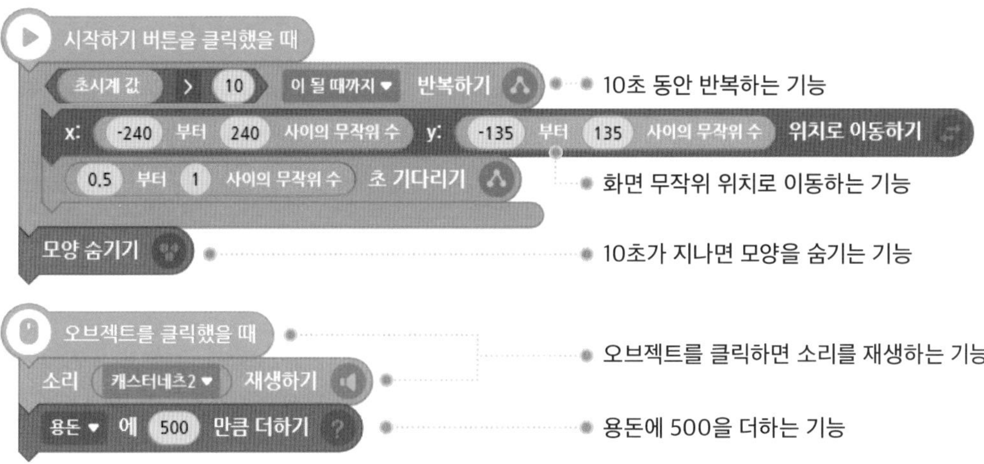

오백원동전1

더 나아가기

❶ 황금색 동전이 10초마다 0.5초씩 화면 속 무작위 위치에 등장하게 하고, 황금색 동전을 클릭하면 용돈이 3000만큼 올라가도록 해봅시다.

❷ 동전을 클릭하면 동전의 크기가 점점 줄어들게 해봅시다.

chapter

6

미어캣 가족 구하기

학습 목표

장면 기능을 활용하여 단계가 있는 게임 만들기

- **프로그래밍 개념**

  선택 / 반복 / 이벤트

- **엔트리 기능**

  장면 / 무작위 수 / 회전 방식 / 모양 / 튕기기 / 이동하기 / 말하기 / 글상자

난이도 ☆ ☆ ☆ ☆ ☆

- **게임 목표**

  - 장애물을 피해 미어캣 가족이 있는 곳까지 이동하라!

- **게임 규칙**

  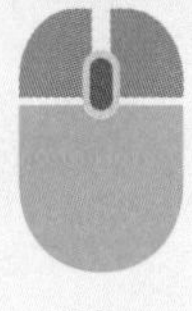

  마우스

  - 바위나 다른 동물에 닿으면 처음부터 다시 시작합니다.
  - 풋말에 닿으면 다음 단계로 넘어갑니다.
  - 가족을 만나면 게임이 끝납니다.

- **게임 살펴보기**

  https://bit.ly/entrycoding06

장면 1 시작 화면

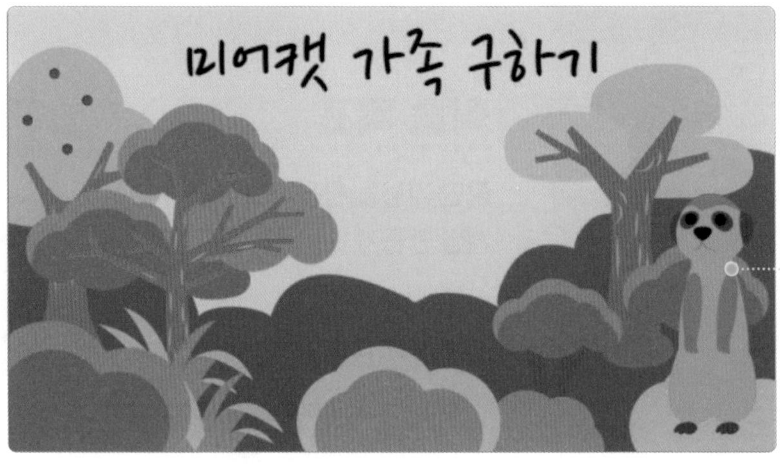

STEP 1
클릭하면 게임이 시작됩니다.

장면 2 1단계

STEP 2
장면이 시작되면 화면 끝에서 끝으로 계속 이동합니다.

STEP 3
마우스포인터 위치로 계속 따라옵니다.

장면 3 2단계

STEP 7 마우스포인터 위치로 계속 따라오며, 바위나 회오리, 박쥐와 만나면 처음부터 다시 시작하고, 가족과 만나면 게임이 끝납니다.

STEP 6
미어캣을 향해 계속 날아갑니다.

STEP 5
장면이 시작되면 화면 끝에서 끝으로 계속 이동합니다.

STEP 4
미어캣이 동물이나 바위에 닿으면 처음부터 다시 시작하고, 푯말에 닿으면 다음 단계로 넘어갑니다.

개념 다지기

장면 – 여러 화면을 만들어요!

게임은 보통 다양한 화면으로 이루어져 있습니다. 예를 들면, 캐릭터가 이동하면 마을이나 던전 같은 화면이 나오거나 단계가 있는 게임은 한 단계를 클리어하면 조금 더 어려운 단계가 나타나는 식으로 말입니다. 엔트리에는 이렇게 각 게임의 화면을 **장면**이라 부릅니다. 다음 그림과 같이 장면은 각각의 오브젝트와 코드를 가지고 있습니다. 여러 개의 장면을 만들고 [다음 ▾ 장면 시작하기] 블록을 사용하여 장면끼리 연결하면 여러 단계로 이루어진 게임을 만들 수 있습니다.

새로운 블록 만나기

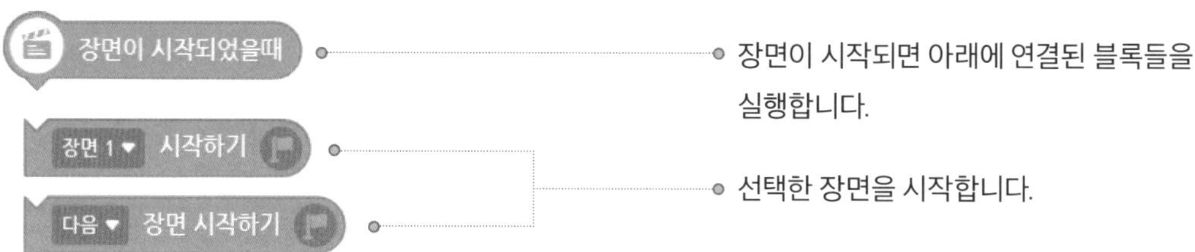

예제

미어캣 오브젝트가 있는 장면 1에서 시작해서 부엉이 오브젝트가 있는 장면 2로 넘어갑니다.

프로그래밍하기

장면 1 시작화면

1. 오브젝트 목록에서 '엔트리봇' 오브젝트를 삭제하고, + 오브젝트 추가하기 를 눌러 '미어캣', '울창한 숲 속' 오브젝트를 추가합니다.

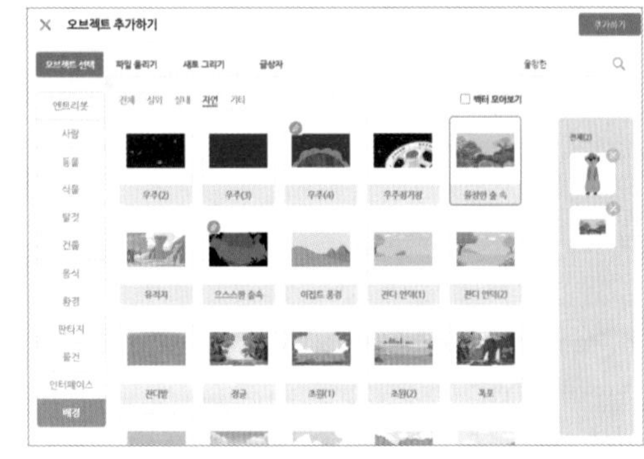

2. 이 작품에서는 '글상자'라는 새로운 오브젝트를 사용합니다. + 오브젝트 추가하기 를 누르고 '글상자' 탭을 선택합니다. 글상자 내용에 '미어캣 가족 구하기'를 입력합니다.

3. 글꼴은 '나눔손글씨'로, 글 색깔은 '검정색'으로, 글 배경은 '투명'으로 정하고 **추가하기**를 누르면 '글상자'가 추가됩니다.

> **tip** 글꼴 스타일은 여러분이 원하는 대로 꾸며도 좋습니다. 자세한 내용은 다음 쪽의 개념 톡톡을 참고하세요.

→ 미어캣 가족 구하기

개념 톡톡

글상자

글상자는 글을 쓸 수 있는 오브젝트입니다. 글상자를 활용하면 게임 안에서 다양한 글을 화면에 표시할 수 있습니다.

[1] 메뉴 알아보기

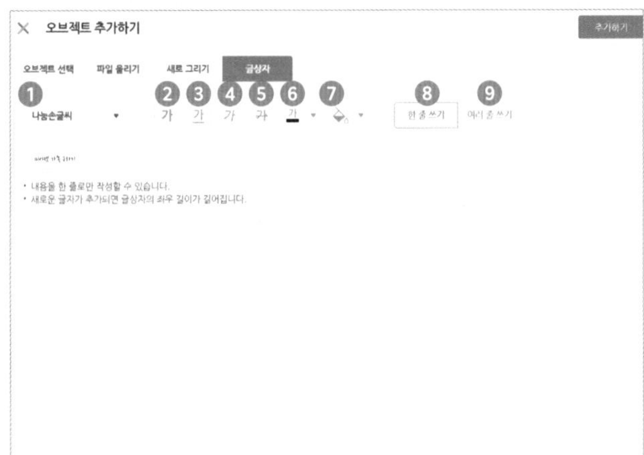

❶ 글꼴을 선택할 수 있습니다.

❷ 글꼴을 굵게 합니다.

❸ 글꼴에 밑줄을 긋습니다.

❹ 글꼴을 기울입니다.

❺ 글꼴에 취소선을 긋습니다.

❻ 글꼴 색상을 선택합니다.

❼ 채우기 색상(배경색)을 선택합니다.

❽ 내용을 한 줄로만 작성합니다.

❾ 여러 줄의 내용을 작성합니다.

[2] 글꼴 색상, 채우기 색상 바꾸기

글꼴 색상은 '글꼴 색상' 버튼( )을 누르고 조절 버튼( )으로 색상, 채도, 명도를 바꾸거나 빨강, 녹색, 파랑의 값을 입력하여 변경할 수 있습니다.

채우기 색상(배경색)은 채우기 색상 버튼( )을 눌러 글꼴 색을 선택하는 것과 같은 방법으로 바꿀 수 있습니다. 배경을 투명하게 하려면 투명 버튼( )을 누르면 됩니다.

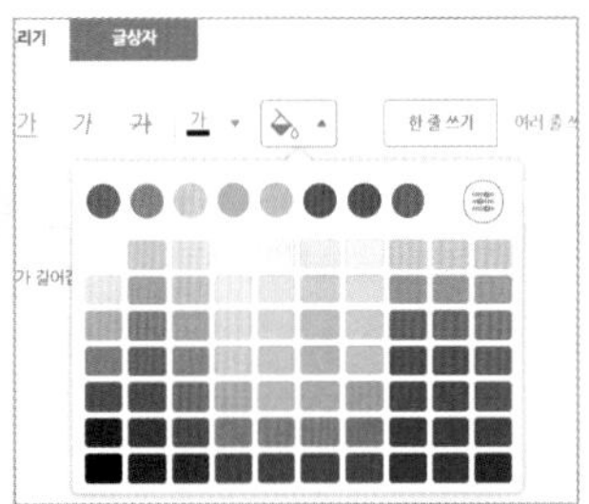

글꼴과 채우기 색상은 팔레트( )를 눌러서 선택할 수도 있습니다.

4. 다음과 같이 오브젝트의 위치와 크기를 변경합니다. 자세한 위치와 크기는 **오브젝트 준비하기**를 확인합니다.

오브젝트 준비하기

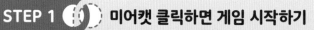

오브젝트		미어캣 가족 구하기	
이름	미어캣	글상자	울창한 숲 속
카테고리	동물-땅	글상자	배경-자연
X	200	0	0
Y	-50	100	0
크기	100	150	375

STEP 1 미어캣 클릭하면 게임 시작하기

❶ ▶ 시작하기 를 누르면 자신을 클릭하라고 말합니다.

❷ 마우스로 클릭하면 다음 장면으로 넘어가 게임이 시작됩니다.

5. 미어캣이 자신을 클릭하라고 말하도록 해보겠습니다. '미어캣' 오브젝트를 클릭하고, **시작**에서 [시작하기 버튼을 클릭했을 때] 블록을 블록 조립소로 옮깁니다. 말을 하도록 **생김새**에서 [안녕! 을(를) 말하기] 블록을 가져와 연결합니다. 그리고 '안녕!'을 '시작하려면 나를 클릭해!'로 바꿉니다.

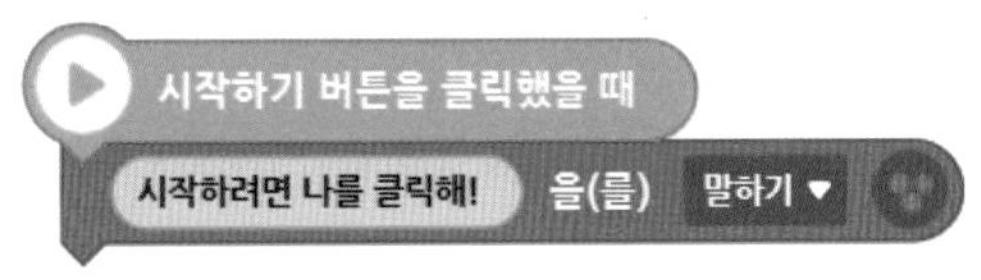

6. 마우스로 미어캣을 클릭하면 다음 장면으로 넘어가게 해봅시다. 먼저, 현재 장면 이름을 클릭해서 '장면 1'에서 '시작화면'으로 바꿉니다.

7. 장면 이름 옆에 있는 장면 추가하기 버튼(+)을 눌러 새 장면을 두 개 추가합니다. 그리고 새 장면의 이름을 각각 '1단계', '2단계'로 정합니다.

8. 오브젝트를 클릭하면 명령이 실행되도록 시작에서 [오브젝트를 클릭했을 때] 블록을 가져옵니다. '1단계' 장면이 시작되도록 시작에서 [장면 1 ▼ 시작하기] 블록을 연결한 다음 드롭다운 버튼을 눌러 '시작화면'을 '1단계'로 바꿉니다.

9. [▶ 시작하기] 를 눌러 미어캣을 클릭하면 '1단계' 장면으로 바뀌는 것을 확인할 수 있습니다.

STEP 2
장면이 시작되면 동물들이 좌우로 이동합니다.
❶ 장면이 시작되면 이동 방향으로 움직이면서 모양을 바꾸고
❷ 화면 끝에 닿으면 반대로 갑니다.

장면 2 1단계

10. '1단계' 장면을 클릭합니다. [+ 오브젝트 추가하기]를 눌러 '미어캣, 부엉이, 당나귀(2), 곰(2), 푯말, 바위 장애물, 잔디밭' 오브젝트를 추가합니다.

11. 다음과 같이 오브젝트의 위치와 크기를 변경합니다. 자세한 위치와 크기는 **오브젝트 준비하기**를 확인합니다.

오브젝트 준비하기

오브젝트							
이름	미어캣	당나귀(2)	곰(2)	부엉이	푯말	바위 장애물	잔디밭
카테고리	동물-땅	동물-땅	동물-땅	동물-하늘	물건-기타	환경-기타	배경-자연
X	200	70	-20	20	-200	-180	0
Y	-90	-85	10	100	80	-50	0
크기	40	70	70	70	60	150	375

12. 장면이 시작되면 명령이 실행되도록 '부엉이' 오브젝트를 클릭하고, 시작에서 [장면이 시작되었을때] 블록을 가져옵니다. 계속 반복하는 행동을 하기 위해 **흐름**에서 [계속 반복하기] 블록을 가져와 연결합니다.

13. 부엉이를 움직여 미어캣을 방해하도록 해보겠습니다. **움직임**에서 [이동 방향으로 10 만큼 움직이기] 블록을 가져와 [계속 반복하기] 블록 안에 넣습니다. 그리고 모양을 바꾸면서 이동하도록 **생김새**에서 [다음 ▼ 모양으로 바꾸기] 블록을 가져와 연결합니다.

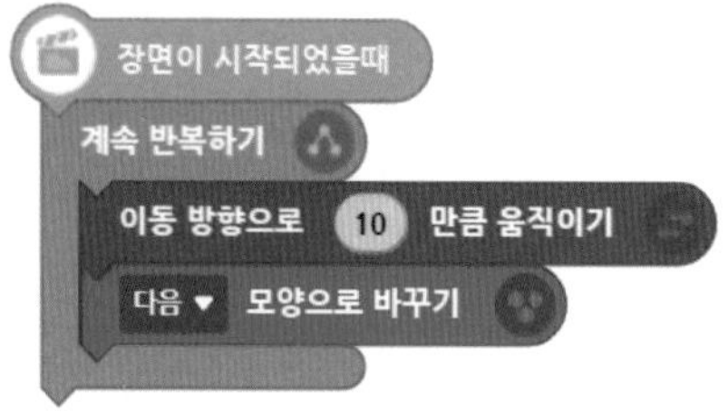

14. '시작화면' 장면을 클릭하고 [▶ 시작하기]를 눌러 게임을 실행해 봅시다. 미어캣 오브젝트를 클릭하면 '1단계' 장면의 코드가 실행되는지 확인해 봅시다.

tip 혹시 [▶ 시작하기]를 눌러도 코드가 실행되지 않나요? 그렇다면 현재 장면이 '시작화면'이 맞는지 확인해 보세요. '1단계' 장면에 있는 [장면이 시작되었을때] 블록은 말 그대로 '장면이 시작되었을 때'만 그 아래에 연결된 블록을 실행합니다. 그러므로 [시작하기 버튼을 클릭했을 때] 블록이 있는 시작화면 장면을 선택한 뒤 코드를 실행해야 합니다.

15. 코드를 실행해 보면 부엉이가 매우 빠른 속도로 날아가다가 화면 밖을 벗어납니다. 부엉이가 화면 끝에 닿으면 튕기도록 **움직임**에서 [화면 끝에 닿으면 튕기기] 블록을 가져와 연결하고, 속도를 줄이기 위해 **흐름**에서 [2 초 기다리기] 블록을 가져와 '2'를 '0.1'로 바꿉니다.

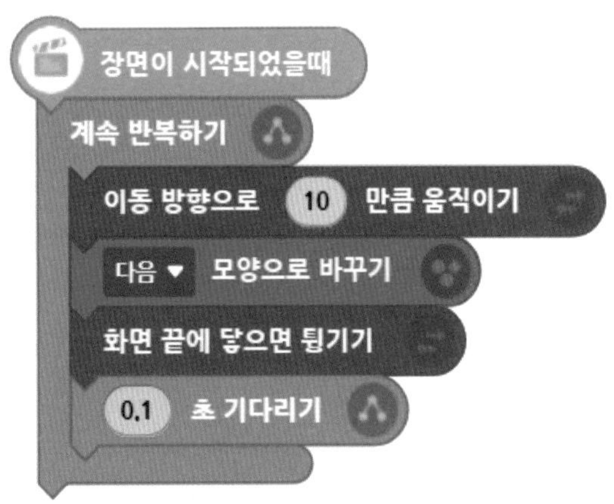

16. 다시 '시작화면' 장면에서 [▶ 시작하기] 를 눌러 게임을 실행해 봅시다. 부엉이가 화면 끝에 닿으면 반대 방향으로 가지만 거꾸로 뒤집혀 날아갑니다. 어떻게 하면 좋을까요?

17. 부엉이가 뒤집히지 않도록 회전방식을 ↔ 로 선택합니다. 다시 '시작화면' 장면을 클릭하고 [▶ 시작하기] 를 누르면 부엉이가 화면 끝에 닿아도 뒤집히지 않고 반대 방향으로 이동하는 것을 확인할 수 있습니다.

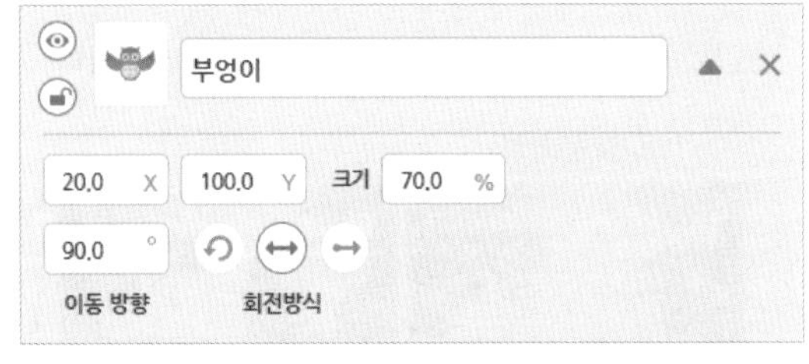

tip 오브젝트의 회전방식에 대해서는 다음 쪽의 개념 톡톡을 참고하세요.

18. 곰(2)와 당나귀(2) 오브젝트도 같은 방법으로 코딩하고, 회전방식도 변경합니다.

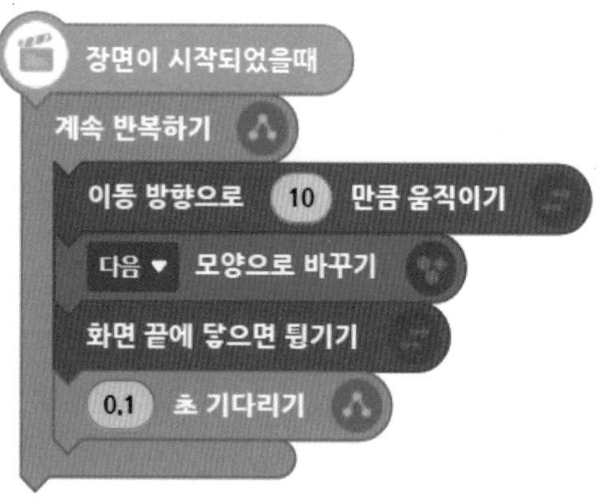

개념 톡톡

회전방식은 오브젝트가 화면 끝에 닿았을 때 오브젝트의 방향을 결정하는 방식입니다. 엔트리에서는 다음의 세 가지 회전방식을 제공하고 있습니다.

모든 방향 회전

오브젝트가 상하좌우 모든 방향으로 회전합니다.

좌우 회전

오브젝트 방향이 좌우로만 회전합니다.

회전하지 않음

오브젝트 방향이 변하지 않습니다.

STEP 3 

미어캣이 마우스 포인터 위치로 계속 따라옵니다.

❶ 장면이 시작되면 미어캣이 말을 하고

❷ 마우스포인터 위치로 계속 이동합니다.

19. 미어캣 오브젝트를 클릭하고 **시작**에서 [장면이 시작되었을때] 블록을 가져옵니다. 장면이 시작되면 미어캣이 말을 하도록 **생김새**에서 [안녕! 을(를) 말하기 ▾] 블록을 가져와 연결합니다. '안녕!'을 '푯말까지 가보자!'로 바꿉니다.

20. 미어캣이 계속 반복적으로 마우스포인터를 따라다니도록 **흐름**에서 [계속 반복하기] 블록을 가져와 연결하고, **움직임**에서 [푯말 ▾ 위치로 이동하기] 블록을 연결합니다. 그리고 푯말을 '마우스포인터'로 바꿔줍니다.

장면이 시작되었을때
푯말까지 가보자! 을(를) 말하기 ▾
계속 반복하기
마우스포인터 ▾ 위치로 이동하기

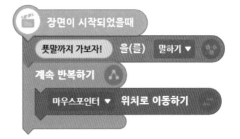

tip [푯말 ▾ 위치로 이동하기] 블록에는 오브젝트 목록 제일 위에 있는 오브젝트 이름이 표시됩니다. 여러분이 오브젝트를 추가한 순서에 따라 책과 블록 명칭이 조금 다를 수 있습니다.

21. '시작화면' 장면에서 [▶ 시작하기] 를 누르고 '1단계' 장면을 시작하면 미어캣이 말을 하고 마우스 포인터를 따라다니는 것을 확인할 수 있습니다.

STEP 4

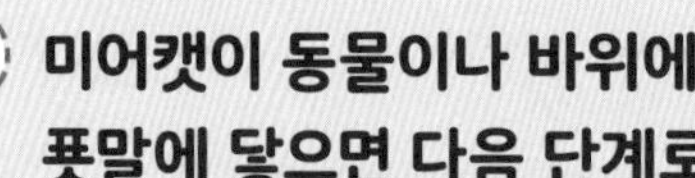

미어캣이 동물이나 바위에 닿으면 다시 시작하고, 풋말에 닿으면 다음 단계로 넘어갑니다.

❶ 부엉이, 곰, 당나귀, 바위 장애물에 닿으면 "으악!"을 말하고
❷ '시작화면' 장면을 시작합니다.
❸ 풋말에 닿으면 '2단계' 장면을 시작합니다.

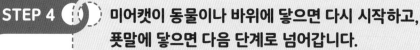

22. 먼저, 미어캣이 바위에 닿았을 때 특정한 행동을 하도록 **흐름**에서 [만일 (참) 이라면] 블록을 가져와 [계속 반복하기] 안에 넣습니다.

```
장면이 시작되었을때
풋말까지 가보자! 을(를) 말하기 ▼
계속 반복하기
    마우스포인터 ▼ 위치로 이동하기
    만일 (참) 이라면
```

23. 바위 장애물에 닿았는지 판단하기 위해 **판단**에서 [마우스포인터 ▼ 에 닿았는가?] 블록을 가져와 드롭다운 버튼을 눌러 '마우스포인터'를 '바위 장애물'로 바꿉니다. 그리고 [만일 (참) 이라면] 블록의 (참) 부분에 합칩니다.

```
장면이 시작되었을때
풋말까지 가보자! 을(를) 말하기 ▼
계속 반복하기
    마우스포인터 ▼ 위치로 이동하기
    만일 <바위 장애물 ▼ 에 닿았는가?> 이라면
```

24. 바위 장애물에 닿으면 말을 하도록 **생김새**에서 [안녕! 을(를) 4 초 동안 말하기 ▼] 블록을 가져와 [만일 <바위 장애물 ▼ 에 닿았는가?> 이라면] 안에 넣습니다. '안녕!'과 '4'는 각각 '으악!'과 '0.5'로 바꿉니다. 마지막으로 게임을 처음부터 시작하도록 **시작**에서 [시작화면 ▼ 시작하기] 블록을 가져와 연결합니다.

```
장면이 시작되었을때
풋말까지 가보자! 을(를) 말하기 ▼
계속 반복하기
    마우스포인터 ▼ 위치로 이동하기
    만일 <바위 장애물 ▼ 에 닿았는가?> 이라면
        으악! 을(를) 0.5 초 동안 말하기 ▼
        시작화면 ▼ 시작하기
```

25. 또 다른 장애물인 부엉이, 곰(2), 당나귀(2)에 닿았을 때도 "으악!"이라고 말하도록 **24**의 코드를 복사해 다음과 같이 완성해 봅시다.

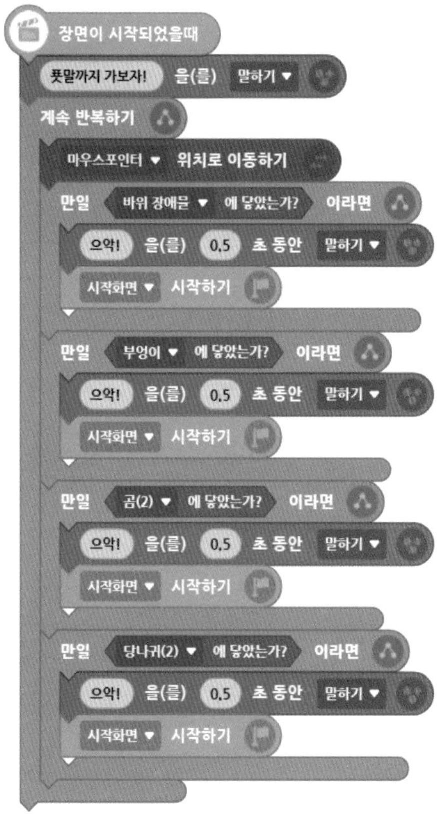

```
장면이 시작되었을때
풋말까지 가보자! 을(를) 말하기 ▼
계속 반복하기
  마우스포인터 ▼ 위치로 이동하기
  만일 바위 장애물 ▼ 에 닿았는가? 이라면
    으악! 을(를) 0.5 초 동안 말하기 ▼
    시작화면 ▼ 시작하기
  만일 부엉이 ▼ 에 닿았는가? 이라면
    으악! 을(를) 0.5 초 동안 말하기 ▼
    시작화면 ▼ 시작하기
  만일 곰(2) ▼ 에 닿았는가? 이라면
    으악! 을(를) 0.5 초 동안 말하기 ▼
    시작화면 ▼ 시작하기
  만일 당나귀(2) ▼ 에 닿았는가? 이라면
    으악! 을(를) 0.5 초 동안 말하기 ▼
    시작화면 ▼ 시작하기
```

tip 코드 복사하기는 아래의 개념 톡톡을 참고하세요.

26. 풋말에 닿았을 때는 '2단계' 장면을 시작하도록 다음과 같이 코드를 작성합니다.

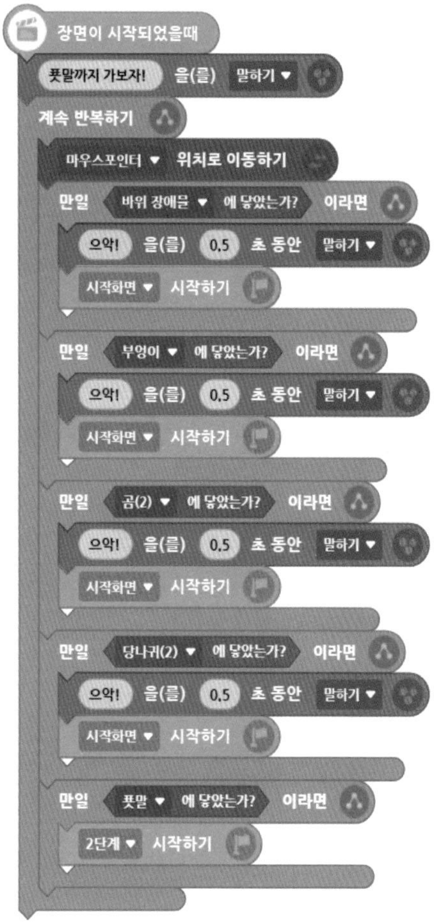

```
장면이 시작되었을때
풋말까지 가보자! 을(를) 말하기 ▼
계속 반복하기
  마우스포인터 ▼ 위치로 이동하기
  만일 바위 장애물 ▼ 에 닿았는가? 이라면
    으악! 을(를) 0.5 초 동안 말하기 ▼
    시작화면 ▼ 시작하기
  만일 부엉이 ▼ 에 닿았는가? 이라면
    으악! 을(를) 0.5 초 동안 말하기 ▼
    시작화면 ▼ 시작하기
  만일 곰(2) ▼ 에 닿았는가? 이라면
    으악! 을(를) 0.5 초 동안 말하기 ▼
    시작화면 ▼ 시작하기
  만일 당나귀(2) ▼ 에 닿았는가? 이라면
    으악! 을(를) 0.5 초 동안 말하기 ▼
    시작화면 ▼ 시작하기
  만일 풋말 ▼ 에 닿았는가? 이라면
    2단계 ▼ 시작하기
```

개념 톡톡

코드 복사 & 붙여넣기

반복되거나 비슷한 코드는 '코드 복사 & 붙여넣기' 기능을 활용하면 편리하게 작성할 수 있습니다. 복사하려는 블록 위에서 마우스 오른쪽 버튼을 누르고 '코드 복사 & 붙여넣기'를 선택하면 여러 블록을 동시에 복사하고 붙여넣을 수 있습니다.

```
만일 부엉이 ▼ 에 닿았는가? 이라면
  으악! 을(를) 0.5 초 동안 말하기
  시작화면 ▼ 시작하기
```

코드 복사 & 붙여넣기
코드 복사
코드 삭제
이미지로 저장하기
메모 추가하기

27. 게임을 실행하여 미어캣이 동물이나 폿말에 닿게 해봅시다. 각각 '시작화면'과 '2단계'로 장면이 바뀌는 것을 확인할 수 있습니다.

→

STEP 5 장면이 시작되면 화면 끝에서 끝으로 계속 이동합니다.

장면이 시작되면 회오리바람이 실행화면 세로 방향으로 계속 이동합니다.

장면 3 2단계

28. '2단계' 장면을 클릭합니다. + 오브젝트 추가하기 를 눌러 '미어캣, 박쥐(2), 회오리바람(1), 미어캣 가족, 바위 장애물, 들판(3)' 오브젝트를 추가합니다.

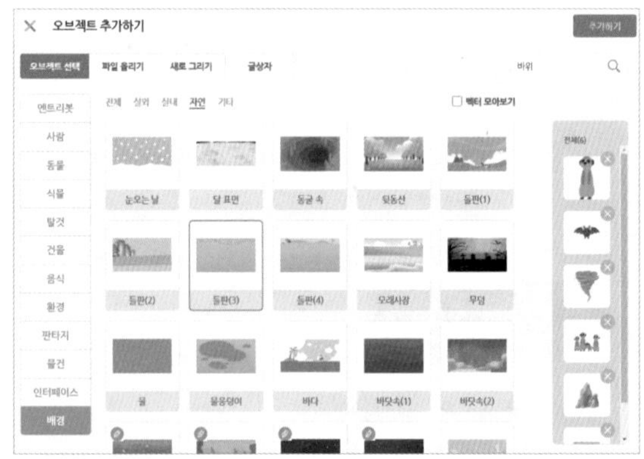

29. 다음과 같이 오브젝트의 위치와 크기를 변경합니다. 자세한 위치와 크기는 **오브젝트 준비하기**를 확인합니다.

tip 이번에는 이동 방향까지 설정해 주세요.

오브젝트 준비하기

오브젝트						
이름	미어캣	미어캣 가족	박쥐(2)	회오리바람(1)	바위 장애물	들판(3)
카테고리	동물-땅	동물-땅	동물-하늘	환경-자연	환경-기타	배경-자연
X	-200	200	150	-10	80	0
Y	80	-90	80	-100	-50	0
크기	40	80	70	70	150	375
이동 방향	90	90	90	0	90	90

30. '회오리바람(1)' 오브젝트를 클릭하고, 이동 방향 화살표를 마우스로 끌어 오른쪽(→)에서 위쪽(↑)으로 바꿉니다.

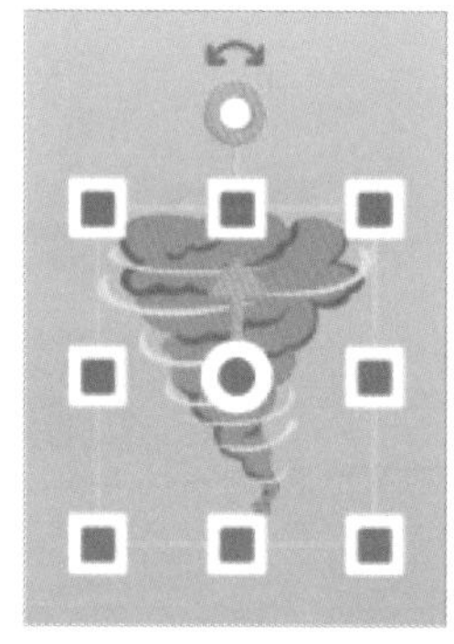

31. 18에서 동물들이 화면 끝에서 끝으로 계속 이동하는 코드를 작성했습니다. 이를 참고하여 다음과 같이 코드를 작성합니다. 게임을 실행하면 회오리바람이 세로로 왔다갔다 하는 것을 볼 수 있습니다. 30에서 이동 방향을 위쪽으로 설정해 놓았기 때문입니다.

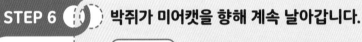

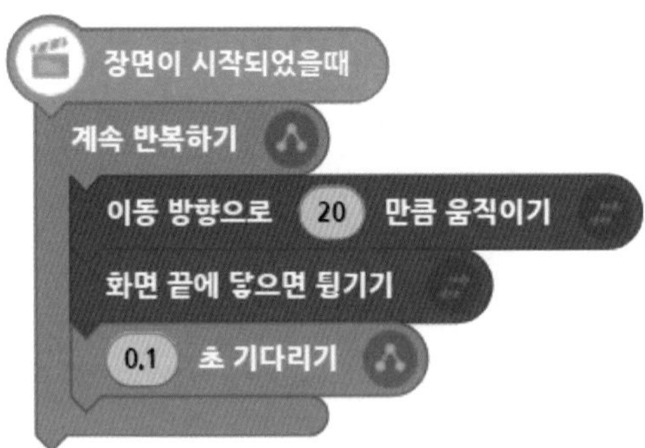

박쥐가 미어캣을 향해 계속 날아갑니다.

장면이 시작되면 미어캣을 바라보고 미어캣 방향으로 이동합니다.

32. 박쥐가 미어캣을 보면서 계속 따라다니도록 코딩해 보겠습니다. 20에서 미어캣이 마우스포인터를 따라다니게 코딩한 것과 비슷합니다. '박쥐(2)' 오브젝트를 클릭하고 **움직임**에서 [회오리바람(1) ▾ 쪽 바라보기] 블록과 [2 초 동안 회오리바람(1) ▾ 위치로 이동하기] 블록을 가져와서 다음과 같이 코드를 작성합니다.

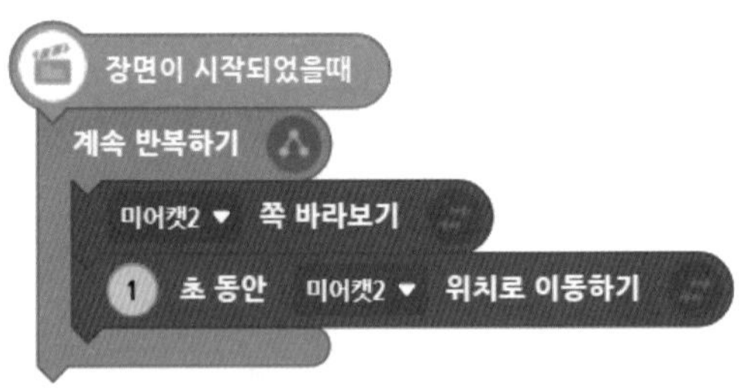

tip

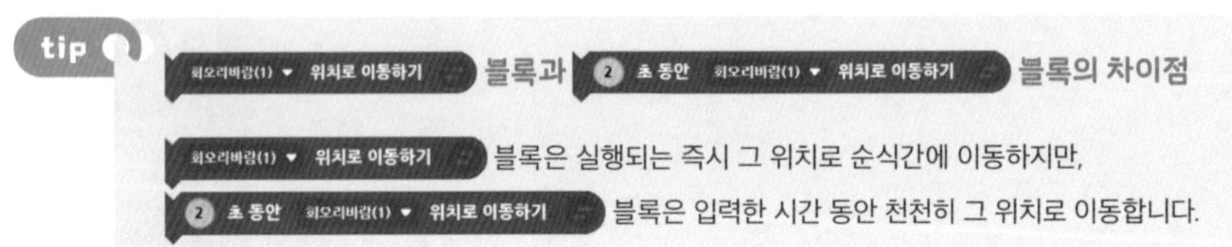

회오리바람(1) ▾ 위치로 이동하기 블록과 2 초 동안 회오리바람(1) ▾ 위치로 이동하기 블록의 차이점
회오리바람(1) ▾ 위치로 이동하기 블록은 실행되는 즉시 그 위치로 순식간에 이동하지만,
2 초 동안 회오리바람(1) ▾ 위치로 이동하기 블록은 입력한 시간 동안 천천히 그 위치로 이동합니다.

STEP 7  미어캣이 가족을 만나면 게임이 끝납니다.

❶ 미어캣이 마우스포인터 위치로 계속 이동하고

❷ 바위나 회오리, 박쥐와 만나면 처음부터 다시 시작하고

❸ 가족과 만나면 게임이 끝납니다.

33. 장면이 시작되면 "저기 우리 가족이 있어!"라고 말하고, 미어캣이 마우스포인터 위치를 계속 따라다니게 해보세요. 그리고 바위나 회오리, 박쥐를 만나면 "으악!"이라고 말한 뒤 '시작화면'을 시작하고, 가족을 만나면 "우리 가족을 구했어!"라고 말한 뒤 게임이 끝나도록 코딩해 보세요. **26**을 참고하여 코딩해 보세요.

tip 흐름에서 [모든 ▾ 코드 멈추기] 블록을 사용하면 게임이 끝나도록 할 수 있어요.

```
장면이 시작되었을때
저기 우리 가족이 있어! 을(를) 말하기 ▾
계속 반복하기
    마우스포인터 ▾ 위치로 이동하기
    만일 회오리바람(1) ▾ 에 닿았는가? 이라면
        으악! 을(를) 2 초 동안 말하기 ▾
        시작화면 ▾ 시작하기
    만일 바위 장애물1 ▾ 에 닿았는가? 이라면
        으악! 을(를) 2 초 동안 말하기 ▾
        시작화면 ▾ 시작하기
    만일 박쥐(2) ▾ 에 닿았는가? 이라면
        으악! 을(를) 2 초 동안 말하기 ▾
        시작화면 ▾ 시작하기
    만일 미어캣 가족 ▾ 에 닿았는가? 이라면
        우리 가족을 구했어! 을(를) 말하기 ▾
        모든 ▾ 코드 멈추기
```

검토하기

완성된 코드를 검토해 봅시다. https://bit.ly/entrycoding06c에 접속하면 전체 코드를 볼 수 있습니다. 놓친 부분은 없는지 천천히 살펴보세요.

장면 1 - 시작화면

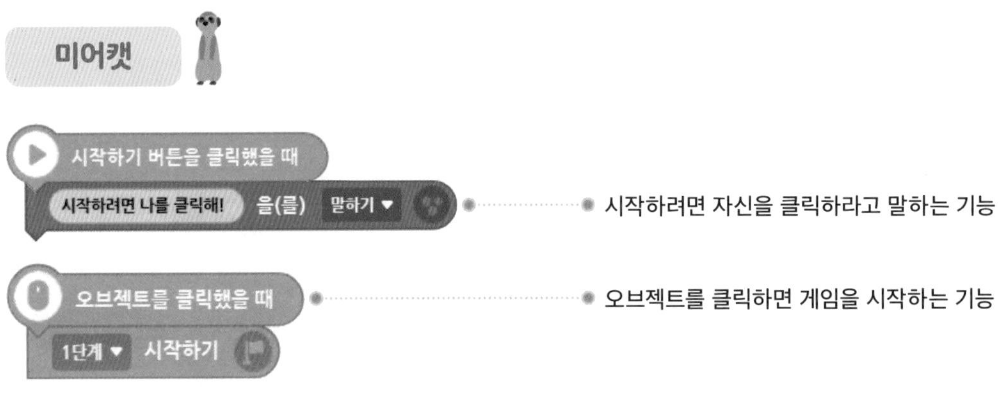

장면 2 - 1단계

미어캣

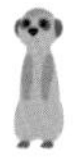

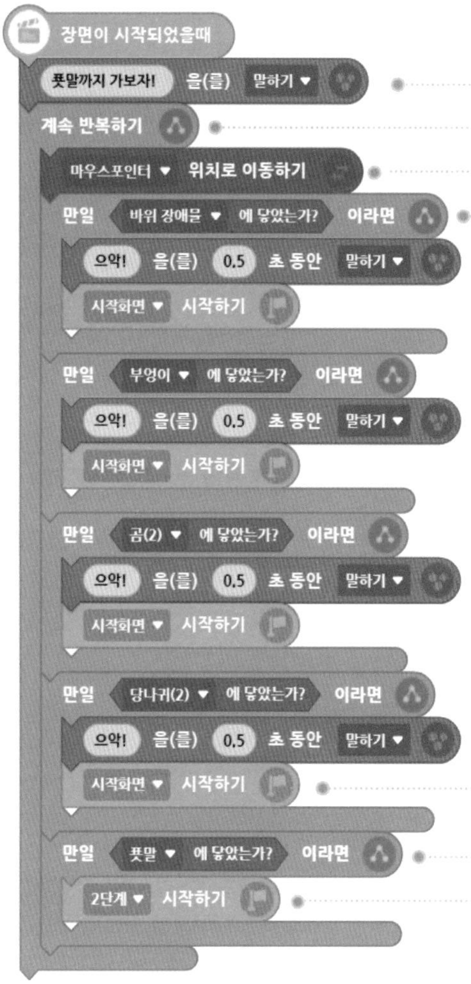

장면이 시작되었을때
풋말까지 가보자! 을(를) 말하기
계속 반복하기
마우스포인터 위치로 이동하기
만일 바위 장애물 에 닿았는가? 이라면
으악! 을(를) 0.5 초 동안 말하기
시작화면 시작하기
만일 부엉이 에 닿았는가? 이라면
으악! 을(를) 0.5 초 동안 말하기
시작화면 시작하기
만일 곰(2) 에 닿았는가? 이라면
으악! 을(를) 0.5 초 동안 말하기
시작화면 시작하기
만일 당나귀(2) 에 닿았는가? 이라면
으악! 을(를) 0.5 초 동안 말하기
시작화면 시작하기
만일 풋말 에 닿았는가? 이라면
2단계 시작하기

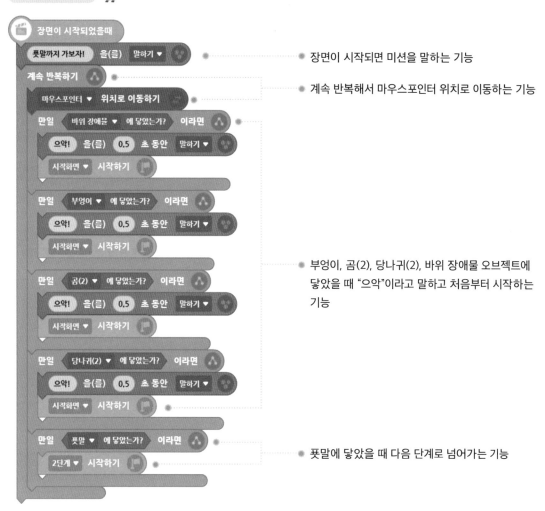

- 장면이 시작되면 미션을 말하는 기능
- 계속 반복해서 마우스포인터 위치로 이동하는 기능
- 부엉이, 곰(2), 당나귀(2), 바위 장애물 오브젝트에 닿았을 때 "으악"이라고 말하고 처음부터 시작하는 기능
- 풋말에 닿았을 때 다음 단계로 넘어가는 기능

장면 3 - 2단계

회오리바람

장면이 시작되었을때
계속 반복하기
이동 방향으로 20 만큼 움직이기
화면 끝에 닿으면 튕기기
0.1 초 기다리기

- 장면이 시작되면 계속 반복하는 기능
- 이동 방향으로 이동하는 기능
- 화면 끝에 닿으면 반대로 이동하고 기다리는 기능

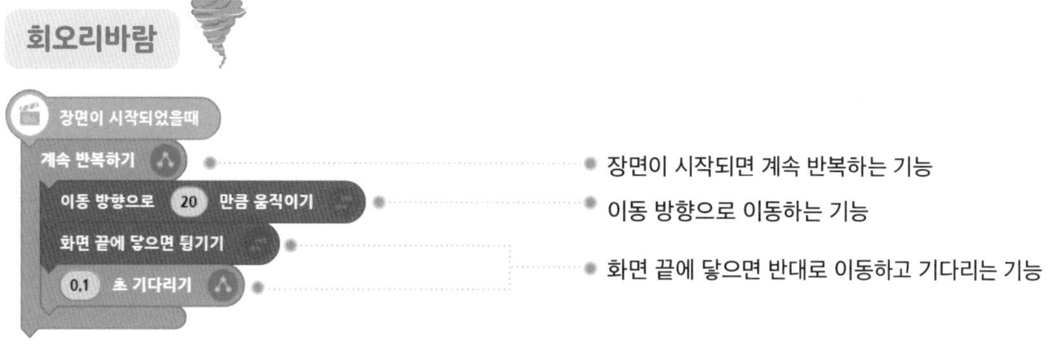

박쥐(2)

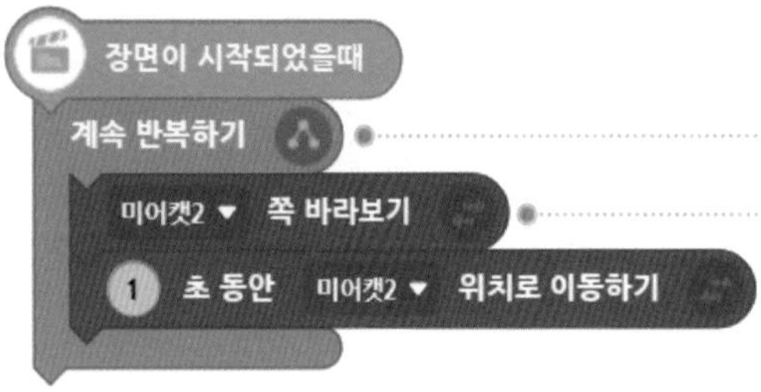

```
장면이 시작되었을때
계속 반복하기
    미어캣2 ▼ 쪽 바라보기
    1 초 동안 미어캣2 ▼ 위치로 이동하기
```

- 계속 반복하기: 장면이 시작되면 계속 반복하는 기능
- 미어캣2 쪽 바라보기: 미어캣을 바라보는 기능
- 1 초 동안 미어캣2 위치로 이동하기: 설정한 시간 동안 미어캣 위치로 천천히 이동하는 기능

미어캣

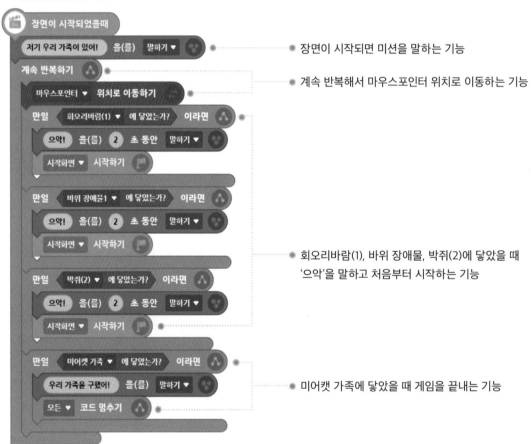

```
장면이 시작되었을때
저기 우리 가족이 있어! 을(를) 말하기 ▼
계속 반복하기
    마우스포인터 ▼ 위치로 이동하기
    만일 회오리바람(1) ▼ 에 닿았는가? 이라면
        으악! 을(를) 2 초 동안 말하기 ▼
        시작화면 ▼ 시작하기
    만일 바위 장애물1 ▼ 에 닿았는가? 이라면
        으악! 을(를) 2 초 동안 말하기 ▼
        시작화면 ▼ 시작하기
    만일 박쥐(2) ▼ 에 닿았는가? 이라면
        으악! 을(를) 2 초 동안 말하기 ▼
        시작화면 ▼ 시작하기
    만일 미어캣 가족 ▼ 에 닿았는가? 이라면
        우리 가족을 구했어! 을(를) 말하기 ▼
        모든 ▼ 코드 멈추기
```

- 저기 우리 가족이 있어! 을(를) 말하기: 장면이 시작되면 미션을 말하는 기능
- 계속 반복하기 / 마우스포인터 위치로 이동하기: 계속 반복해서 마우스포인터 위치로 이동하는 기능
- 만일 회오리바람(1) / 바위 장애물1 / 박쥐(2) 에 닿았는가? 이라면: 회오리바람(1), 바위 장애물, 박쥐(2)에 닿았을 때 '으악'을 말하고 처음부터 시작하는 기능
- 만일 미어캣 가족 에 닿았는가? 이라면: 미어캣 가족에 닿았을 때 게임을 끝내는 기능

더 나아가기	❶ 장면을 추가하여 단계를 더 만들어봅시다. ❷ 동물들이 움직이는 속도와 방향을 무작위로 해봅시다.

chapter

7

방 탈출 게임

학습 목표

신호 기능을 활용하여 오브젝트끼리 상호작용하는 게임 만들기

- **프로그래밍 개념**

  신호 / 선택 / 비교 연산 / 이벤트

- **엔트리 기능**

  장면 / 효과 / 말하기 / 좌표 / 이동하기 / 모양 / 묻고 대답 기다리기 / 글상자

난이도 ☆ ☆ ☆ ☆ ☆

- **게임 목표**
  - 방 안의 물건을 통해 힌트를 얻어 방에서 탈출하라!

- **게임 규칙**
  - 어떤 물건에는 비밀번호가 적혀 있습니다.
  - 어떤 물건을 클릭하면 자물쇠가 나타납니다.
  - 자물쇠를 클릭하면 비밀번호를 묻고 비밀번호가 맞으면 방을 탈출합니다.

왼쪽 마우스 버튼

- **게임 살펴보기**

https://bit.ly/entrycoding07

장면 1 시작 화면

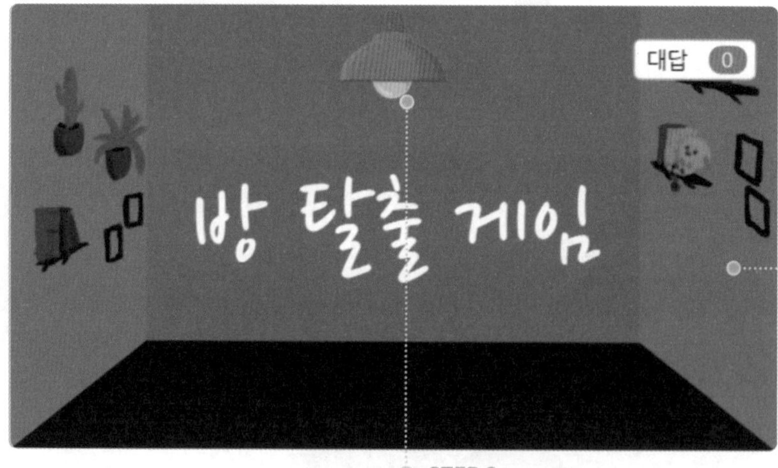

STEP 1
게임이 시작되면 배경이 어두워집니다.

STEP 2
클릭하면 '방' 장면으로 넘어갑니다.

장면 2 방

STEP 3
오브젝트의 위치, 크기, 색깔 등이 변합니다.

STEP 4
스위치를 클릭하면 자물쇠가 나타납니다.

STEP 5
스위치를 클릭하면 나타나고, 좌물쇠를 클릭하면 비밀번호를 묻고, 번호가 맞으면 '끝화면'으로 넘어갑니다.

장면 3 끝화면

STEP 6
장면이 시작되면 '탈출성공!'이라고 말합니다.

개념 다지기

신호—다른 오브젝트에 변화를 줘요!

방 탈출 게임은 방 안의 다양한 물건을 통해 힌트를 얻고, 비밀번호를 입력하거나 특정 행동을 해서 방을 탈출하는 형식의 게임입니다. 이 게임에서 힌트는 예상하지 못한 방법으로 얻을 때가 많습니다. 예를 들어, 어떤 스위치를 찾아 눌렀는데, 갑자기 숨겨졌던 문이 나타나는 것처럼 말입니다. 이런 기능은 **신호**라는 개념으로 구현할 수 있습니다. 신호는 자신의 명령어로 다른 오브젝트에 변화를 줄 때 주로 사용합니다. 엔트리에서 신호를 만들면 대상없음▾ 신호 보내기 블록과 대상없음▾ 신호를 받았을 때 블록을 사용할 수 있습니다. 한 오브젝트에서는 대상없음▾ 신호 보내기 블록을 사용하여 신호를 보내고, 다른 오브젝트에서는 대상없음▾ 신호를 받았을 때 블록으로 신호를 받을 때마다 특정한 행동을 할 수 있습니다.

새로운 블록 만나기

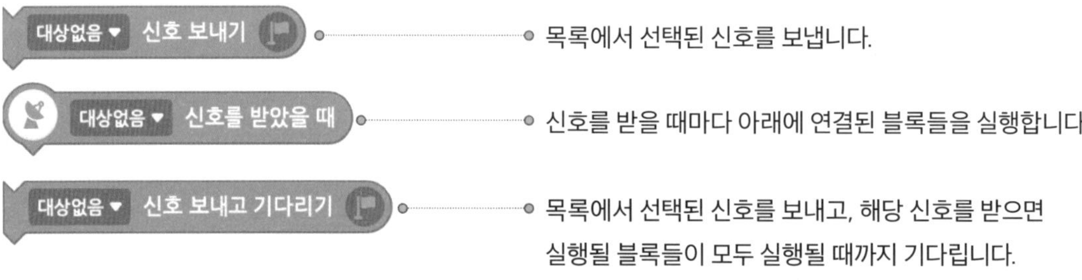
대상없음▾ 신호 보내기
대상없음▾ 신호를 받았을 때
대상없음▾ 신호 보내고 기다리기

- 목록에서 선택된 신호를 보냅니다.
- 신호를 받을 때마다 아래에 연결된 블록들을 실행합니다.
- 목록에서 선택된 신호를 보내고, 해당 신호를 받으면 실행될 블록들이 모두 실행될 때까지 기다립니다.

예제

오브젝트를 클릭했을 때
불끄기▾ 신호 보내기

불끄기▾ 신호를 받았을 때
밝기▾ 효과를 -100 (으)로 정하기

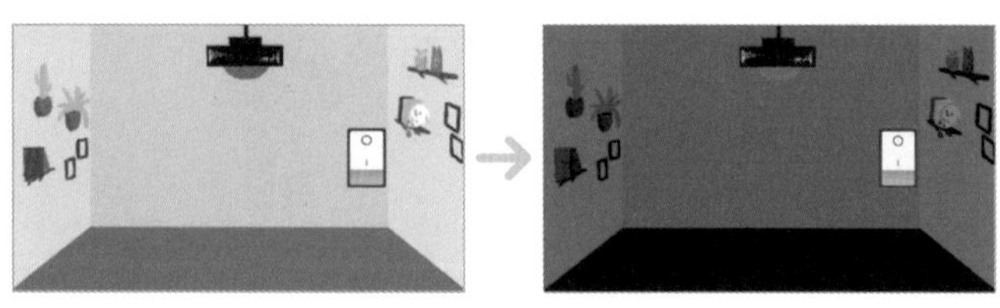

스위치 오브젝트를 클릭하면 '불 끄기' 신호를 보내고,
배경화면 오브젝트는 불 끄기 신호를 받으면 그 아래 연결된
'밝기 효과를 -100으로 정하기' 블록을 실행하여 배경화면을 어둡게 합니다.

프로그래밍하기

장면 1 시작화면

1. 오브젝트 목록에서 '엔트리봇' 오브젝트를 삭제하고, + 오브젝트 추가하기 를 눌러 '전등(1), 초록 방' 오브젝트를 추가합니다.

2. + 오브젝트 추가하기 와 **글상자**를 누르고 '방 탈출 게임'이라고 입력합니다.

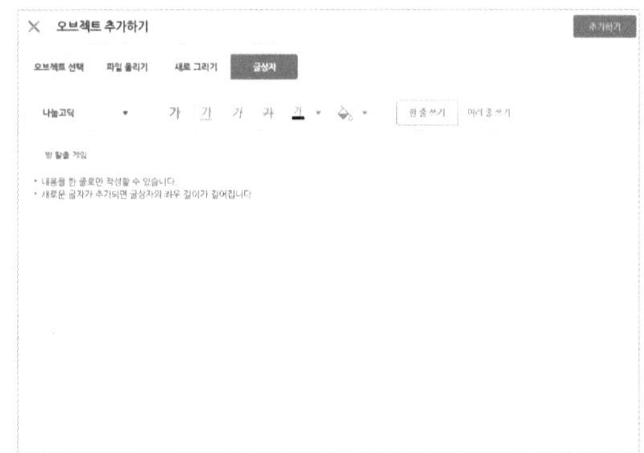

3. 글꼴은 '나눔손글씨'로, 글 색깔은 '흰색'으로, 글 배경은 '투명'으로 정하고 **추가하기**를 누르면 '글상자'가 추가됩니다. 글꼴 스타일은 여러분이 원하는 대로 변경해도 됩니다.

4. '전등(1)' 오브젝트를 클릭하고 **모양** 탭을 눌러 모양을 '전등(1)_꺼짐'으로 바꿔줍니다.

5. 그리고 다음과 같이 오브젝트의 위치와 크기를 변경합니다. 자세한 위치와 크기는 **오브젝트 준비하기**를 확인합니다.

오브젝트 준비하기

오브젝트		방 탈출 게임	
이름	전등(1)	글상자	초록 방
카테고리	물건-생활	글상자	배경-실내
X	0	0	0
Y	100	0	0
크기	100	150	375

STEP 1 게임이 시작되면 방이 어두워집니다.

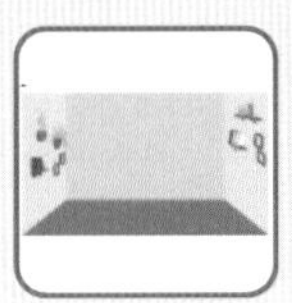

게임이 시작되면 초록 방 오브젝트의 밝기가 어두워집니다.

6. ▶ 시작하기 를 누르면 블록이 실행되도록 초록 방을 클릭하고, **시작**에서 [시작하기 버튼을 클릭했을 때] 블록을 블록 조립소로 옮깁니다. 배경을 어둡게 하도록 **생김새**에서 [밝기 ▾ 효과를 100 (으)로 정하기] 블록을 가져와 연결합니다. 드롭다운 버튼을 눌러 '색깔'을 '밝기'로 바꾸고 '100'은 '-100'으로 바꿔줍니다.

개념 톡톡

밝기 효과 블록 알아보기

다음 그림은 같은 오브젝트를 밝기만 달리하여 나타낸 모습입니다. 보이는 것처럼, 오브젝트는 밝기가 -100일 때 가장 어둡고, 100일 때 가장 밝습니다.

오브젝트					
밝기	-100	-50	0	50	100

전등을 클릭하면 다음 장면으로 넘어갑니다.

전등을 클릭하면 '방' 장면으로 넘어갑니다.

7. 전등을 클릭하면 다음 장면으로 넘어가도록 해봅시다. 먼저, 현재 장면을 클릭해서 장면 이름을 '장면 1'에서 '시작화면'으로 바꿉니다.

8. 장면 추가하기 버튼을 눌러 2개의 장면을 더 만들고, 이름을 각각 '방, 끝화면'으로 정합니다.

9. 오브젝트를 클릭하면 명령이 실행되도록 전등을 클릭하고, **시작**에서 [오브젝트를 클릭했을 때] 블록을 가져옵니다. '방' 장면이 시작되도록 **시작**에서 [시작화면 ▾ 시작하기] 블록을 연결하고 드롭다운 버튼을 눌러 '시작화면'을 '방'로 바꿉니다.

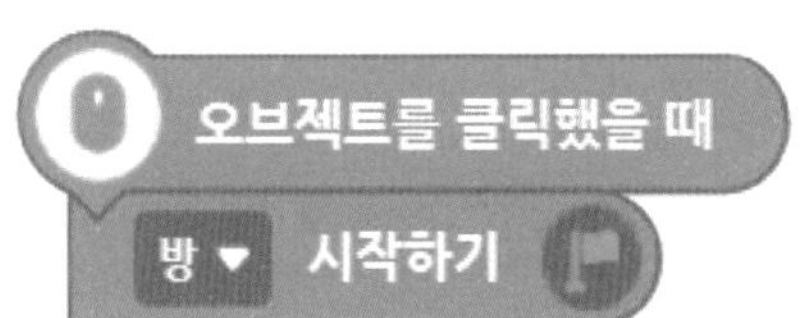

10. [▶ 시작하기]를 누르고 전등을 클릭하면 '방' 장면으로 바뀌는 것을 확인할 수 있습니다.

tip 아직 방 장면에는 오브젝트가 없기 때문에 빈 화면으로 나타납니다.

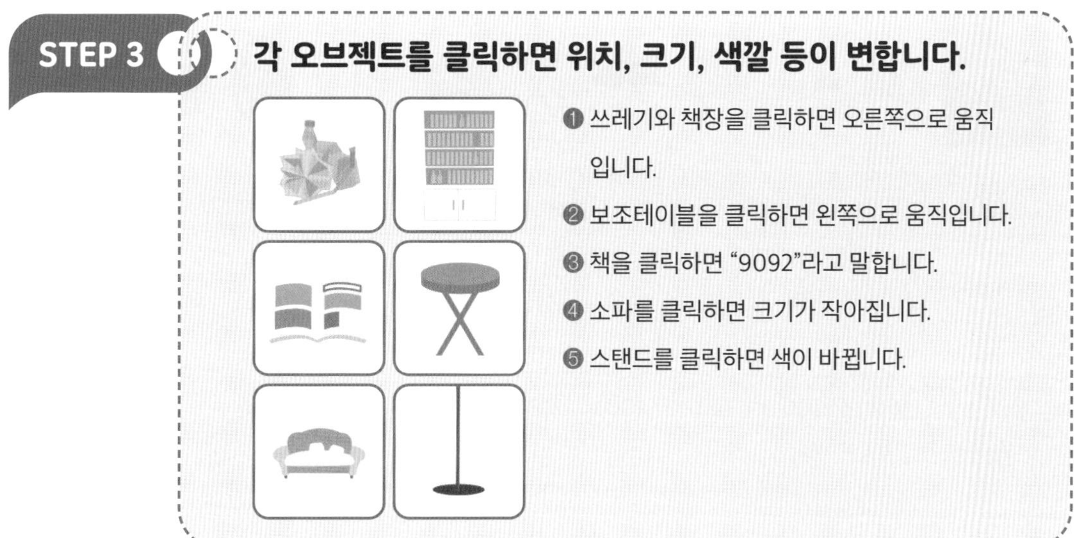

STEP 3 각 오브젝트를 클릭하면 위치, 크기, 색깔 등이 변합니다.

❶ 쓰레기와 책장을 클릭하면 오른쪽으로 움직입니다.

❷ 보조테이블을 클릭하면 왼쪽으로 움직입니다.

❸ 책을 클릭하면 "9092"라고 말합니다.

❹ 소파를 클릭하면 크기가 작아집니다.

❺ 스탠드를 클릭하면 색이 바뀝니다.

장면 2 방

11. '방' 장면을 클릭합니다. + 오브젝트 추가하기 를 눌러 '쓰레기, 책, 자물쇠, 책장, 전등(1), 보조 테이블, 소파, 스탠드, 스위치(2), 초록 방' 오브젝트를 추가합니다.

12. 다음과 같이 오브젝트의 위치와 크기를 변경합니다. 스위치는 책장 뒤에, 책은 쓰레기 뒤에 숨겨 놓습니다. 자세한 위치와 크기는 **오브젝트 준비하기**를 확인합니다.

오브젝트 준비하기

오브젝트										
이름	쓰레기	책	책장	전등(1)	보조 테이블	소파	스탠드	자물쇠	스위치(2)	초록 방
카테고리	물건-기타	물건-취미	물건-생활	물건-생활	물건-생활	물건-생활	물건-생활	인터페이스	인터페이스	배경-실내
X	-20	-20	0	0	100	-100	140	200	-20	0
Y	-100	-100	-20	100	-100	-80	-20	-100	-50	0
크기	60	20	100	100	50	100	80	30	30	375

13. '쓰레기' 오브젝트를 클릭하고, 오브젝트를 클릭하면 명령이 실행되도록 **시작**에서 [오브젝트를 클릭했을 때] 블록을 가져옵니다. 오른쪽으로 움직이도록 **움직임**에서 [x 좌표를 10 만큼 바꾸기] 블록을 연결하고 '10'을 '2'로 바꿉니다.

14. '책장' 오브젝트도 12와 똑같이 코딩합니다.

개념 톡톡

오브젝트가 다른 오브젝트 뒤에 가려지게 하려면

처음에 오브젝트를 추가하면 여러 오브젝트가 모두 겹쳐있는 걸 볼 수 있습니다. 이처럼 오브젝트는 오브젝트 목록에 있는 순서대로 실행화면에 나타납니다. 오브젝트 목록에서 가장 위에 있으면 실행화면에서도 가장 위에 보입니다. 오브젝트 목록에서 오브젝트 그림 부분을 마우스로 누른 채로 끌어 옮기면 순서를 바꿀 수 있습니다.

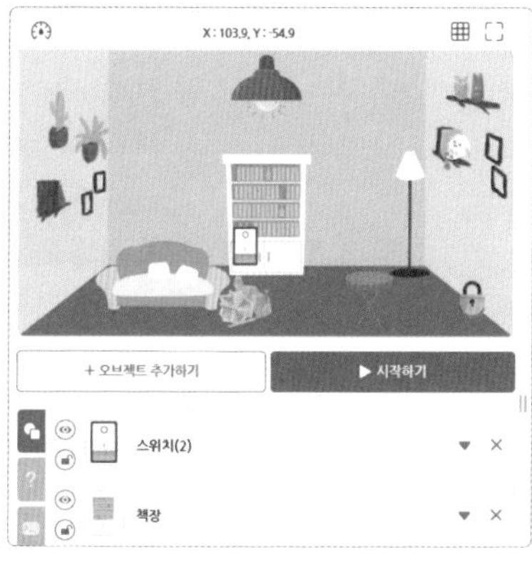

오브젝트 목록에 스위치(2)가 책장보다 위에 있으므로 실행화면에서도 스위치(2)가 책장 위에 나타납니다.

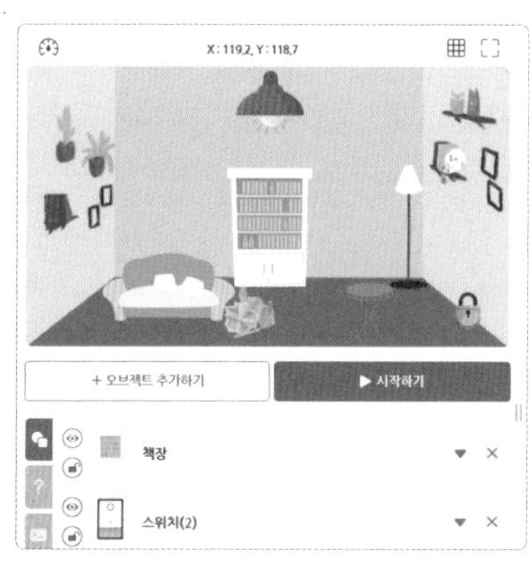

오브젝트 목록에 책장이 스위치(2)보다 위에 있으므로 실행화면에는 스위치(2)가 책장 뒤에 가려져 보이지 않습니다.

15. '보조테이블'은 클릭하면 왼쪽으로 움직입니다. 12를 참고하여 보조테이블에 다음과 같은 코드를 작성합니다.

tip x좌표를 2, 3, 4처럼 양의 숫자(+)만큼 바꾸면 오브젝트가 오른쪽으로 이동하고, -2, -3, -4처럼 음의 숫자(-)만큼 바꾸면 왼쪽으로 이동합니다.

16. '책'을 클릭하면 '9092'라 말하도록 다음과 같은 코드를 작성합니다.

17. '소파'를 클릭하면 크기가 작아지도록 다음과 같은 코드를 작성합니다.

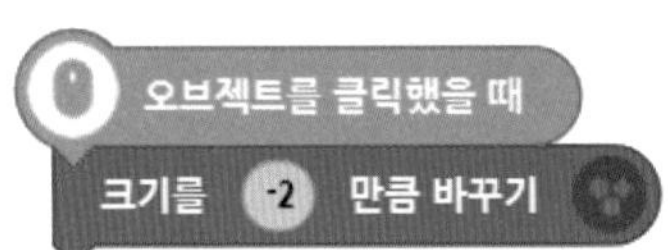

18. '스탠드'를 클릭하면 색깔이 바뀌도록 다음과 같은 코드를 작성합니다.

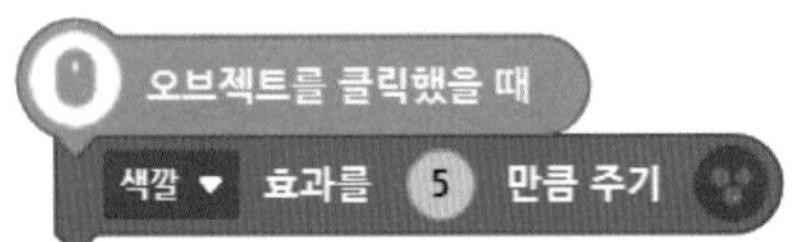

19. '시작화면' 장면에서 ▶시작하기 를 눌러 게임을 실행해 봅시다. 각각의 물건을 클릭하면 코딩한 대로 반응하는 것을 확인할 수 있습니다.

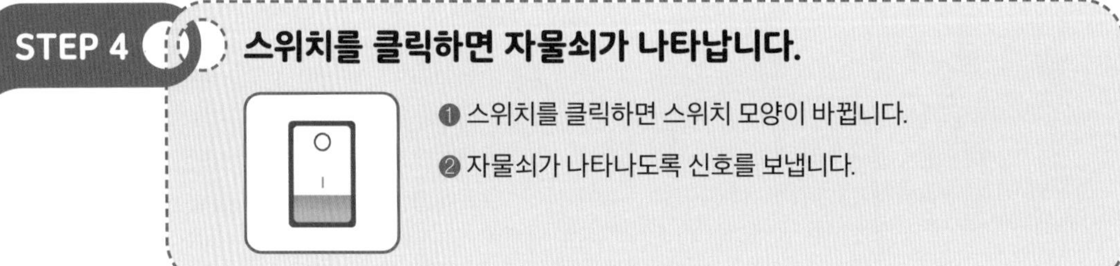

STEP 4 스위치를 클릭하면 자물쇠가 나타납니다.

❶ 스위치를 클릭하면 스위치 모양이 바뀝니다.

❷ 자물쇠가 나타나도록 신호를 보냅니다.

20. 스위치는 책장에 가려 있어서 실행화면에서 클릭할 수 없습니다. 오브젝트 목록에서 '스위치(2)' 오브젝트를 클릭하고, 오브젝트를 클릭하면 모양을 바꾸도록 **시작**에서 [오브젝트를 클릭했을 때], **생김새**에서 [스위치(2)_꺼짐 모양으로 바꾸기] 블록을 가져와 연결합니다. 드롭다운 버튼을 눌러 '스위치(2)_켜짐'으로 모양이 바뀌도록 합니다.

21. 스위치를 클릭하면 자물쇠가 나타나는 신호를 보내봅시다. 우선, 신호를 만들어봅시다. 신호는 **속성** 탭에서 만들 수 있습니다. **신호**를 선택하고 **신호 추가하기**를 누른 뒤 신호 이름을 '자물쇠 보이기'로 고칩니다.

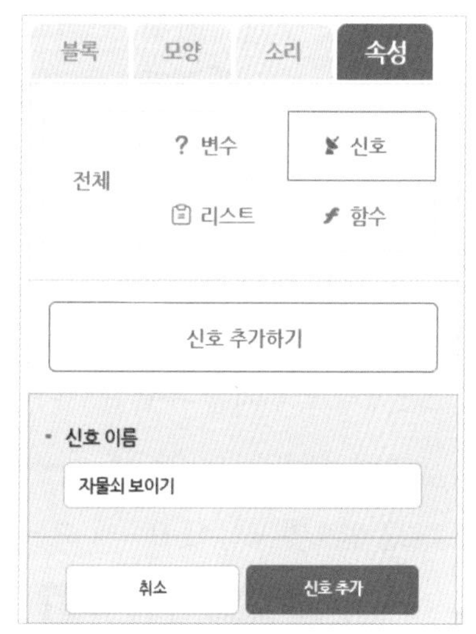

22. 이제 '자물쇠 보이기' 신호를 보내도록 **시작**에서 [자물쇠 보이기 ▼ 신호 보내기] 블록을 가져와 20 아래에 연결합니다.

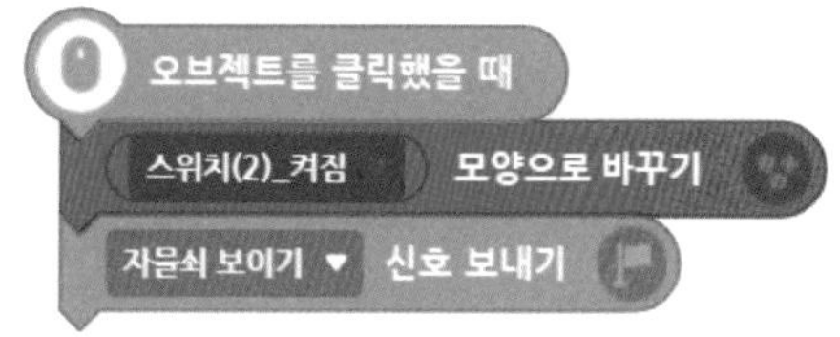

23. '시작화면' 장면에서 [▶ 시작하기] 를 눌러 게임을 실행해봅시다. 스위치를 누르면 스위치 모양은 바뀌지만 자물쇠는 변화가 없습니다. 자물쇠 오브젝트가 신호를 받았을 때 어떤 행동을 할지 정하지 않았기 때문입니다.

STEP 5  스위치를 클릭하면 나타나고 올바른 비밀번호를 입력하면 다음 장면으로 넘어갑니다.

❶ 장면이 시작되면 모양을 숨깁니다.

❷ '자물쇠 보이기' 신호를 받으면 모양이 보입니다.

❸ 좌물쇠를 클릭하면 비밀번호를 묻고

❹ 번호가 맞으면 '끝화면'으로 넘어가고, 번호가 틀리면 힌트를 줍니다.

24. 자물쇠는 장면이 시작되면 모양을 숨기도록 **시작**에서 [장면이 시작되었을때] 블록을, **생김새**에서 [모양 숨기기] 블록을 가져와 연결합니다.

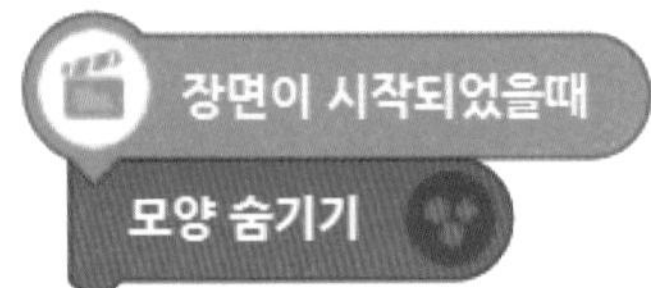

25. 22에서 스위치를 누르면 '자물쇠 보이기' 신호를 보냈습니다. 이제 자물쇠는 그 신호를 받으면 모양이 보이게 해봅시다. **시작**에서 [자물쇠 보이기 ▾ 신호를 받았을 때] **생김새**에서 [모양 보이기] 블록을 가져와 연결합니다.

자물쇠 보이기 ▾ 신호를 받았을 때
모양 보이기

26. 자물쇠를 클릭하면 비밀번호를 묻도록 해봅시다. **시작**에서 [오브젝트를 클릭했을 때] 블록과 **자료**에서 [안녕! 을(를) 묻고 대답 기다리기] 블록을 가져와 연결하고 '안녕!'을 '탈출 비밀번호는?'으로 바꿉니다.

오브젝트를 클릭했을 때
탈출 비밀번호는? 을(를) 묻고 대답 기다리기

27. 사용자가 입력한 값과 비밀번호가 같은지 비교하기 위해 **흐름**에서 다음 블록을 사용하겠습니다. [만일 참 이라면] 블록과 조금 다른 점이 보이죠?

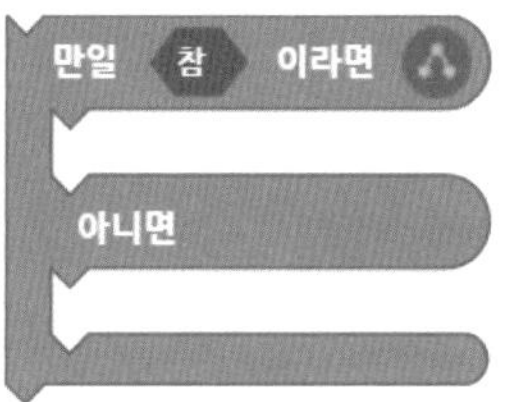

tip [만일 참 이라면]은 조건이 참이 아니면 감싸고 있는 블록을 실행하지 않고 넘어가지만, 이 블록은 조건이 참이 아니면 '아니면' 아래에 연결된 블록들이 실행됩니다.

28. [참]에는 **판단**에서 [10 = 10] 블록을 가져와 넣고, 첫 번째 '10'에는 자료에서 [대답]을, 두 번째 '10'에는 원하는 비밀번호를 입력합니다. 이 게임에서는 비밀번호를 '9092'로 정했습니다.

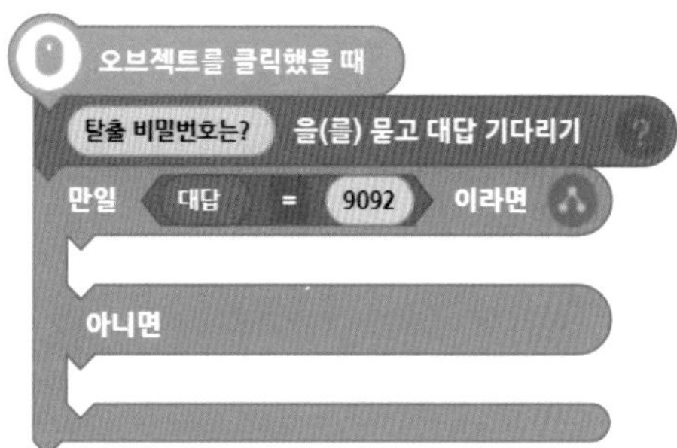

개념 톡톡

묻고 대답 기다리기

게임에서 사용자에게 값을 입력받고 싶을 때 [안녕! 을(를) 묻고 대답 기다리기] 블록을 사용할 수 있습니다. 이 블록을 사용하면 실행화면에 말풍선과 입력 창이 나타나며, [대답]에 사용자가 입력한 값이 저장됩니다.

- [안녕! 을(를) 묻고 대답 기다리기] — 입력한 내용을 묻고 사용자가 입력한 값을 '대답' 변수에 저장합니다.
- [대답] — 사용자가 '묻고 대답 기다리기'에서 입력한 내용을 저장합니다.
- [대답 숨기기▾] (보이기 / 숨기기) — 대답 값을 보이거나 숨깁니다.

29. 사용자가 입력한 값과 비밀번호가 같다면 '끝화면'을 시작하도록 블록 아래에 **시작**의 [시작화면 ▾ 시작하기] 블록을 가져와 다음과 같이 연결하고, '시작화면'을 '끝화면'으로 바꿉니다.

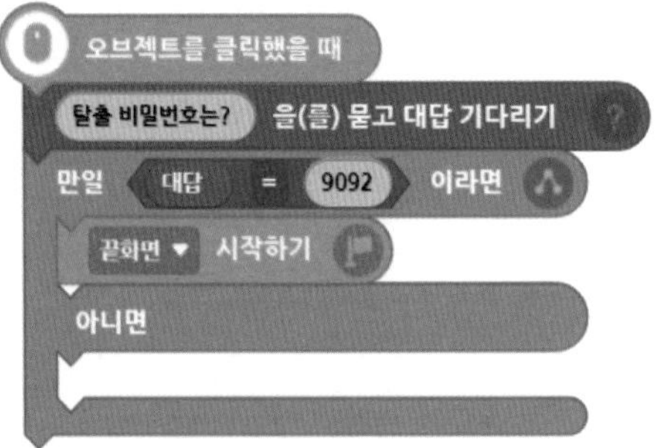

30. 만약 비밀번호가 틀렸다면 힌트를 주도록 [아니면] 블록 아래에 **생김새**의 [안녕! 을(를) 4 초 동안 말하기 ▾] 블록을 가져와 '안녕!'을 '책에 답이 있다.'로 바꾸고, '4'를 '2'로 바꿉니다.

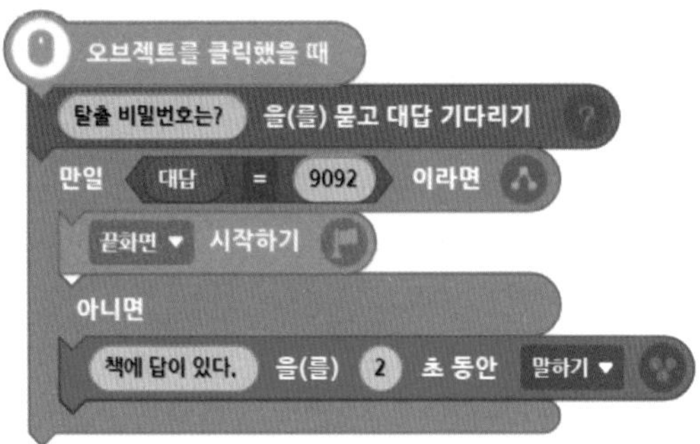

31. 게임을 실행하고 자물쇠를 눌러서 비밀번호를 입력해 봅시다. 맞으면 '끝화면' 장면으로, 틀리면 '책에 답이 있다.'라고 말하는 것을 확인할 수 있습니다.

STEP 6 장면이 시작되면 '탈출성공'이라고 말합니다.

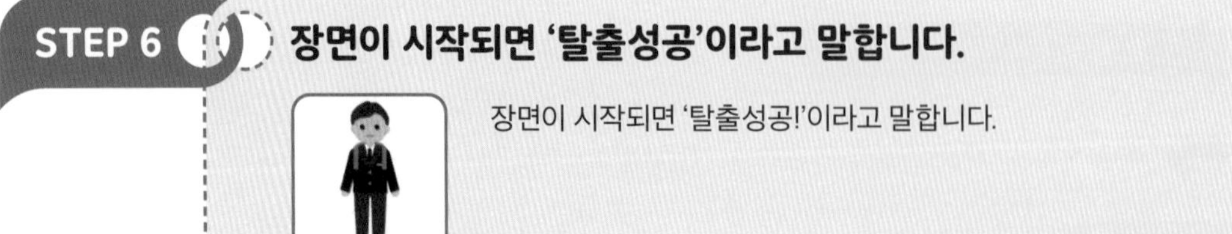

장면이 시작되면 '탈출성공!'이라고 말합니다.

장면 3 끝화면

32. '끝화면' 장면을 클릭합니다. **오브젝트 추가하기**를 눌러 '학생(3), 집' 오브젝트를 추가합니다.

33. 다음과 같이 오브젝트의 위치와 크기를 변경합니다. 자세한 위치와 크기는 **오브젝트 준비하기**를 확인합니다.

오브젝트 준비하기

오브젝트		
이름	학생(3)	집
카테고리	사람	배경-실외
X	50	0
Y	-50	0
크기	100	375

34. 장면이 시작되면 코드가 실행되도록 **시작**에서 장면이 시작되었을때 블록을 **생김새**에서 안녕! 을(를) 말하기 ▼ 블록을 가져와 연결하고 '안녕!'을 '탈출성공!'으로 바꿉니다.

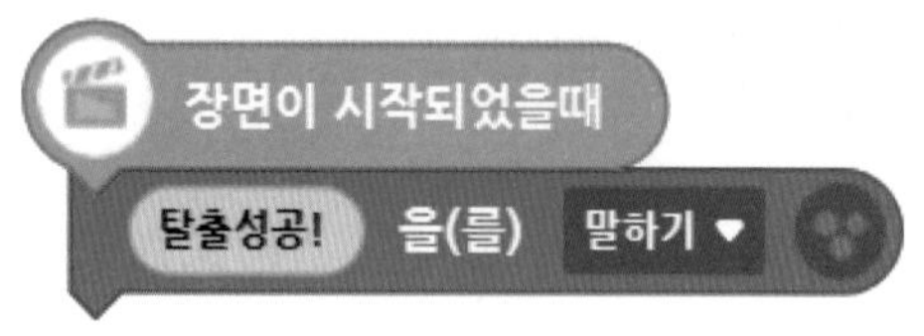

검토하기

완성된 코드를 검토해 봅시다. https://bit.ly/entrycoding07c에 접속하면 전체 코드를 볼 수 있습니다. 놓친 부분은 없는지 천천히 살펴보세요.

장면 1 - 시작화면

초록 방

```
시작하기 버튼을 클릭했을 때
밝기 ▼ 효과를 -100 (으)로 정하기
```

게임이 시작되면 어둡게 하는 기능

전등

```
오브젝트를 클릭했을 때
방 ▼ 시작하기
```

클릭하면 '방' 장면을 시작하는 기능

장면 2 - 방

책

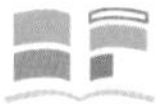

```
오브젝트를 클릭했을 때
9092 을(를) 2 초 동안 말하기 ▼
```

클릭하면 비밀번호를 말하는 기능

책장, 쓰레기

```
오브젝트를 클릭했을 때
x 좌표를 2 만큼 바꾸기
```

클릭하면 오른쪽으로 움직이는 기능

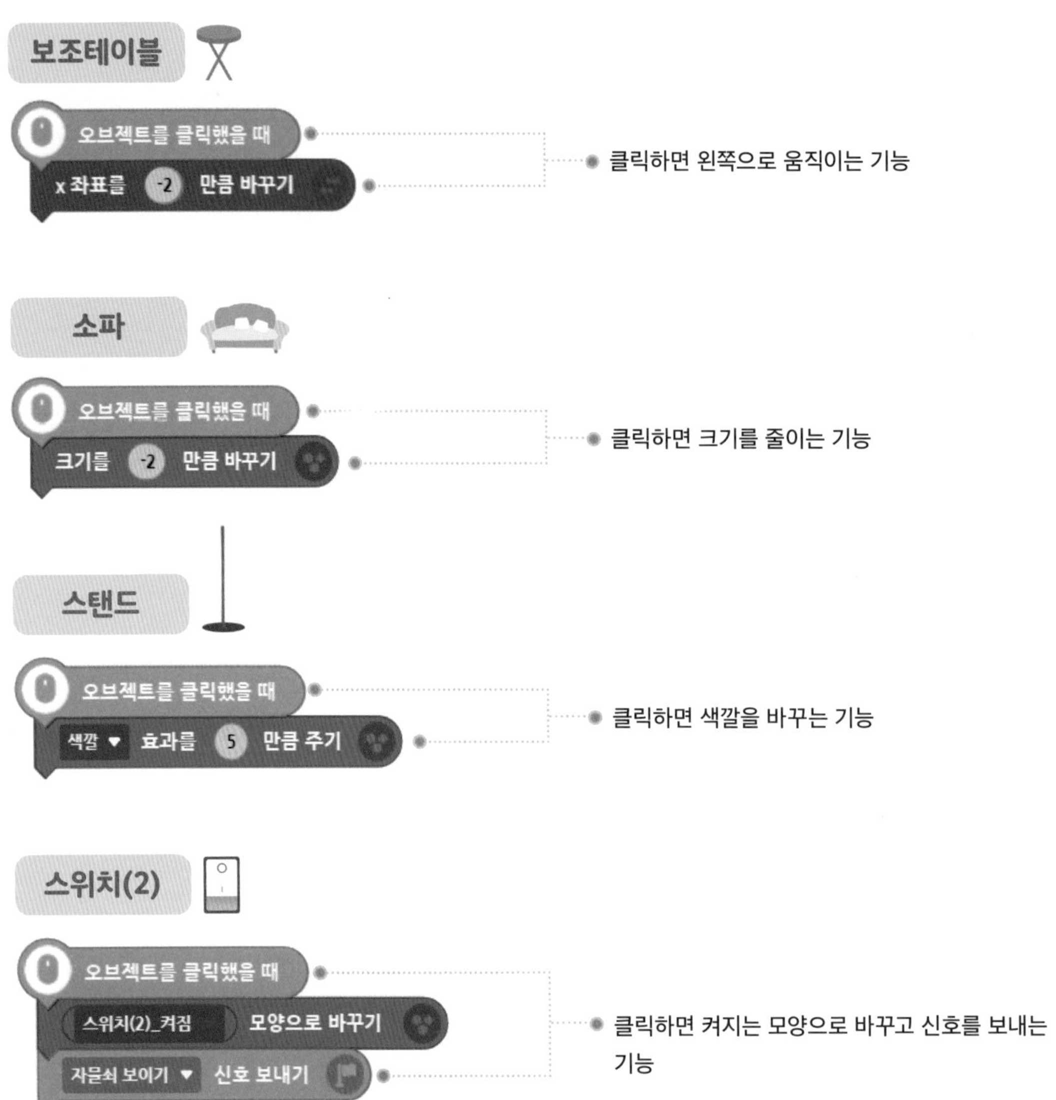
보조테이블
오브젝트를 클릭했을 때
x 좌표를 -2 만큼 바꾸기
클릭하면 왼쪽으로 움직이는 기능
소파
오브젝트를 클릭했을 때
크기를 -2 만큼 바꾸기
클릭하면 크기를 줄이는 기능
스탠드
오브젝트를 클릭했을 때
색깔 ▼ 효과를 5 만큼 주기
클릭하면 색깔을 바꾸는 기능
스위치(2)
오브젝트를 클릭했을 때
스위치(2)_켜짐 모양으로 바꾸기
자물쇠 보이기 ▼ 신호 보내기
클릭하면 켜지는 모양으로 바꾸고 신호를 보내는 기능

자물쇠
장면이 시작되었을때
모양 숨기기
장면이 시작되면 모양을 숨기는 기능
자물쇠 보이기 신호를 받았을 때
모양 보이기
스위치로부터 신호를 받으면 모양을 보이는 기능
오브젝트를 클릭했을 때
탈출 비밀번호는? 을(를) 묻고 대답 기다리기
오브젝트를 클릭했을 때 비밀번호를 묻는 기능
만일 대답 = 9092 이라면
사용자가 입력한 값과 설정한 비밀번호를 비교하는 기능
끝화면 시작하기
입력한 값과 비밀번호가 같으면 끝장면을 실행하는 기능
아니면
책에 답이 있다. 을(를) 2 초 동안 말하기
입력한 값과 비밀번호가 다르면 힌트를 말하는 기능

장면 3 - 끝화면

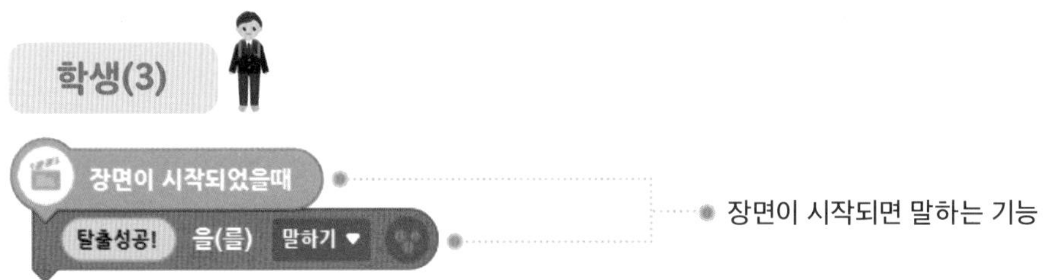
학생(3)
장면이 시작되었을때
탈출성공! 을(를) 말하기
장면이 시작되면 말하는 기능

더 나아가기

❶ 게임이 시작되었을 때 '대답' 창이 보이지 않게 해봅시다.
❷ 장면을 추가하여 여러 단계를 더 만들어봅시다.

PART III.

응용

chapter 8

덧셈 달리기 게임

학습 목표

합치기 기능을 활용하여 덧셈 문제를 맞추는 게임 만들기

- **프로그래밍 개념**

  반복 / 선택 / 비교 연산 / 변수

- **엔트리 기능**

  모양 / 이동하기 / 말하기 / 무작위 수 / 합치기 / 소리

난이도 ☆ ☆ ☆ ☆ ☆

게임 목표

- 덧셈 문제를 빨리 맞혀 토끼보다 먼저 화면 끝에 도착하라!

게임 규칙

숫자키와 엔터키

- 토끼는 계속 앞으로 달려갑니다.
- 거북이는 덧셈 문제를 맞히면 앞으로 갑니다.
- 오른쪽 화면 끝에 먼저 닿은 동물이 이깁니다.

게임 살펴보기

https://bit.ly/entrycoding08

장면 1 미리보기

- STEP 1 토끼는 계속 앞으로 달립니다.

- STEP 2 토끼가 오른쪽 화면 끝에 먼저 닿으면 게임이 끝납니다.
- STEP 3 두 수를 더하는 문제가 나옵니다.

- STEP 4 정답이 맞으면 정답을 말하고 앞으로 가고, 틀리면 경고음을 냅니다.
- STEP 5 거북이가 오른쪽 화면 끝에 먼저 닿으면 게임이 끝납니다.

개념 다지기

합치기 — 두 개 이상의 다른 값을 연결해요!

게임에서 보여주는 랭킹 화면에는 '아이디 = jpub, 점수 = 3528점'과 같이 두 개 이상의 문자나 숫자의 값을 연결해서 표현하는 경우가 있습니다. 이런 기능을 구현하기 위해 엔트리에서는 '합치기' 블록을 사용할 수 있습니다.

새로운 블록 만나기

안녕! 과(와) 엔트리 를 합치기 — 입력한 두 개의 정보를 합쳐서 보여줍니다.

예제

'친구야~'와 '반가워!'를 합쳐서 말합니다.

'50'으로 정해진 점수 값과 '점이야!'를 합쳐서
"50점이야!"를 말합니다.

프로그래밍하기

STEP 1  게임이 시작되면 토끼가 계속 앞으로 달립니다.

❶ 모양을 바꿉니다.
❷ 앞으로 움직입니다.
❸ 잠깐 기다립니다.
❹ 1~3을 계속 반복합니다.

1. 오브젝트 목록 창에서 '엔트리봇' 오브젝트를 삭제하고, [+ 오브젝트 추가하기]를 눌러 '토끼, 거북이, 운동장' 오브젝트를 추가합니다.

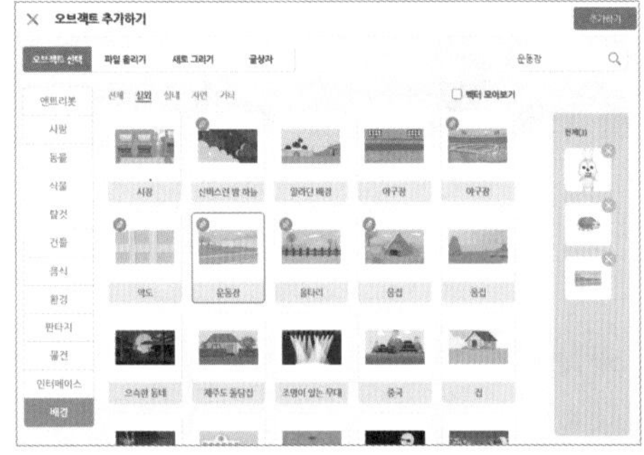

2. '토끼' 오브젝트를 클릭하고 **모양** 탭을 눌러 모양 목록을 확인합니다. 토끼는 세 가지 모양을 가지고 있습니다. 그중 우리는 '토끼_2, 토끼_3'만 사용할 것입니다. '토끼_1'을 클릭하고 오른쪽의 삭제 버튼을 클릭합니다. '토끼_2'를 클릭하여 토끼 모양을 바꿔줍니다.

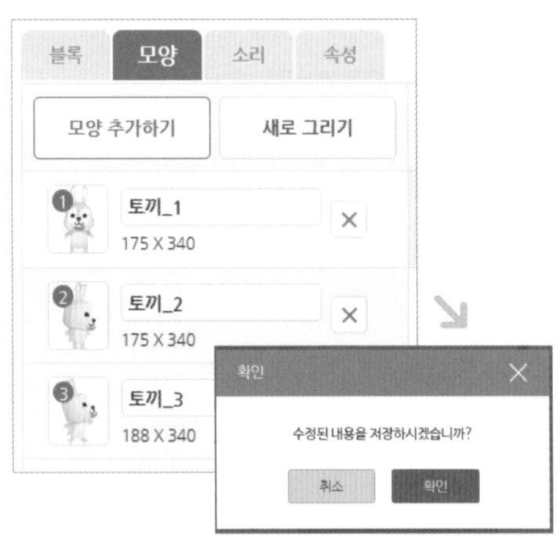

3. 그리고 다음과 같이 오브젝트의 위치와 크기를 변경합니다. 자세한 위치와 크기는 **오브젝트 준비하기**를 확인합니다.

오브젝트 준비하기

오브젝트			
이름	토끼	거북이	운동장
카테고리	동물-땅	동물-물	배경-실외
X	-200	-200	0
Y	0	-70	0
크기	60	60	375

4. '토끼'를 클릭하고 ▶ 시작하기 를 누르면 블록이 실행되도록 **시작**에서 [시작하기 버튼을 클릭했을 때] 블록을 블록 조립소로 옮깁니다. 계속 반복되는 행동을 하도록 **흐름**에서 [계속 반복하기] 블록을 가져와 연결합니다. 앞으로 달려가는 효과는 모양을 바꾸면서 토끼를 움직여서 구현할 수 있습니다. **생김새**에서 [다음 ▾ 모양으로 바꾸기] 블록과 **움직임**에서 [이동 방향으로 10 만큼 움직이기] 블록을 가져와 [계속 반복하기] 블록 안에 넣습니다. 이때 '10'은 '1'로 바꾸어 조금씩 움직이도록 해줍니다.

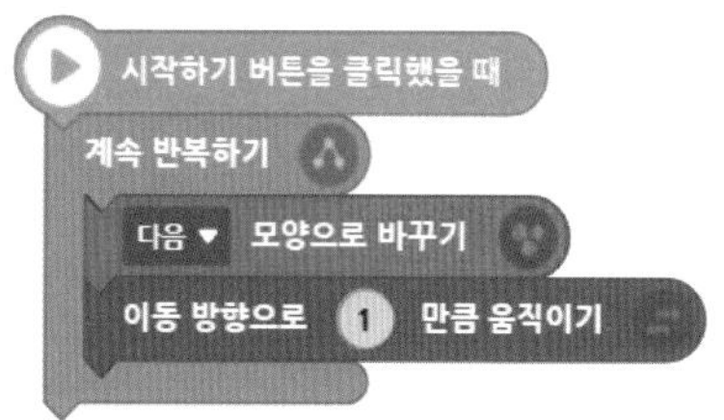

5. ▶ 시작하기 를 눌러서 실행해 보면 토끼의 모양이 너무 빨리 움직이는 것을 확인할 수 있습니다. 조금 천천히 움직이도록 **흐름**에서 [2 초 기다리기] 블록을 가져와 연결하고 '2'를 '0.1'로 바꿉니다.

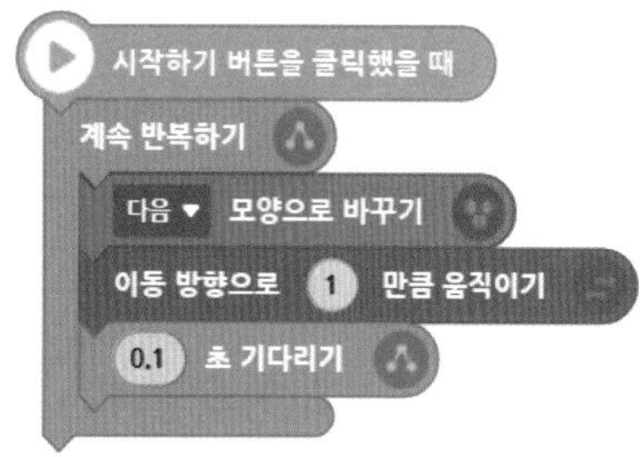

STEP 2 오른쪽 화면 끝에 먼저 닿으면 게임이 끝납니다.

오른쪽 벽에 닿으면 이겼다고 말하고 게임이 끝납니다.

6. 오른쪽 벽에 닿았을 때 블록이 실행되도록 **흐름**에서 [만일 참 이라면] 블록을 가져와 [계속 반복하기] 안에 넣습니다. [참]에는 [마우스포인터 ▾ 에 닿았는가?] 블록을 가져와 넣고, 드롭다운 버튼을 눌러 '오른쪽 벽'을 선택합니다.

```
시작하기 버튼을 클릭했을 때
계속 반복하기
    다음 ▾ 모양으로 바꾸기
    이동 방향으로 1 만큼 움직이기
    0.1 초 기다리기
    만일 오른쪽 벽 ▾ 에 닿았는가? 이라면
```

7. 오른쪽 벽에 닿으면 "내가 이겼다!"라고 말하고 게임을 끝내도록 해봅시다. **생김새**에서 [안녕! 을(를) 4 초 동안 말하기 ▾] 블록을 가져와 '안녕!'은 '내가 이겼다!'로, '4'는 '2'로 각각 바꿉니다. 이어서 **흐름**에서 [모든 ▾ 코드 멈추기] 블록을 가져와 코드를 완성합니다.

```
시작하기 버튼을 클릭했을 때
계속 반복하기
    다음 ▾ 모양으로 바꾸기
    이동 방향으로 1 만큼 움직이기
    0.1 초 기다리기
    만일 오른쪽 벽 ▾ 에 닿았는가? 이라면
        내가 이겼다! 을(를) 2 초 동안 말하기 ▾
        모든 ▾ 코드 멈추기
```

8. [▶ 시작하기]를 누르면 토끼는 앞으로 계속 달려가다가 오른쪽 벽에 닿으면 말을 하고, 게임이 끝나는 것을 확인할 수 있습니다.

STEP 3  두 수를 더하는 문제가 나옵니다.

❶ 게임이 시작되면 두자릿수 숫자 두 개를 무작위로 정합니다.

❷ 합치기 블록을 사용하여 두 숫자를 더하는 문제를 냅니다.

9. 게임이 시작되면 두 수를 더하는 문제가 나오도록 해봅시다. 먼저, 더할 두 숫자를 저장할 변수를 만들어봅시다. **속성 ➡ 변수 ➡ 변수 추가하기**를 눌러 '첫번째 수, 두번째 수'라는 변수를 각각 만듭니다.

10. ▶ 시작하기 버튼을 클릭하면 두 변수에 무작위 수를 저장하도록 **시작**에서 [시작하기 버튼을 클릭했을 때] 블록과 [두번째 수 ▼ 를 10 로 정하기] 블록을 연결합니다. '두번째 수'의 드롭다운 버튼을 눌러 '첫번째 수'로 바꿔줍니다. 그리고 같은 블록을 하나 더 가져와 다음과 같이 코드를 작성합니다.

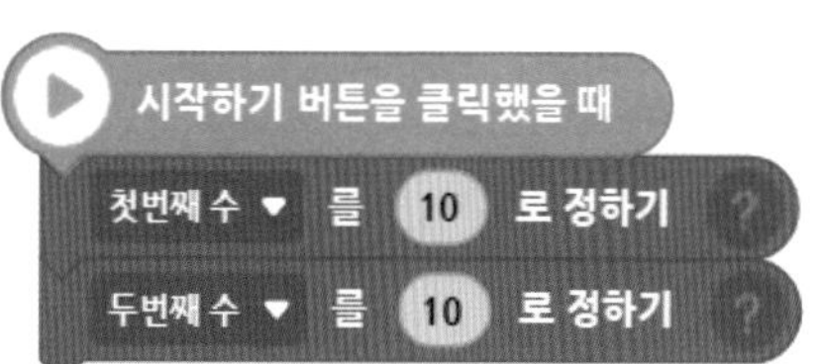

11. '첫번째 수'와 '두번째 수' 변수에 무작위 수가 들어가도록 **계산**에서 [0 부터 10 사이의 무작위 수] 블록을 가져와 '10'에 넣습니다. '0'과 '10'은 '1'과 '99'로 각각 수정합니다.

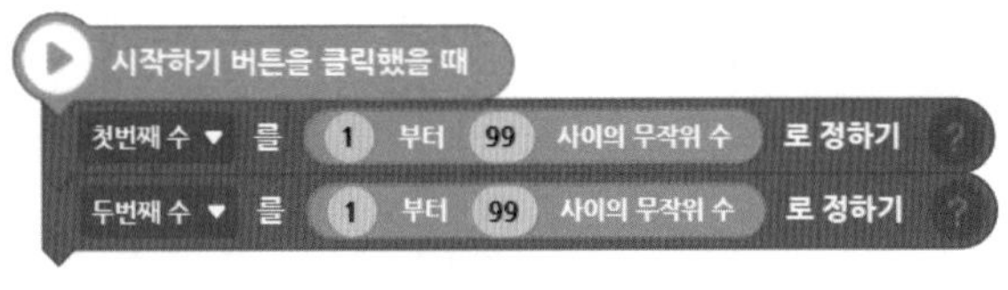

12. [▶ 시작하기]를 누를 때마다 변수 창에서 무작위로 두 변수의 값이 정해지는 것을 확인할 수 있습니다.

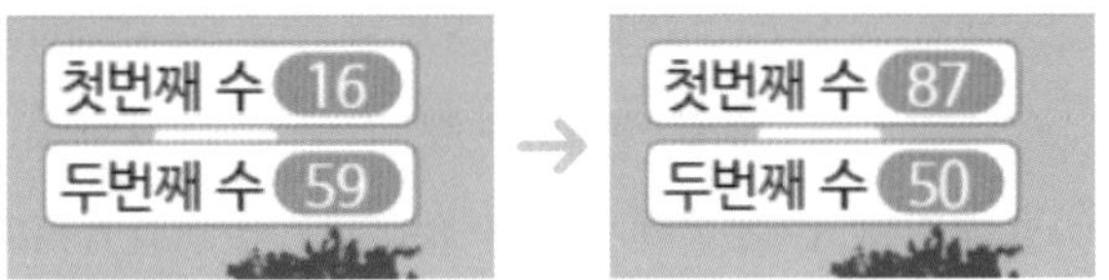

13. 이제 무작위로 정해진 두 변수를 더한 값을 묻고, 대답을 입력받게 해봅시다. **자료**에서 [안녕! 을(를) 묻고 대답 기다리기] 블록을 가져와 연결합니다. '안녕'에는 다음과 같이 합치기 블록 두 개를 먼저 연결한 다음, 가장 왼쪽에는 '첫번째 수', 가장 오른쪽에는 '두번째 수' 변수 값을 넣고 가운데에는 '+'를 입력합니다.

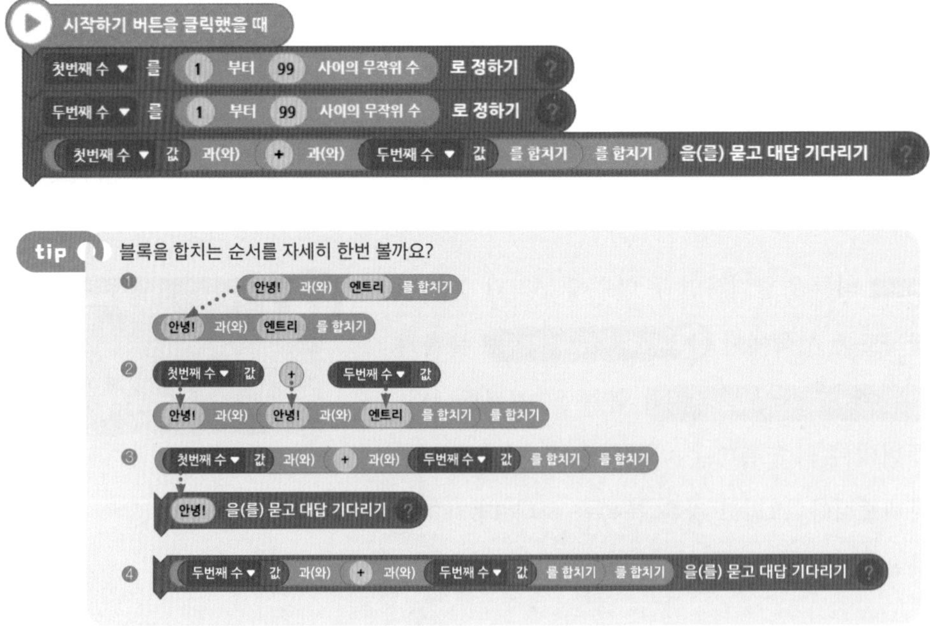

14. ▶ 시작하기 를 누르면 무작위로 선택된 두 수의 합을 묻습니다. 숫자를 입력하면 대답 창에 입력한 값이 나타납니다. 오른쪽 벽에 닿을 때까지 계속해서 묻도록 **흐름**에서 [참 이 될 때까지 ▾ 반복하기] 블록을 가져와 13의 블록을 다음과 같이 고칩니다.

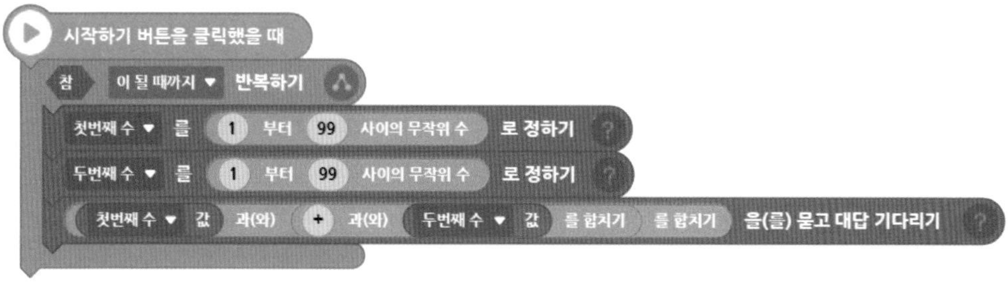

```
시작하기 버튼을 클릭했을 때
참 이 될 때까지 ▾ 반복하기
    첫번째 수 ▾ 를 1 부터 99 사이의 무작위 수 로 정하기
    두번째 수 ▾ 를 1 부터 99 사이의 무작위 수 로 정하기
    첫번째 수 ▾ 값 과(와) + 과(와) 두번째 수 ▾ 값 를 합치기 를 합치기 을(를) 묻고 대답 기다리기
```

15. [참] 에는 [마우스포인터 ▾ 에 닿았는가?] 블록을 가져와 넣고, 드롭다운 버튼을 눌러 '오른쪽 벽'을 선택합니다. 또 게임이 시작되면 변수 창과 대답이 보이지 않도록 **자료**에서 [대답 보이기 ▾] 블록과 [변수 두번째 수 ▾ 숨기기] 블록을 가져와 다음과 같이 코드를 작성합니다.

```
시작하기 버튼을 클릭했을 때
대답 숨기기 ▾
변수 첫번째 수 ▾ 숨기기
변수 두번째 수 ▾ 숨기기
오른쪽 벽 ▾ 에 닿았는가? 이 될 때까지 ▾ 반복하기
    첫번째 수 ▾ 를 1 부터 99 사이의 무작위 수 로 정하기
    두번째 수 ▾ 를 1 부터 99 사이의 무작위 수 로 정하기
    첫번째 수 ▾ 값 과(와) + 과(와) 두번째 수 ▾ 값 를 합치기 를 합치기 을(를) 묻고 대답 기다리기
```

STEP 4 정답이 맞으면 정답을 말한 뒤 앞으로 가고, 틀리면 경고음을 냅니다.

❶ 대답과 정답(두 수의 합)을 비교합니다.

❷ 대답과 정답이 같으면 정답을 말하고, 소리를 내며 이동합니다.

❸ 대답과 정답이 다르면 입력한 값과 함께 '땡!'이라 말하며, 소리를 냅니다.

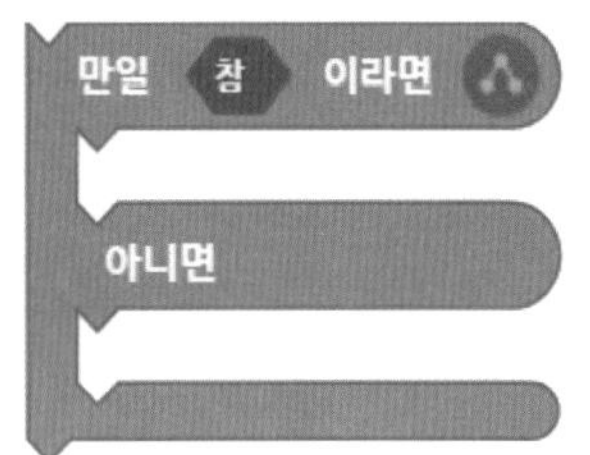

16. 앞서 만든 코드에서 사용자가 키보드로 값을 입력하면 [대답]에 그 값이 저장됩니다. 대답과 정답(두 변 수의 진짜 합)이 같은지 비교하기 위해 오른쪽에 있는 **흐름** 블록을 사용합니다. [참]에는 **판단**에서 [10 = 10] 블록을 가져와 첫 번째 '10'에는 **자료**에서 [대답] 블록을 넣습니다. 두 번째 '10'에는 **계산**에서 [10 + 10] 블록을 가져와 '10'에 [첫번째 수 ▾ 값] 블록과 [두번째 수 ▾ 값] 블록을 넣습니다. 완성된 코드는 다음과 같습니다.

```
시작하기 버튼을 클릭했을 때
대답 숨기기 ▾
변수 첫번째 수 ▾ 숨기기
변수 두번째 수 ▾ 숨기기
오른쪽 벽 ▾ 에 닿았는가? 이 될 때까지 ▾ 반복하기
    첫번째 수 ▾ 를 1 부터 99 사이의 무작위 수 로 정하기
    두번째 수 ▾ 를 1 부터 99 사이의 무작위 수 로 정하기
    (첫번째 수 ▾ 값 과(와) + 과(와) 두번째 수 ▾ 값 를 합치기 를 합치기) 을(를) 묻고 대답 기다리기
    만일 대답 = (첫번째 수 ▾ 값 + 두번째 수 ▾ 값) 이라면
    아니면
```

17. 이제 입력한 대답과 두 수의 합이 같다면 입력한 대답이 정답임을 외치고, 소리를 내며 앞으로 가도록 해봅시다. **생김새**에서 [안녕! 을(를) 4 초 동안 말하기▼] 블록을 가져와 '안녕!' 부분에 **계산**의 [안녕! 과(와) 엔트리 를 합치기] 블록을 넣고, '4'를 '0.5'로 바꿉니다. 또 합치기 블록 안의 '안녕!'에는 **자료**의 [대답] 블록을 넣고, '엔트리'에는 '정답!'을 입력합니다.

```
시작하기 버튼을 클릭했을 때
대답 숨기기▼
변수 첫번째 수▼ 숨기기
변수 두번째 수▼ 숨기기
오른쪽 벽▼ 에 닿았는가? 이 될 때까지▼ 반복하기
  첫번째 수▼ 를 1 부터 99 사이의 무작위 수 로 정하기
  두번째 수▼ 를 1 부터 99 사이의 무작위 수 로 정하기
  첫번째 수▼ 값 과(와) + 과(와) 두번째 수▼ 값 를 합치기 를 합치기 을(를) 묻고 대답 기다리기
  만일 대답 = 첫번째 수▼ 값 + 두번째 수▼ 값 이라면
    대답 과(와) 정답! 를 합치기 을(를) 0.5 초 동안 말하기▼
  아니면
```

18. 이어서 **소리 탭 ➡ 소리 추가하기**를 누르고 '연출' 카테고리에서 '기합' 소리를 추가합니다. 그리고 **소리**에서 [소리 기합▼ 재생하기] 블록과 **움직임**에서 [이동 방향으로 10 만큼 움직이기] 블록을 가져와 연결하고 '10'을 '30'으로 바꿉니다.

```
시작하기 버튼을 클릭했을 때
대답 숨기기▼
변수 첫번째 수▼ 숨기기
변수 두번째 수▼ 숨기기
오른쪽 벽▼ 에 닿았는가? 이 될 때까지▼ 반복하기
  첫번째 수▼ 를 1 부터 99 사이의 무작위 수 로 정하기
  두번째 수▼ 를 1 부터 99 사이의 무작위 수 로 정하기
  첫번째 수▼ 값 과(와) + 과(와) 두번째 수▼ 값 를 합치기 를 합치기 을(를) 묻고 대답 기다리기
  만일 대답 = 첫번째 수▼ 값 + 두번째 수▼ 값 이라면
    대답 과(와) 정답! 를 합치기 을(를) 0.5 초 동안 말하기▼
    소리 기합▼ 재생하기
    이동 방향으로 30 만큼 움직이기
  아니면
```

19. 이번에는 입력한 대답이 정답이 아닐 때 입력한 대답과 함께 '땡!'을 말하고 '위험 경고' 소리를 내도록 해봅시다. **17~18**을 참고하여 다음과 같이 코드를 완성합니다.

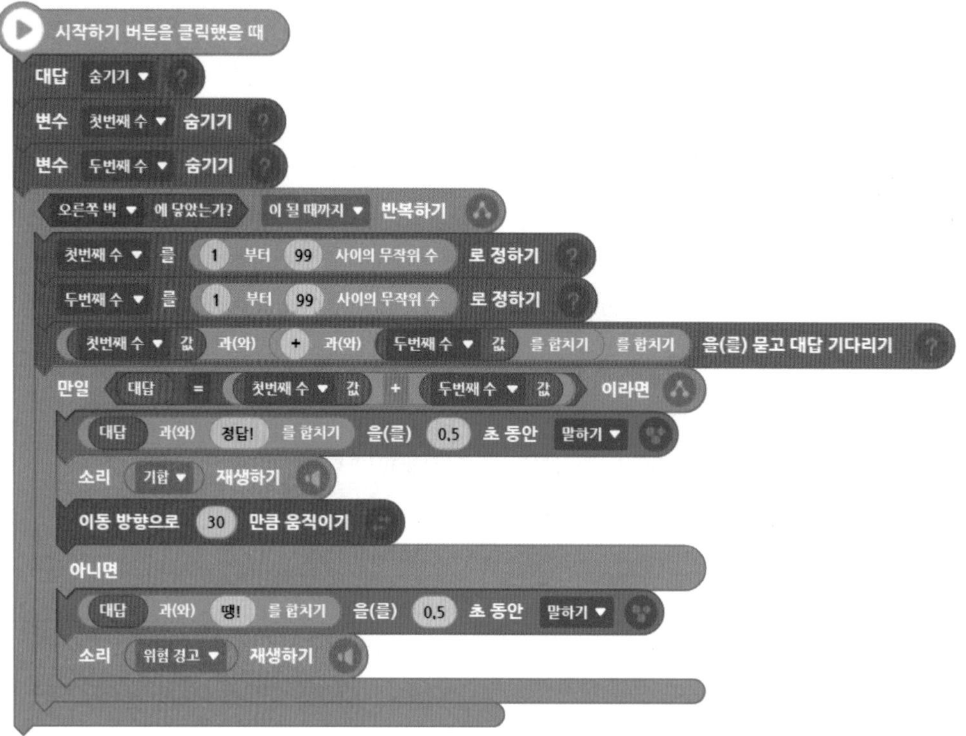

20. ▶ 시작하기 를 누르고 답을 입력해 보면 거북이가 정답이 맞으면 정답을 말하며 앞으로 가고, 틀리면 입력한 값과 함께 '땡!'이라고 말하는 것을 확인할 수 있습니다.

STEP 5 거북이가 오른쪽 화면 끝에 먼저 닿으면 게임이 끝납니다.

거북이가 오른쪽 화면 끝에 먼저 닿으면 이겼다고 말하고, 게임이 끝납니다.

21. [참 이 될 때까지 ▼ 반복하기] 블록은 말 그대로 그 조건이 될 때까지 감싸고 있는 블록들을 반복 실행합니다. 19에서 만든 코드는 거북이가 '오른쪽 벽'에 닿으면 더 이상 문제를 내지 않고 반복하기 블록의 다음 블록으로 넘어갑니다. 오른쪽 화면 끝에 닿으면 게임이 끝나도록 **생김새**에서 [안녕! 을(를) 4 초 동안 말하기 ▼] 블록을 가져와 '안녕!'은 '내가 이겼다!'로, '4'는 '2'로 각각 바꿉니다. 이어서 **흐름**에서 [모든 ▼ 코드 멈추기] 블록을 가져와 코드를 완성합니다.

```
시작하기 버튼을 클릭했을 때
대답 숨기기 ▼
변수 첫번째 수 ▼ 숨기기
변수 두번째 수 ▼ 숨기기
오른쪽 벽 ▼ 에 닿았는가? 이 될 때까지 ▼ 반복하기
    첫번째 수 ▼ 를 1 부터 99 사이의 무작위 수 로 정하기
    두번째 수 ▼ 를 1 부터 99 사이의 무작위 수 로 정하기
    첫번째 수 ▼ 값 과(와) + 과(와) 두번째 수 ▼ 값 를 합치기 를 합치기 을(를) 묻고 대답 기다리기
    만일 대답 = 첫번째 수 ▼ 값 + 두번째 수 ▼ 값 이라면
        대답 과(와) 정답! 를 합치기 을(를) 0.5 초 동안 말하기 ▼
        소리 기합 ▼ 재생하기
        이동 방향으로 30 만큼 움직이기
    아니면
        대답 과(와) 땡! 를 합치기 을(를) 0.5 초 동안 말하기 ▼
        소리 위험 경고 ▼ 재생하기
내가 이겼다! 을(를) 2 초 동안 말하기 ▼
모든 ▼ 코드 멈추기
```

검토하기

완성된 코드를 검토해 봅시다. https://bit.ly/entrycoding08c에 접속하면 전체 코드를 볼 수 있습니다. 놓친 부분은 없는지 천천히 살펴보세요.

토끼

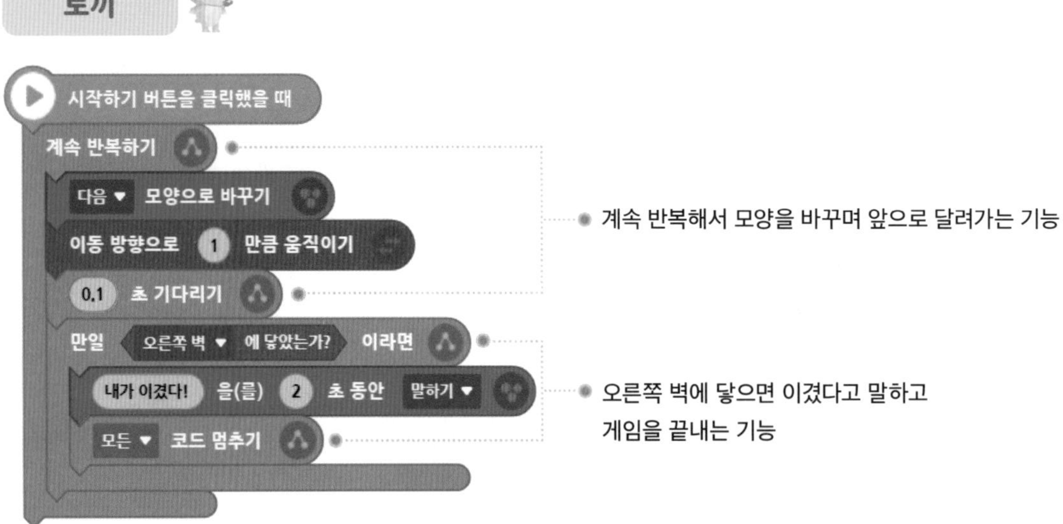

거북이 

```
시작하기 버튼을 클릭했을 때
대답 숨기기 ▼
변수 첫번째 수 ▼ 숨기기
변수 두번째 수 ▼ 숨기기
오른쪽 벽 ▼ 에 닿았는가? 이 될 때까지 ▼ 반복하기
    첫번째 수 ▼ 를 1 부터 99 사이의 무작위 수 로 정하기
    두번째 수 ▼ 를 1 부터 99 사이의 무작위 수 로 정하기
    첫번째 수 ▼ 값 과(와) + 과(와) 두번째 수 ▼ 값 를 합치기 를 합치기 을(를) 묻고 대답 기다리기
    만일 대답 = 첫번째 수 ▼ 값 + 두번째 수 ▼ 값 이라면
        대답 과(와) 정답! 를 합치기 을(를) 0.5 초 동안 말하기 ▼
        소리 기합 ▼ 재생하기
        이동 방향으로 30 만큼 움직이기
    아니면
        대답 과(와) 땡! 를 합치기 을(를) 0.5 초 동안 말하기 ▼
        소리 위험 경고 ▼ 재생하기
내가 이겼다! 을(를) 2 초 동안 말하기 ▼
모든 ▼ 코드 멈추기
```

① ② ③ ④ ⑤ ⑥

① 대답과 변수 창을 숨기는 기능
② 오른쪽 벽에 닿을 때까지 반복하는 기능
③ 무작위로 두 수를 정하고, 두 수의 덧셈을 묻는 기능
④ 입력한 값과 정답이 같으면 입력한 값이 정답이라 말하고 소리를 내며 앞으로 가는 기능
⑤ 입력한 값과 정답이 다르면 입력한 값이 틀렸다 말하고 소리를 내는 기능
⑥ 오른쪽 벽에 닿았을 때 이겼다고 말하고 게임을 끝내는 기능

더 나아가기

❶ 덧셈 게임을 뺄셈 게임으로 만들어봅시다.
❷ 세 자리 숫자를 더하는 문제를 만들어봅시다.

게임 융합 이야기

게임과 교육의 만남

흔히 '게임은 학교 공부를 방해한다'는 말을 많이 합니다. 게임은 중독성이 강하기 때문에 게임에 빠지면 학교 공부를 소홀히 하게 되고 자연스럽게 학습을 방해한다고 생각하는 것이죠. 하지만 앞서 만든 '덧셈 달리기 게임'을 살펴보면 꼭 그렇지만은 않습니다. 이 게임을 하다 보면 두 수의 덧셈을 정확하고 빠르게 계산하는 능력을 기를 수 있습니다. 그것도 매우 재미있게 말이죠. 이처럼 학습에 도움이 되는 게임도 많이 있습니다. 이를 교육용 게임이라 합니다. 이런 게임은 재미있게 게임을 하면서 자연스럽게 학습을 할 수 있다는 특징을 가지고 있습니다. 우리나라에서 개발된 대표적인 교육용 게임으로는 '마법천자문 DS, 큐플레이'가 있습니다.

마법천자문 DS는 2009년 닌텐도용 게임으로 출시되었습니다. 학습 만화 '마법천자문'을 원작으로 제작한 이 게임은 적과의 전투를 닌텐도 DS에 한자를 직접 쓰면서 진행합니다. 무선통신 기능을 활용해서 여러 명의 친구들과 스피드 퀴즈 형태로 한자 실력을 겨룰 수도 있습니다. 이를 통해 1000여 개의 한자를 재미있게 학습할 수 있습니다. 이 게임은 출시된 지 7개월 만에 10만 장 이상 팔리며 교육용 게임의 가능성을 보여주었습니다. 이를 인정받아 2009 대한민국 게임대상에서 기능성 게임상을 받기도 했습니다.

마법천자문 DS

큐플레이는 넥슨에서 1999년에 오픈한 온라인 퀴즈 게임입니다. OX 퀴즈부터 가로세로 낱말퀴즈, 객관식 문제 풀기 퀴즈 등의 방식이 제공되며, 다른 친구들과 퀴즈 대결을 통해 레벨을 올리고 아이템을 얻어 캐릭터를 꾸밀 수 있습니다.

큐플레이

2000년에는 '도전 수능 400 퀴즈방'에서 출제된 문제 중 24개가 대학수학능력시험에 나와 화제가 되기도 했습니다. 1999년부터 16년 동안 이 게임은 우리나라 학습게임의 대표 주자 역할을 하다가 2015년 운영을 종료하였습니다.

그 밖에도 기존의 게임을 학습 목적으로 사용하는 사례도 있습니다. 마인크래프트는 네모난 블록으로 만들어진 세상에서 몬스터들을 피해 생존하는 게임입니다. 생존하기 위해서는 집을 짓기도 하고, 채광과 농사를 하기도 합니다. 이 게임은 자유롭게 나만의 세상을 만들 수 있다는 매력에 1억4000만 장 이상이 팔렸습니다. 최근에는 '마인크래프트에듀(MinecraftEdu)'라는 이름으로 교육에 특화된 기능이 추가되어 지구과학, 생물, 수학, 문학까지 다양한 분야의 교육에 활용되고 있습니다.

마인크래프트

이처럼 게임을 잘 활용하면 학습에도 많은 도움이 됩니다. 여러분도 친구들의 학습을 도울 수 있는 다양한 게임을 만들어보는 것은 어떨까요?

chapter 9

민첩성 테스트

학습 목표

변수를 응용하여 민첩성을 테스트하는 게임 만들기

- **프로그래밍 개념**

  선택 / 비교 연산 / 변수 / 이벤트

- **엔트리 기능**

  장면 / 모양 / 초시계 / 무작위 수 / 합치기 / 글상자

난이도 ☆ ☆ ☆ ☆ ☆

- **게임 목표**

  • 배경색이 바뀌면 최대한 빨리 마우스를 클릭하라!

- **게임 규칙**

  왼쪽 마우스 버튼

  • 시간이 지나면 배경색이 갑자기 바뀝니다.
  • 배경색이 바뀌기 전에 마우스를 클릭하면 실패합니다.
  • 배경색이 바뀌었을 때 마우스를 클릭하면 몇 초 만에 반응했는지 알려줍니다.

- **게임 살펴보기**

  https://bit.ly/entrycoding09

장면 1 시작화면

분홍색으로 배경이 바뀌면 마우스를 클릭하세요

- STEP 1 배경색은 시간이 지나면 바뀝니다.
- STEP 2 배경색이 바뀌었을 때 마우스를 클릭하면 '성공' 장면으로, 배경색이 바뀌지 않았는데 마우스를 클릭하면 '실패' 장면으로 이동합니다.

장면 2 실패

STEP 3
'다시하기' 버튼을 누르면 게임이 다시 시작됩니다.

장면 3 성공

STEP 4
몇 초 만에 반응했는지 알려주고, '다시하기' 버튼을 누르면 게임이 다시 시작됩니다.

개념 다지기

변수 응용하기—상태를 나타내는 값으로 변수를 사용해요!

보통 게임에서 변수는 문자나 숫자와 같은 정보를 저장하는 데 사용됩니다. 점수, 캐릭터나 아이템의 이름 등이 모두 변수를 사용한 것입니다. 이뿐만 아니라 변수는 어떤 상태를 나타내는 데도 사용될 수 있습니다. 예를 들어, 게임에서 어떤 스킬을 사용하면 5초 동안 다시 사용할 수 없는 기능이 있다고 해봅시다. 이 기능은 변수를 만들어서 구현할 수 있습니다. 변수 값이 1이면 스킬을 사용할 수 없고, 변수 값이 0이면 스킬을 사용할 수 있다고 해봅시다. 플레이어가 스킬을 사용하면 변수의 값을 1로 바꾸고, 5초가 지나면 변수의 값을 다시 0으로 바꾸어 스킬을 다시 사용할 수 있도록 구현할 수 있습니다. 변수 값을 0과 1로 표현한 것은 하나의 예입니다. 스킬을 사용할 수 있을 때의 변수 값을 '스킬 사용 가능', 사용할 수 없을 때의 변수 값을 '스킬 사용 불가능'과 같이 문자로도 표현할 수 있습니다.

예제

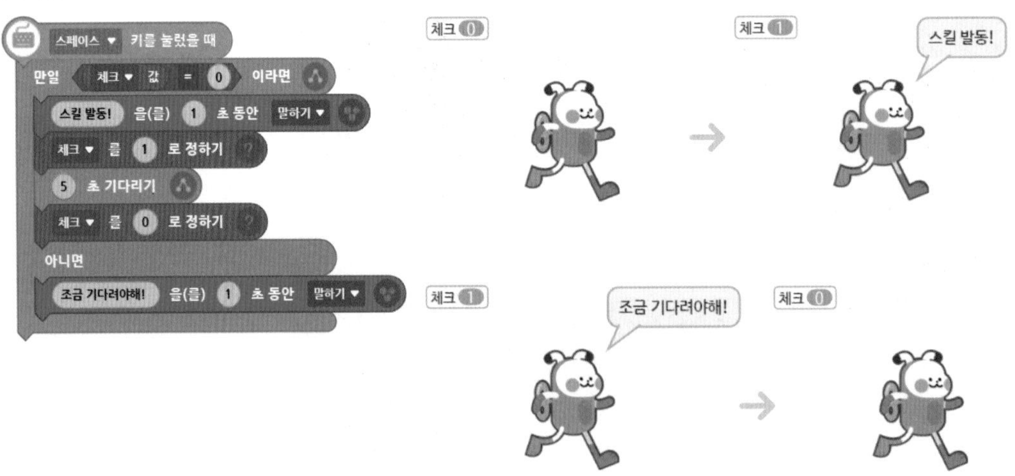

이 코드에서는 체크 변수가 0이면 스킬을 사용할 수 있도록 하고, 체크 변수가 1이면 사용하지 못하도록 했습니다. 그림을 보면, 처음에 체크 값이 0으로 설정되어 있으므로(사용할 수 있는 상태) 스페이스 키를 누르면 '스킬 발동!'을 말하고 체크 값이 1이 바뀝니다(사용할 수 없는 상태). 만약 5초가 지나기 전에 스페이스 키를 누르면 체크 값이 1이므로 '조금 기다려야해!'라 말합니다. 5초가 지나면 다시 체크 값이 0이 되어 스킬을 사용할 수 있습니다.

프로그래밍하기

장면 1 시작화면

1. 오브젝트 목록 창에서 '엔트리봇' 오브젝트를 삭제하고, [+ 오브젝트 추가하기]를 눌러 단색배경 오브젝트를 추가합니다.

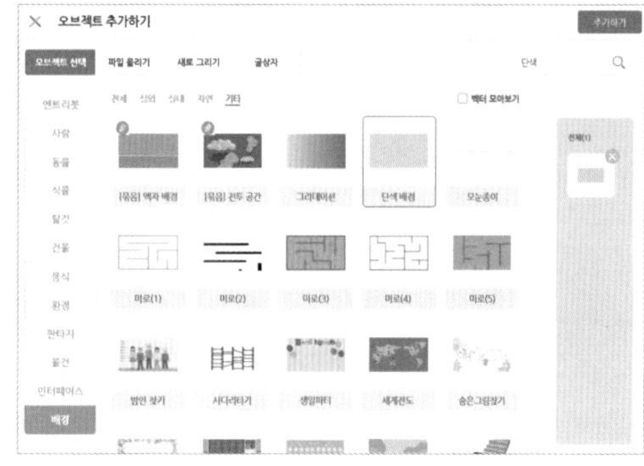

2. [+ 오브젝트 추가하기]와 **글상자**를 차례대로 누르고 글상자의 내용으로 '분홍색으로 배경이 바뀌면 마우스를 클릭하세요'를 입력합니다.

tip 글꼴은 '나눔손글씨'로, 글 색깔은 '검정색'으로, 글 배경은 '투명'으로 정했어요. 여러분도 자유롭게 글상자를 꾸밀 수 있어요.

분홍색으로 배경이 바뀌면 마우스를 클릭하세요

3. 그리고 다음과 같이 오브젝트의 위치와 크기를 변경합니다. 자세한 위치와 크기는 **오브젝트 준비하기**를 확인합니다.

분홍색으로 배경이 바뀌면 마우스를 클릭하세요

오브젝트 준비하기

오브젝트	분홍색으로 배경이 바뀌면 마우스를 클릭하세요	
이름	글상자	단색배경
카테고리	글상자	배경-기타
X	0	0
Y	100	0
크기	200	375

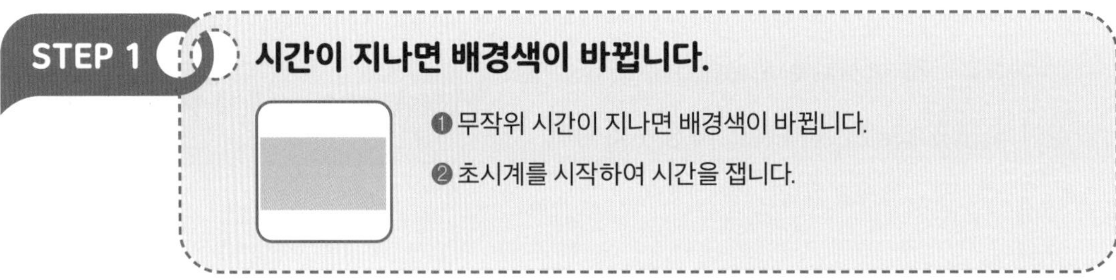

STEP 1
시간이 지나면 배경색이 바뀝니다.
❶ 무작위 시간이 지나면 배경색이 바뀝니다.
❷ 초시계를 시작하여 시간을 잽니다.

4. ▶시작하기 를 누르면 블록이 실행되도록 '단색배경'을 클릭하고 **시작**에서 [시작하기 버튼을 클릭했을 때] 블록을 블록 조립소로 옮깁니다. 무작위 수만큼 기다리도록 **흐름**에서 [2 초 기다리기] 블록을 가져와 연결하고 '2'에는 **계산**에서 [0 부터 10 사이의 무작위 수] 블록을 넣습니다. '0'과 '10'은 각각 '2.1'과 '4.2'로 바꿔줍니다.

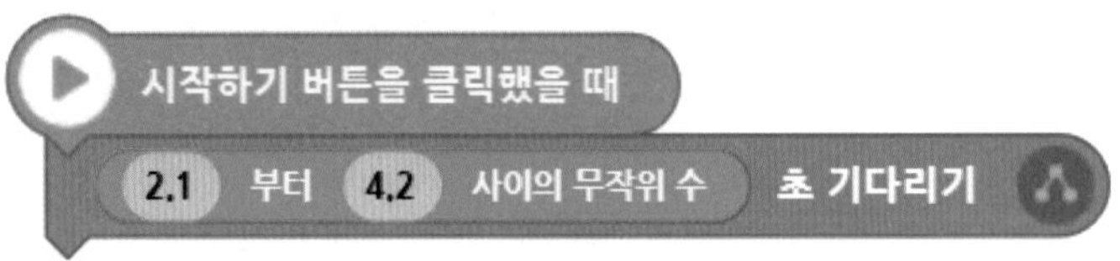

tip [0 부터 10 사이의 무작위 수] 블록에 2와 4처럼 정수를 넣으면 무작위 수가 2, 3, 4만 나옵니다. 여기서처럼 2.4와 4.2를 넣으면 2.8, 3.5, 4.1과 같이 다양한 숫자가 나와 배경이 바뀌는 시간을 예측하지 못하게 할 수 있습니다.

5. 다음으로 배경색을 바꾸도록 **생김새**에서 다음 ▼ 모양으로 바꾸기 블록을 가지고 옵니다. 그리고 초시계가 시작되도록 **계산**에서 초시계 시작하기 ▼ 블록을 연결합니다. 마지막으로, 처음에는 초시계 화면을 숨기도록 **계산**의 초시계 숨기기 ▼ 블록을 시작하기 버튼을 클릭했을 때 블록 다음에 추가해 코드를 완성합니다.

```
시작하기 버튼을 클릭했을 때
초시계 숨기기 ▼
2.1 부터 4.2 사이의 무작위 수 초 기다리기
다음 ▼ 모양으로 바꾸기
초시계 시작하기 ▼
```

tip 단색 배경 오브젝트를 누르고 모양 탭을 눌러 보면 색이 다른 배경이 여러 개 있는 것을 볼 수 있습니다. 기본 모양의 다음 모양이 '분홍색 배경'입니다.

6. ▶ 시작하기 를 누르면 무작위 시간 동안 기다린 다음 배경색이 바뀌는 것을 확인할 수 있습니다.

분홍색으로 배경이 바뀌면 마우스를 클릭하세요

7. 이제 배경색이 바뀌었을 때와 바뀌지 않았을 때의 상태를 저장해 봅시다. **속성 탭 ➡ 변수 ➡ 변수 추가하기**를 클릭하여 '체크'라는 변수를 만들고, **자료**에서 체크 ▼ 를 10 로 정하기 블록을 가져와 다음과 같이 코드를 수정합니다. 이 코드는 배경이 바뀌지 않았을 때는 체크 변수에 '0'이, 배경이 바뀌었을 때는 체크 변수에 '1'이 들어가게 됩니다.

```
시작하기 버튼을 클릭했을 때
초시계 숨기기 ▼
체크 ▼ 를 0 로 정하기
2.1 부터 4.2 사이의 무작위 수 초 기다리기
다음 ▼ 모양으로 바꾸기
체크 ▼ 를 1 로 정하기
초시계 시작하기 ▼
```

STEP 2 배경색이 바뀌면 마우스를 클릭합니다.

❶ 배경색이 바뀌지 않았을 때 클릭하면 '실패' 장면으로 이동합니다.

❷ 배경색이 바뀌었을 때 클릭하면 초시계를 정지하고 기록을 저장한 뒤 '성공' 장면으로 이동합니다.

8. 배경을 클릭했을 때 배경색에 따라 특정한 장면으로 넘어가도록 해봅시다. 먼저, 현재 장면을 클릭해서 장면 이름을 '장면 1'에서 '시작화면'으로 바꿉니다.

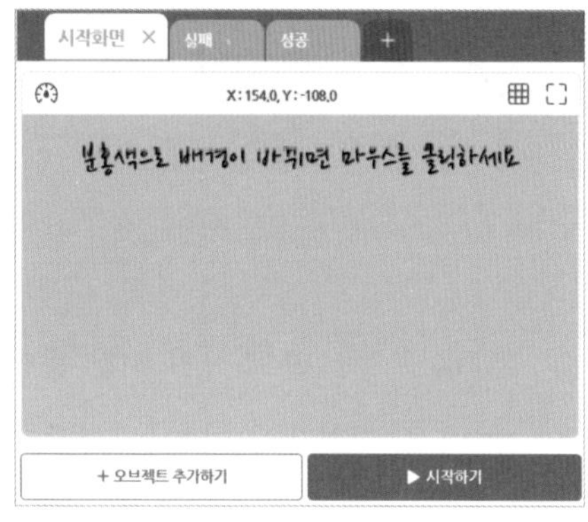

9. 장면 추가하기 버튼(+)을 눌러 2개의 장면을 더 만들고, 이름을 각각 '실패'와 '성공'으로 정합니다.

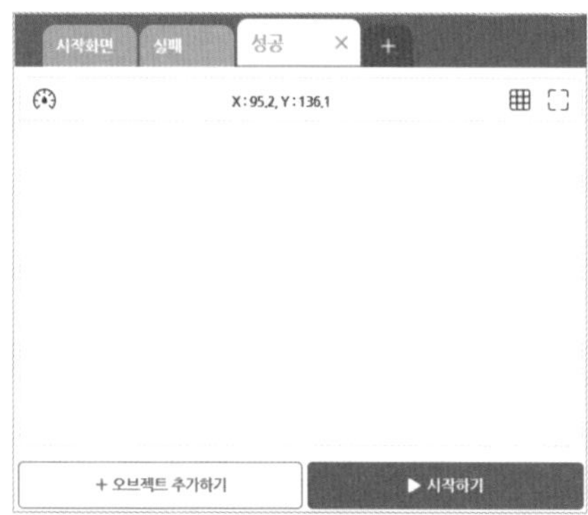

10. '시작화면' 장면을 클릭하고 마우스를 클릭했을 때 블록이 실행되도록 **시작**에서 [마우스를 클릭했을 때] 블록을 가져옵니다. 그리고 조건에 따라 다른 행동을 하기 위해 **흐름**에서 [만일 참 이라면 / 아니면] 블록을 가져와 연결합니다.

11. 체크 값이 0인지 판단하기 위해 **판단**에서 (10 = 10) 블록을 가져와 (참) 부분에 넣고, 왼쪽의 '10'에는 **자료**의 (체크 ▾ 값) 블록을, 오른쪽 '10'에는 '0'을 넣습니다.

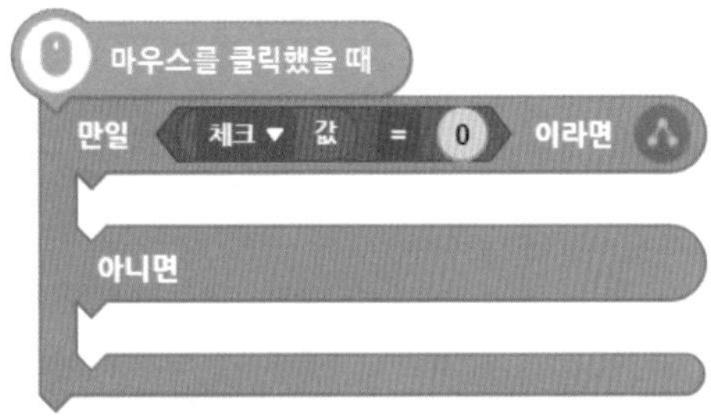

12. 체크 변수가 0과 같다는 것은 배경색이 바뀌지 않은 것을 의미합니다. 이해하기 어렵다면 7 의 코드를 참고합니다. 이때는 '실패' 장면으로 넘어가도록 **시작**에서 (시작화면 ▾ 시작하기) 블록을 가져와 (만일 체크 ▾ 값 = 0 이라면) 블록 아래에 넣습니다. 그리고 드롭다운 버튼을 눌러 '시작화면'을 '실패' 장면으로 바꿉니다.

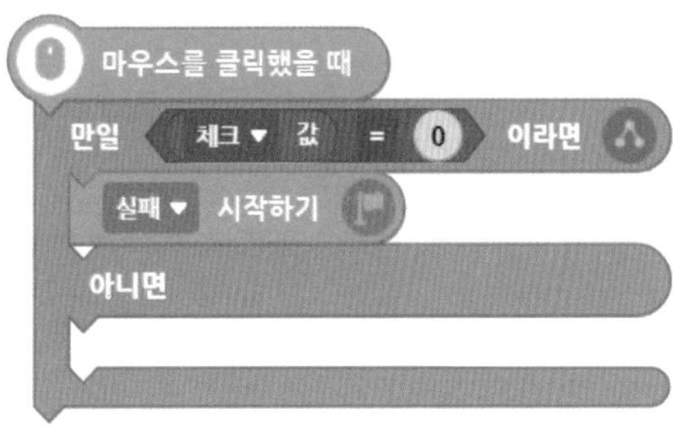

13. 이제 체크 변수가 0이 아닐 때를 코딩하겠습니다. 체크 변수가 0이 아니라 1이라는 것은 배경색이 바뀌었다는 의미입니다. 우선, 배경색이 바뀌고 마우스를 클릭했을 때 초시계를 정지하도록 **계산**에서 (초시계 정지하기 ▾) 블록을 가져와 (아니면) 블록 아래에 넣습니다.

14. 마우스를 클릭한 시간을 기록하도록 '기록'이라는 변수를 만들고, 그 안에 초시계 값을 넣습니다. 그러려면 **자료**에서 [기록 ▾ 를 10 로 정하기] 블록을 가져와 '10'에 [초시계 값]을 넣습니다. 그리고 '성공' 장면을 시작하도록 [시작화면 ▾ 시작하기] 블록을 가져와 연결하고, 드롭다운 버튼을 눌러 '성공' 장면으로 바꿉니다.

15. 실행화면을 보면 '기록'과 '체크' 변수 창이 떠 있습니다. 화면에서 변수 창을 숨기는 것은 블록 코딩으로도 할 수 있지만, 다음과 같이 **속성 ➡ 변수**에서 각 변수 옆에 있는 숨기기 버튼(👁)을 클릭해서 간단히 숨길 수도 있습니다.

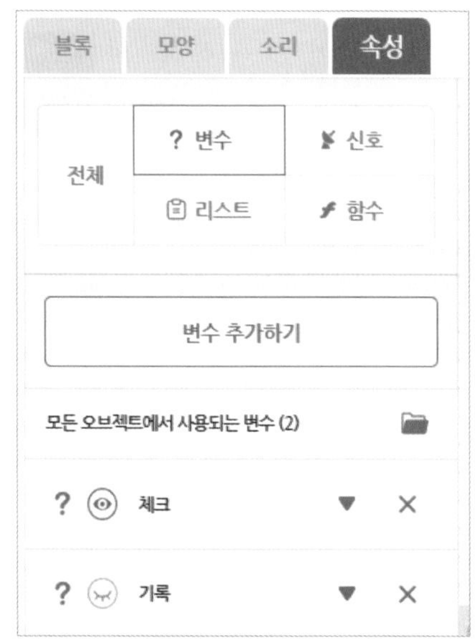

16. [▶ 시작하기]를 눌러서 게임을 실행해 봅시다. 배경색이 바뀌었을 때 클릭하면 '성공' 장면으로, 바뀌지 않았을 때 클릭하면 '실패' 장면으로 이동합니다.

STEP 3 게임을 실패하면 다시 할 수 있습니다.

다시하기

다시하기 버튼을 클릭하면 게임이 다시 시작됩니다.

장면 2 실패

17. '실패' 장면을 클릭하고 [+ 오브젝트 추가하기] 를 눌러 '다시하기 버튼, 숲속(1)' 오브젝트를 추가합니다.

18. [+ 오브젝트 추가하기] 와 **글상자**를 차례대로 누르고 글상자 내용에 '실패 ㅠㅠ'를 입력합니다.

실패 ㅠ ㅠ

tip 글꼴은 '나눔손글씨'로, 글 색깔은 '검정색'으로, 글 배경은 '투명'으로 정했습니다. 여러분은 원하는 대로 설정해도 좋습니다.

19. 그리고 다음과 같이 오브젝트의 위치와 크기를 변경합니다. 자세한 위치와 크기는 **오브젝트 준비하기**를 확인합니다.

오브젝트 준비하기

오브젝트	실패 ㅠㅠ	다시하기	
이름	글상자	다시하기 버튼	숲속(1)
카테고리	글상자	인터페이스	배경-자연
X	0	0	0
Y	20	-50	0
크기	150	70	375

20. 다시하기 버튼을 클릭하면 게임이 다시 시작되도록 **시작**에서 (오브젝트를 클릭했을 때) 블록을 가져옵니다. 그 아래에는 **흐름**에서 (처음부터 다시 실행하기) 블록을 연결합니다.

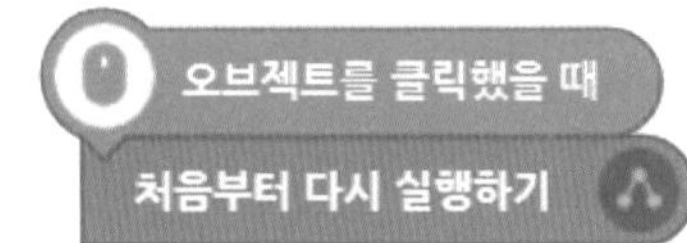

21. '시작화면' 장면을 클릭하고 (▶ 시작하기)를 눌러서 게임을 실행해 봅시다. 배경색이 바뀌지 않았을 때 클릭하면 '실패' 장면으로 이동하고, '다시하기' 버튼을 클릭하면 게임이 처음부터 다시 시작됩니다.

게임을 성공하면 기록을 보여줍니다.

기록 | 다시하기

❶ 장면이 시작되면 글상자는 몇 초 만에 반응했는지 알려줍니다.

❷ 다시하기 버튼을 누르면 게임이 다시 시작됩니다.

장면 3 성공

22. '성공' 장면을 클릭하고 [+ 오브젝트 추가하기]를 눌러 '다시하기 버튼, 숲속(1)' 오브젝트를 추가합니다.

23. **18**과 **오브젝트 준비하기**를 참고하여 '기록' 글상자를 만들고, 다음과 같이 오브젝트의 위치와 크기를 변경합니다.

오브젝트 준비하기

오브젝트	기록	다시하기	
이름	글상자	다시하기 버튼	숲속(1)
카테고리	글상자	인터페이스	배경-자연
X	0	0	0
Y	20	-50	0
크기	70	70	375

24. 성공했을 때 사용자의 기록을 '기록 : 3.14초' 같은 모양으로 화면에 나타나게 해봅시다. '글상자' 오브젝트를 클릭하고, **시작**에서 장면이 시작되었을때 블록을 가져옵니다. 실행화면에서 기록을 보여주기 위해 **글상자**에서 엔트리 라고 글쓰기 블록을 가져와 연결하고, '엔트리'에 **계산**의 안녕! 과(와) 엔트리 를 합치기 블록 두 개를 합쳐서 넣습니다. 그리고 세 칸에는 각각 '기록 : '과 기록 ▾ 값 블록과 '초'를 넣습니다.

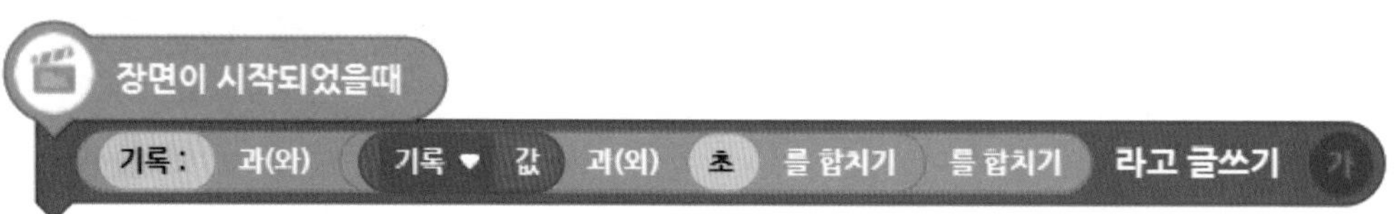

25. 다시하기 버튼을 클릭하면 게임이 다시 시작되도록 '다시하기 버튼'을 클릭하고 **시작**에서 오브젝트를 클릭했을 때 블록을 가져옵니다. 그 아래에는 **흐름**에서 처음부터 다시 실행하기 블록을 연결합니다.

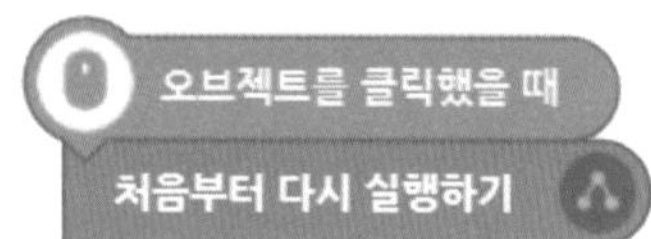

26. '시작화면' 장면을 클릭하고 ▶ 시작하기 를 눌러 게임을 실행해 봅시다. 배경색이 바뀌었을 때 마우스를 클릭하면 기록이 나오는 것을 확인할 수 있습니다.

검토하기

완성된 코드를 검토해 봅시다. https://bit.ly/entrycoding09c에 접속하면 전체 코드를 볼 수 있습니다. 놓친 부분은 없는지 천천히 살펴보세요.

장면 1 – 시작화면

단색 배경

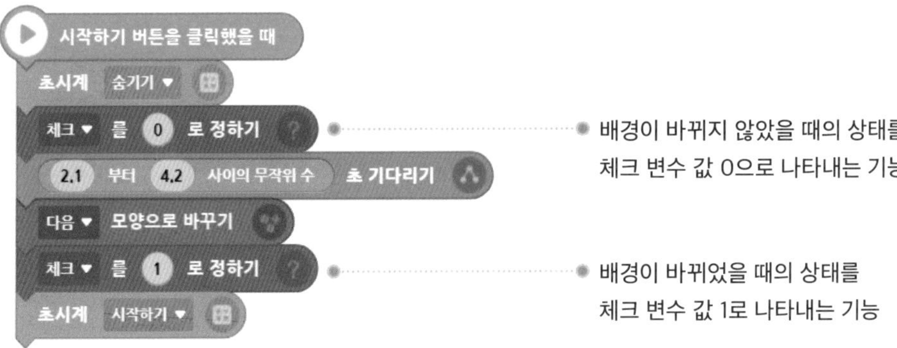

마우스를 클릭했을 때 배경이 바뀌지 않은 상태이면
실패 장면을 시작하는 기능

마우스를 클릭했을 때 배경이 바뀐 상태이면
기록을 저장하고 성공 장면을 시작하는 기능

장면 2 – 실패

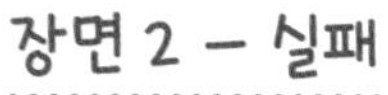

다시하기 버튼 다시하기

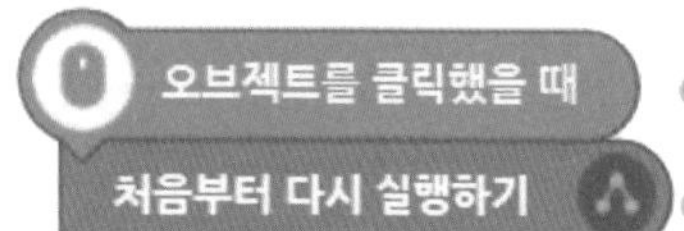

오브젝트를 클릭하면 처음부터 다시 시작하는 기능

장면 3 – 성공

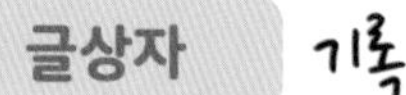

장면이 시작되면 기록 값을 보여주는 기능

다시하기 버튼 다시하기

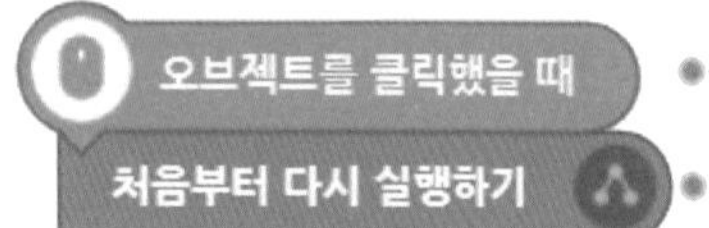

오브젝트를 클릭하면 처음부터 다시 시작하는 기능

더 나아가기	❶ 배경색이 분홍색과 연두색 중 하나로 무작위로 바뀌게 하고, 연두색으로 바뀌었을 때 클릭하면 기록이 나오도록 해봅시다.

게임 융합 이야기

게임과 체육의 만남

여기서 만든 민첩성 테스트 게임은 특정 자극에 빠르게 반응하는 민첩성을 측정하고 훈련하는 게임입니다. 책에서는 모니터 속에만 있는 게임을 만들었지만 다양한 센서와 카메라, 버튼을 활용하면 게임을 다양한 체육 활동에도 접목할 수 있습니다.

체육 활동과 게임이 만나면 여러 장점이 생깁니다. 반복되는 지루한 훈련이 재미있는 놀이가 되기도 하고, 시간과 공간의 제약이 있는 체육 활동도 가상의 환경에서 언제든지 즐길 수 있게 됩니다. 몇 가지 예를 통해 게임과 체육이 어떻게 접목될 수 있는지 알아봅시다.

우리가 자주 가는 오락실에는 '농구 게임'이 있습니다. 플레이어가 던진 농구공이 골대에 들어가면 점수가 올라갑니다. 농구 골대에 맞지 않고 들어가면 3점, 맞고 들어가면 2점으로 점수를 계산하기도 합니다. 또 시간이 지나면 골대가 오른쪽 왼쪽으로 움직여서 더 어려워지기도 합니다. 이 게임은 제한 시간 내에 최대한 많은 점수를 내는 것이 목표입니다. 농구 게임은 농구에 자신이 없는 사람도 즐겁고 재미있게 슈팅을 연습하도록 도와줍니다.

오락실의 농구 게임

승마는 말을 타고 하는 운동입니다. 승마를 하려면 멀리 있는 승마장까지 가야하고, 비용도 많이 들어 체험하기가 어렵습니다. 이를 해결하기 위해 '스크린 승마'를 활용할 수 있습니다. 말 역할을 하는 기계와 스크린 화면을 통해 직접 말을 타는 듯한 경험을 할 수 있고, 컴퓨터와 레이싱 대결을 할 수

스크린 승마

도 있습니다. 또 기초적인 승마 기술들도 배울 수 있습니다. 스크린 승마뿐만 아니라 스크린 야구, 스크린 골프도 시간과 공간의 제약을 극복한 게임과 체육의 만남입니다.

증강현실 기술을 통해 게임과 체육 활동을 접목한 사례도 있습니다. 핀란드에서 개발한 '증강현실 암벽(augmented climbing wall)'은 증강현실 기술로 만든 암벽등반 게임입니다. 실제 암벽등반 연습장에 이 게임과 기계를 설치하면 암벽을 타는 방법을 배울 수 있고, 특정한 경로를 따라 암벽을 타는 것을 훈련할 수 있습니다. 또 두 명이서 암벽등반을 하며 공을 튀기는 게임, 한 손을 고정한 채 다른 한 손으로 박쥐를 잡는 게임 등을 할 수 있습니다. 이를 통해 혼자 운동할 수 있지만, 다른 사람과도 협동하거나 경쟁하며 운동을 할 수 있습니다.

증강현실 암벽

이처럼 게임은 체육 활동과 접목할 수 있습니다. 여러분이 관심 있는 체육 활동은 무엇인가요? 그것을 게임으로 만들어보는 것은 어떨까요?

chapter 10

바운스볼

학습 목표

복제본, 논리 연산을 활용하여 바운스볼 게임 만들기

- **프로그래밍 개념**

  논리 연산 / 선택 / 반복 / 변수

- **엔트리 기능**

  복제본 / 좌표 / 모양 / 효과 / 이동하기

난이도 ☆ ☆ ☆ ☆ ☆

게임 목표

- 공이 땅에 닿지 않게 튕겨서 동전까지 이동하라!

게임 규칙

- 상자에 닿으면 공이 튕깁니다.
- 공이 화면 아래로 떨어지면 다시 시작합니다.
- 공이 동전에 닿으면 게임이 끝납니다.
- 몇 개의 상자는 가끔 사라졌다 나타납니다.

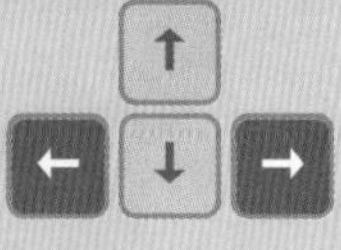

오른쪽/왼쪽 방향키

게임 살펴보기

https://bit.ly/entrycoding10

장면 1 미리보기

- **STEP 3** 게임이 시작되면 계속 아래로 떨어집니다.
- **STEP 4** 키보드 좌우 화살표 키를 누르면 좌우로 움직입니다.
- **STEP 5** 상자에 닿으면 튕기고, 화면 아래로 떨어지면 다시 시작합니다.

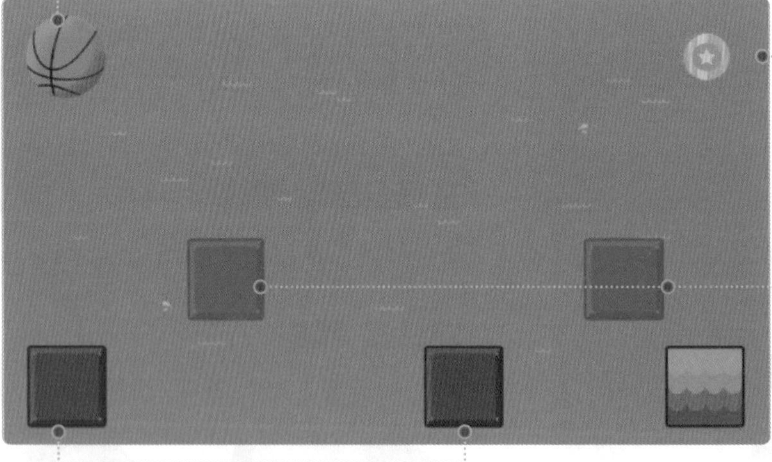

- **STEP 6** 농구공에 닿으면 사라지고 게임이 끝납니다.
- **STEP 2** 2개의 상자가 복제되어 나타나고, 사라졌다 나타났다 합니다.
- **STEP 1** 게임이 시작되면 2개의 상자가 복제되어 등장합니다.

개념 다지기

논리 연산 — 다양한 조건을 만들어요!

게임에서는 조건에 따라 특정 행동을 해야 할 때가 많습니다. 지금까지는 벽에 닿으면 게임이 끝나는 것처럼 하나의 조건을 만족할 때 특정 행동을 하는 게임을 만들었습니다. 하지만 여러 조건을 모두 만족하거나 여러 조건 중 하나의 조건이라도 만족했을 때 특정 행동을 하는 게임을 만들어야 하는 경우도 있습니다. 예를 들어, 키보드 W키와 D키를 동시에 누르면 캐릭터가 대각선으로 움직이는 기능은 여러 조건을 모두 만족할 때 특정 동작을 하는 경우입니다. 반면에, 키보드 엔터키나 마우스 중 하나만 눌러도 미사일이 날아가는 기능은 여러 조건 중 하나만 만족하면 특정 동작을 하는 경우입니다. 이러한 기능은 여러 판단 조건 블록과 참과 거짓을 나타내는 논리 연산 블록으로 구현할 수 있습니다.

새로운 블록 만나기

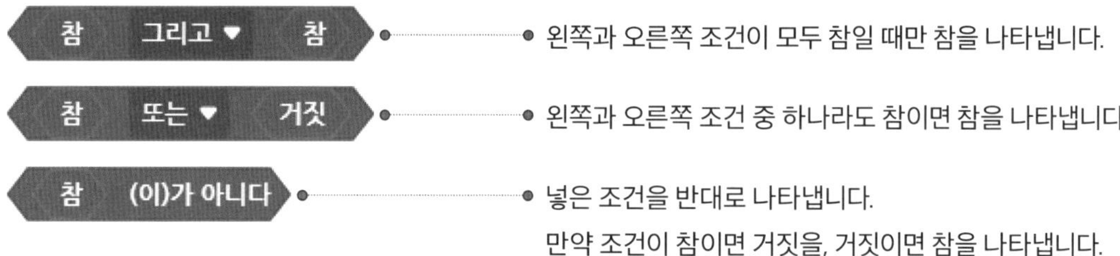

- 왼쪽과 오른쪽 조건이 모두 참일 때만 참을 나타냅니다.
- 왼쪽과 오른쪽 조건 중 하나라도 참이면 참을 나타냅니다.
- 넣은 조건을 반대로 나타냅니다.
  만약 조건이 참이면 거짓을, 거짓이면 참을 나타냅니다.

예제 1

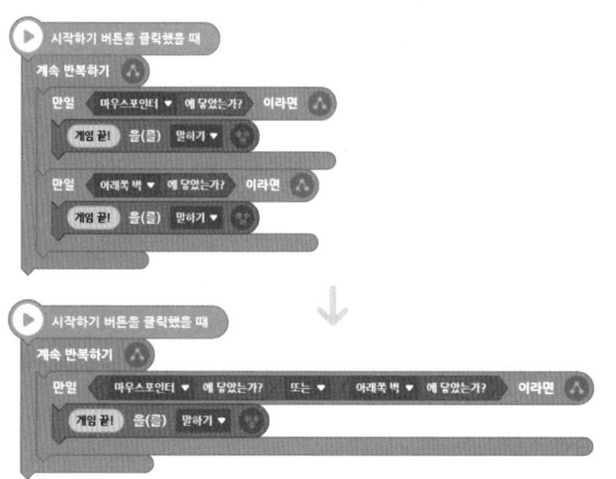

마우스 포인터나 아래쪽 벽 중 하나라도 닿으면 '게임 끝!'이라 말합니다. 위의 코드는 아래쪽의 코드처럼 논리 연산 블록을 활용하면 더 간단하고 효율적으로 만들 수 있습니다.

예제 2

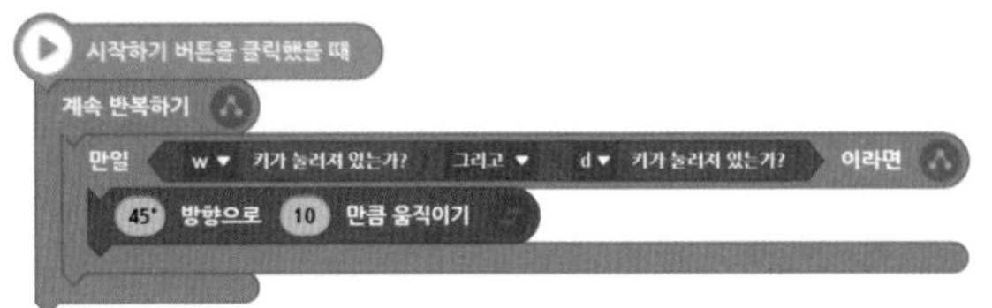

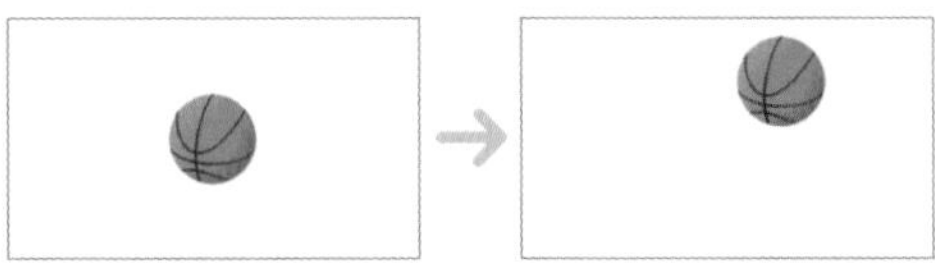

W키와 D키를 동시에 눌렀을 때 45도 방향으로 이동합니다.

복제본 — 비슷한 기능을 가진 오브젝트를 손쉽게 만들어요!

게임을 만들다 보면 비슷한 기능을 하는 오브젝트를 많이 추가해야 할 때가 있습니다. 예를 들어, RPG 게임을 만들 때 등장하는 몬스터들은 똑같은 체력과 기능을 가지고 있지만, 각각의 오브젝트입니다. 또 슈팅 게임에서 날아가는 미사일도 각각의 오브젝트를 추가하여 구현할 수 있습니다. 하지만 이렇게 오브젝트를 너무 많이 추가하면 게임을 만들 때도 힘들고, 나중에 코드를 수정할 때도 모든 오브젝트를 하나하나 다 수정해 주어야 합니다. 이럴 때 '복제본' 기능을 사용하면 하나의 오브젝트로도 비슷한 기능을 하는 여러 오브젝트를 만들 수 있습니다. '복제본' 기능은 자신 의 복제본 만들기 블록과 복제본이 처음 생성되었을때 블록으로 이루어져 있습니다. 복제본을 만들고, 그 복제본이 생성되면 어떤 기능을 하는지 설정하는 식으로 복제본을 이용해서 재미있는 게임을 만들어봅시다.

새로운 블록 만나기

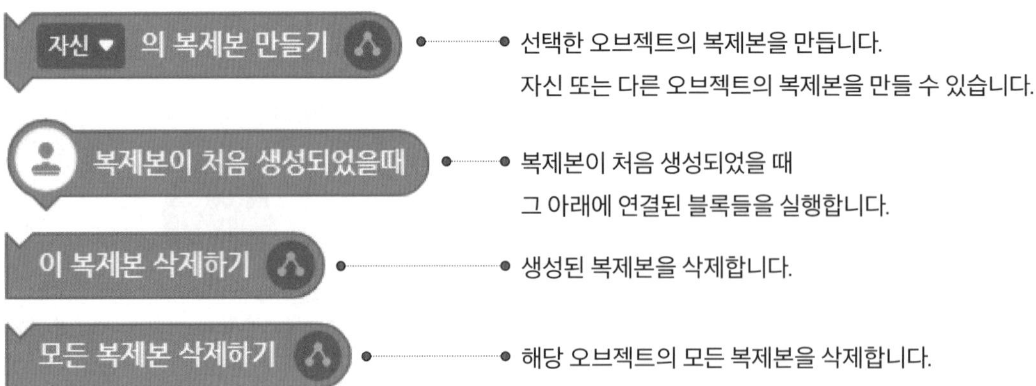

자신 의 복제본 만들기
선택한 오브젝트의 복제본을 만듭니다.
자신 또는 다른 오브젝트의 복제본을 만들 수 있습니다.
복제본이 처음 생성되었을때
복제본이 처음 생성되었을 때
그 아래에 연결된 블록들을 실행합니다.
이 복제본 삭제하기
생성된 복제본을 삭제합니다.
모든 복제본 삭제하기
해당 오브젝트의 모든 복제본을 삭제합니다.

예제

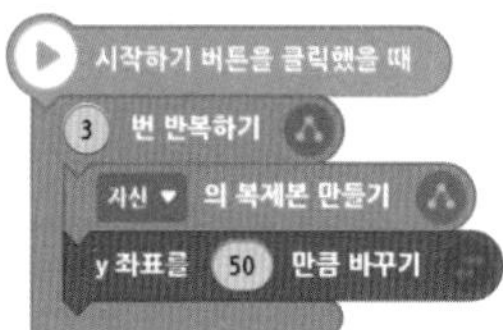

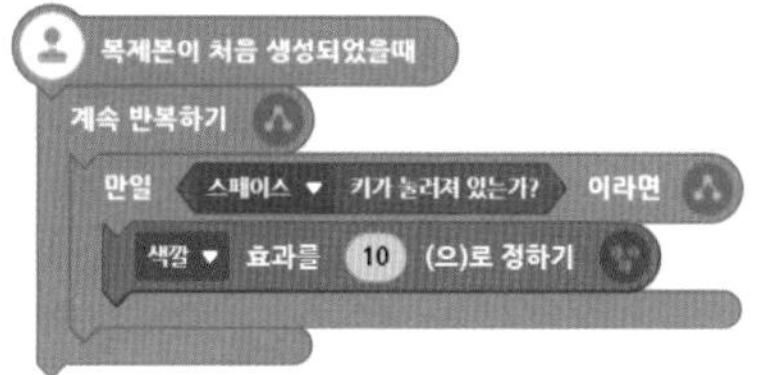

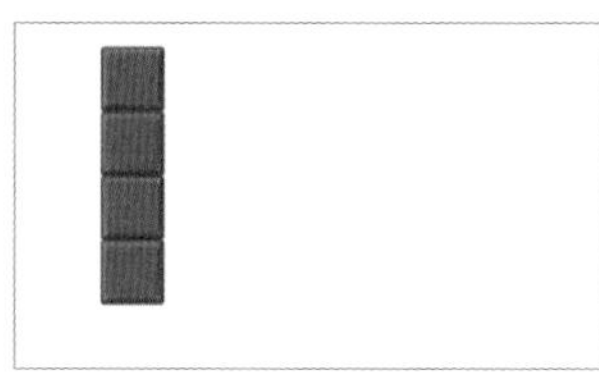

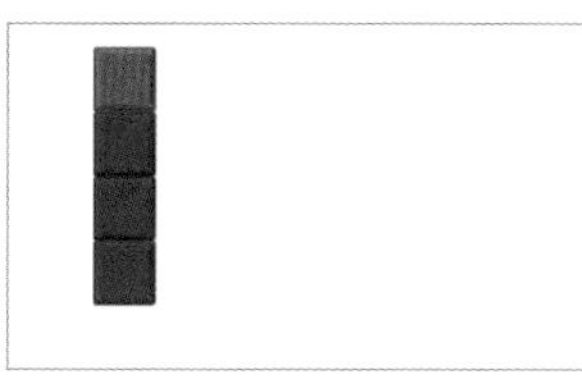

시작하기를 누르면 복제본을 만들면서 위로 이동해서 총 4개(원본 포함)의 상자가 만들어집니다. 스페이스바를 누르면 만들어진 복제본 색이 모두 변합니다. 하지만 원본 상자는 코드를 따로 작성하지 않았기 때문에 색이 변하지 않습니다.

프로그래밍하기

1. 오브젝트 목록 창에서 '엔트리봇' 오브젝트를 삭제하고, [+ 오브젝트 추가하기]를 눌러 '상자, 동전, 색깔 상자, 농구공, 물' 오브젝트를 추가합니다. 이때 색깔 상자 오브젝트는 2개를 추가합니다.

2. 다음과 같이 오브젝트의 위치와 크기를 변경합니다. 자세한 위치와 크기는 **오브젝트 준비하기**를 확인합니다.

오브젝트 준비하기

오브젝트						
이름	상자	색깔 상자	색깔 상자1	동전	농구공	물
카테고리	인터페이스	인터페이스	인터페이스	물건-생활	물건-취미	배경-자연
X	200	-200	-100	200	-200	0
Y	-100	-100	-35	100	100	0
크기	50	50	50	30	50	375

STEP 1  게임이 시작되면 상자가 복제되어 등장합니다.

❶ 게임이 시작되면 색깔 상자를 복제합니다.

❷ 복제된 상자는 원래 상자의 오른쪽에 나타납니다.

3. 게임이 시작되면 상자를 복제하도록 '색깔 상자'를 클릭하고, **시작**에서 [시작하기 버튼을 클릭했을 때] 블록과 **흐름**의 [자신 ▾ 의 복제본 만들기] 블록을 가져와 연결합니다.

4. 우선, [▶ 시작하기] 버튼을 클릭해보세요. 아무런 일이 일어나지 않습니다. 실제로 상자는 복제되었지만 복제된 상자가 어떤 행동을 해야 할지 알려주지 않았기 때문입니다. 이제 복제본이 생성되면 오른쪽으로 상자 위치를 옮기도록 **흐름**에서 [복제본이 처음 생성되었을때] 블록과 **움직임**에서 [x 좌표를 10 만큼 바꾸기] 블록을 연결하고 '10'을 '250'으로 바꿉니다.

5. [▶ 시작하기] 버튼을 눌러 보면 상자가 하나 더 생기는 것을 볼 수 있습니다. 왼쪽에 있는 상자는 원본 오브젝트이며, 복제본은 오른쪽에 있는 상자입니다.

STEP 2  게임이 시작되면 상자가 나타났다가 사라지기를 반복합니다.

❶ 게임이 시작되면 색깔 상자1(윗줄)을 복제하고

❷ 사라졌다가 나타나기를 반복하게 합니다.

6. 윗줄에 있는 색깔 상자1은 아랫줄에 있는 상자와 달리, 나타났다가 사라지기를 반복하는 상자입니다. 우선, **3~4**처럼 상자를 복제한 뒤 투명한 효과를 주겠습니다. '색깔 상자1'을 클릭하고, **3~4**를 참고하여 상자를 복제하는 코드를 만들어보세요. 상자를 투명하게 하는 효과는 **생김새**에서 [색깔 ▾ 효과를 10 만큼 주기] 블록을 가져와 '색깔'을 '투명도'로 바꾸고 '10'을 '50'으로 바꾸면 됩니다.

```
시작하기 버튼을 클릭했을 때
투명도 ▾ 효과를 50 만큼 주기
자신 ▾ 의 복제본 만들기
```

```
복제본이 처음 생성되었을때
x 좌표를 250 만큼 바꾸기
```

tip 색깔 상자 오브젝트의 코드를 복사하여 색깔 상자1 오브젝트에 붙여넣어보세요.

7. 먼저, 원본 상자가 사라졌다가 나타나기를 반복하기 위해 [자신 ▾ 의 복제본 만들기] 블록 아래에 **흐름**에서 [계속 반복하기] 블록을 가져와 아래에 연결합니다. 또 **생김새**의 [모양 숨기기] 블록, [모양 보이기] 블록과 **흐름**의 [2 초 기다리기] 블록을 가져와 다음과 같이 코드를 작성합니다.

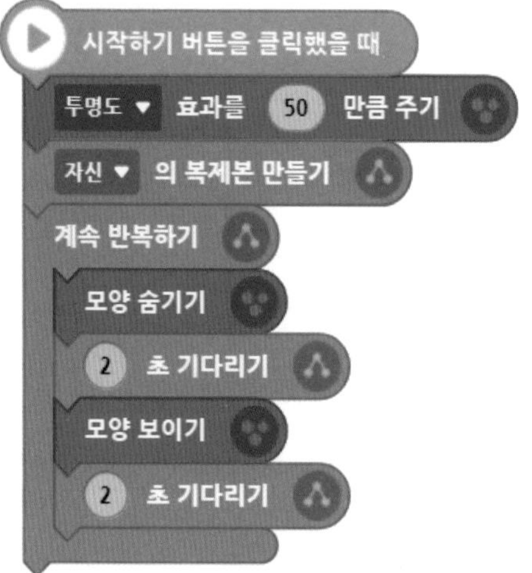

8. ▶ 시작하기 를 누르면 왼쪽의 원본 상자만 사라졌다가 다시 나타나는 것을 볼 수 있습니다. 복제본도 사라졌다가 등장하도록 x 좌표를 250 만큼 바꾸기 블록 아래에 7 에서 만든 코드를 참고하여 다음과 같이 코드를 완성합니다.

복제본이 처음 생성되었을때
x 좌표를 250 만큼 바꾸기
계속 반복하기
모양 숨기기
2 초 기다리기
모양 보이기
2 초 기다리기

9. ▶ 시작하기 를 누르면 상자가 복제되고 등장했다가 사라지는 것을 확인할 수 있습니다.

STEP 3 게임이 시작되면 농구공이 아래로 떨어집니다.

게임이 시작되면 계속 아래로 떨어집니다.

10. 농구공이 계속 아래로 떨어지게 해봅시다. '농구공' 오브젝트를 클릭하고 **속성 ➡ 변수 ➡ 변수 추가하기**를 눌러 '속도' 변수를 만듭니다. 이 변수를 활용해서 농구공이 떨어지는 속도를 변화시킬 것입니다. 이때 속도 변수 창은 화면에 등장하지 않도록 **시작**에서 시작하기 버튼을 클릭했을 때 블록을 가져오고, **자료**에서 변수 속도 ▾ 숨기기 블록을 가져와 연결합니다.

시작하기 버튼을 클릭했을 때
변수 속도 ▾ 숨기기

11. 농구공이 계속 아래로 떨어지도록 **흐름**에서 [계속 반복하기] 블록을 가져오고 그 안에 **움직임**의 [y 좌표를 10 만큼 바꾸기] 블록을 넣습니다. '10'에는 [속도 ▾ 값] 블록을 넣습니다.

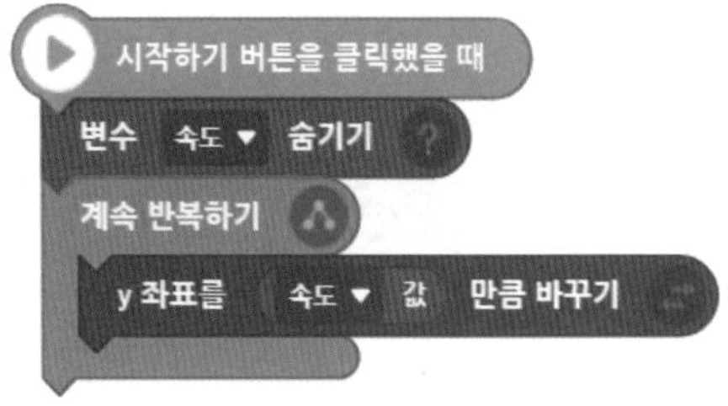
시작하기 버튼을 클릭했을 때
변수 속도 ▾ 숨기기
계속 반복하기
y 좌표를 속도 ▾ 값 만큼 바꾸기

12. [▶ 시작하기]를 눌러도 공은 가만히 있습니다. '속도'라는 변수에는 기본적으로 0이라는 값이 들어 있기 때문에 컴퓨터는 지금 y좌표를 0만큼 계속 바꾸기라는 명령을 실행하고 있기 때문입니다. 공이 계속 떨어지도록 속도 값을 바꿔 봅시다. **자료**에서 [속도 ▾ 에 10 만큼 더하기] 블록을 가져와 연결하고 '10'을 '-0.3'으로 바꿉니다.

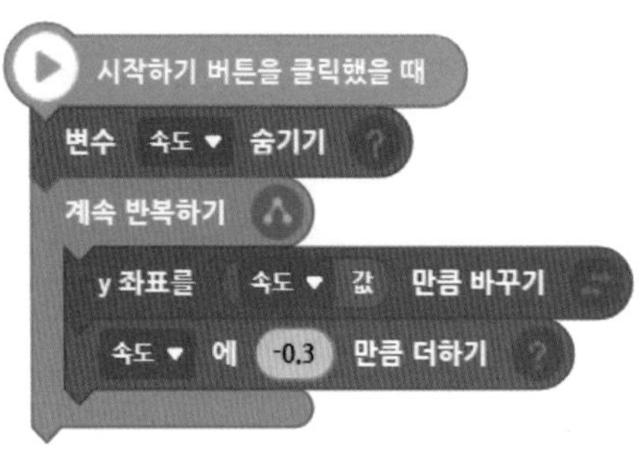
시작하기 버튼을 클릭했을 때
변수 속도 ▾ 숨기기
계속 반복하기
y 좌표를 속도 ▾ 값 만큼 바꾸기
속도 ▾ 에 -0.3 만큼 더하기

13. [▶ 시작하기]를 누르면 공이 아래로 떨어지는 것을 확인할 수 있습니다. 속도 변수 값이 0에서 -0.3, -0.6, -0.9…가 되고, 그 속도 변수 값만큼 공의 y좌표가 바뀌기 때문입니다.

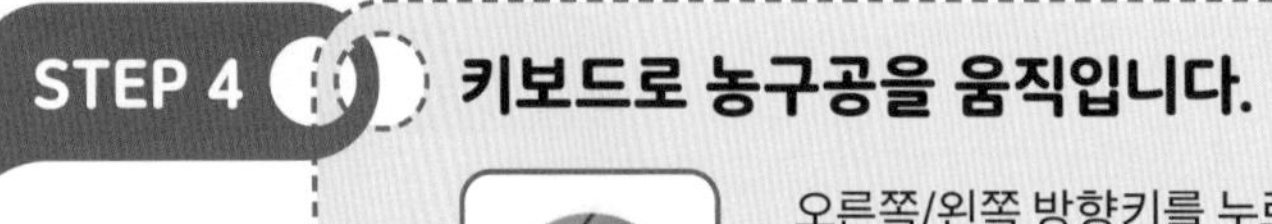

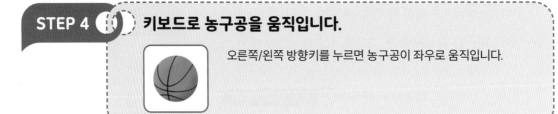

STEP 4 키보드로 농구공을 움직입니다.

오른쪽/왼쪽 방향키를 누르면 농구공이 좌우로 움직입니다.

14. 키보드 좌우 화살표 키를 눌렀을 때 농구공이 좌우로 움직이도록 해봅시다. (화살표 키를 눌렀다는) 특정한 조건을 계속 확인하기 위해 **시작**에서 시작하기 버튼을 클릭했을 때 블록과 **흐름**에서 계속 반복하기, 만일 참 이라면 블록을 연결합니다.

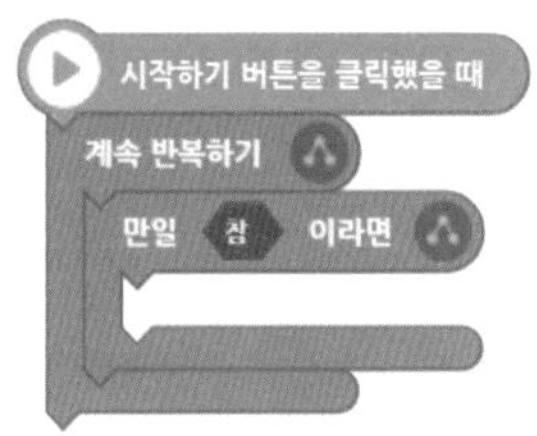

15. 그다음으로, 오른쪽 방향키를 누르면 농구공이 오른쪽으로 움직이도록 **판단**에서 q ▾ 키가 눌러져 있는가? 블록을 참에 넣고, 'q'를 클릭해서 '오른쪽 화살표'로 바꿉니다. 그리고 **움직임**에서 x 좌표를 10 만큼 바꾸기 블록을 가져와 만일 참 이라면 안에 넣고 '10'을 '3'으로 바꿉니다.

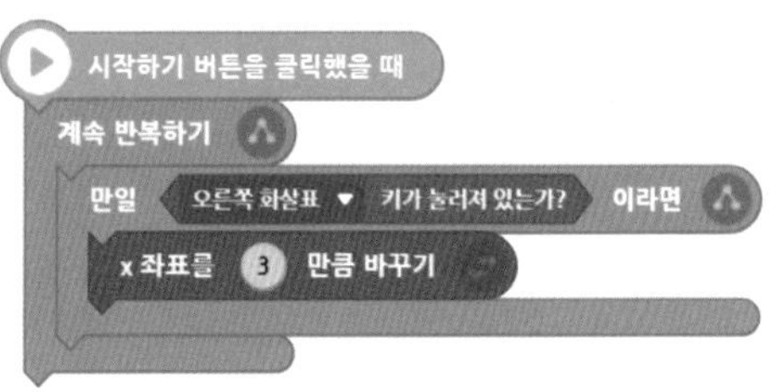

16. 15를 참고하여 왼쪽 방향키를 누르면 x좌표를 -3만큼 바꾸어 왼쪽으로 움직이도록 코드를 작성합니다.

17. ▶ 시작하기 를 누르고 오른쪽/왼쪽 방향키를 누르면 농구공이 오른쪽, 왼쪽으로 움직이는 것을 확인할 수 있습니다.

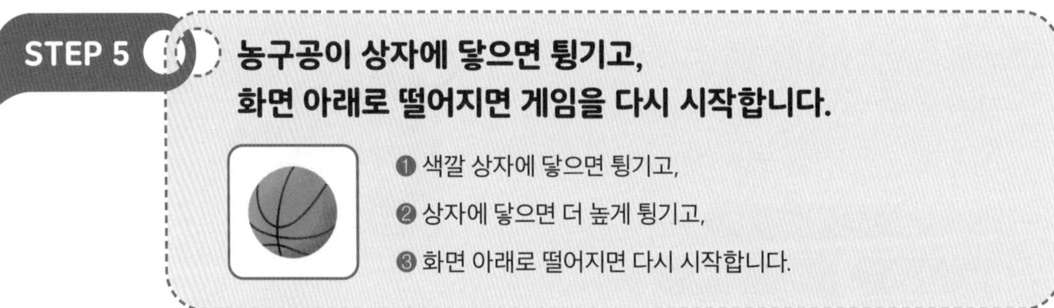

STEP 5
농구공이 상자에 닿으면 튕기고,
화면 아래로 떨어지면 게임을 다시 시작합니다.
❶ 색깔 상자에 닿으면 튕기고,
❷ 상자에 닿으면 더 높게 튕기고,
❸ 화면 아래로 떨어지면 다시 시작합니다.

18. 농구공이 색깔 상자나 색깔 상자1 중에 어디에라도 닿으면 튕기도록 해봅시다. 먼저, **판단**에서 [마우스포인터 ▼ 에 닿았는가?] 블록 두 개를 가져와 드롭다운 버튼을 눌러 '색깔 상자'와 '색깔 상자1'로 각각 바꿉니다. 그리고 **판단**에서 [참 또는 ▼ 거짓] 블록을 가져와 [참]과 [거짓] 블록에 각각 넣어줍니다. 그리고 이 블록을 **흐름**에서 [만일 참 이라면] 블록의 [참] 부분에 넣고, 다음과 같이 **16**의 [계속 반복하기] 블록 안에 넣어줍니다.

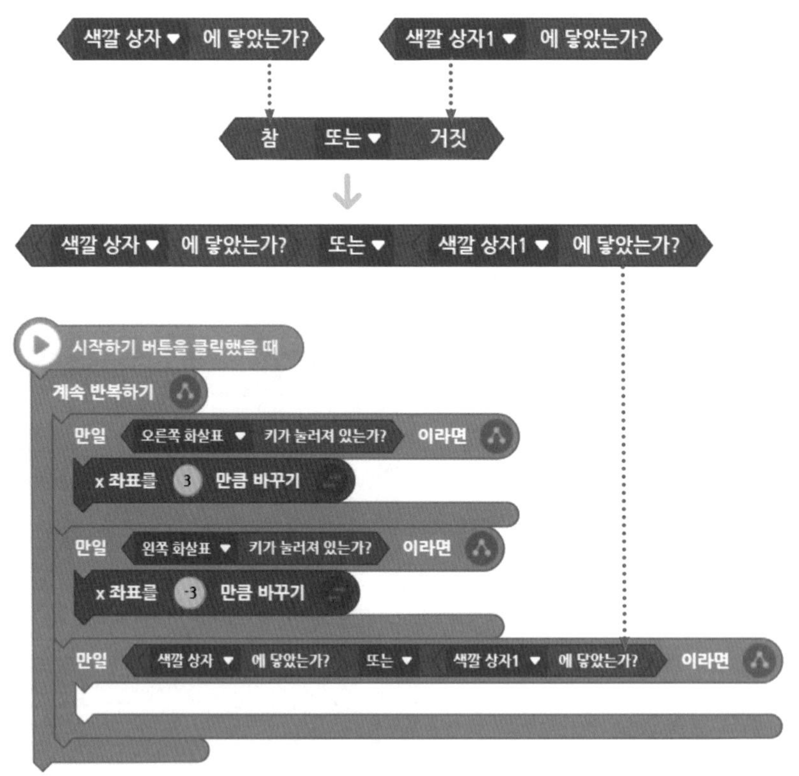

19. 농구공이 상자에 닿았을 때 튕기는 효과는 속도 변수 값을 이용해 만들 수 있습니다. 다음과 같이 **자료**에서 `속도 ▼ 를 10 로 정하기` 블록을 가져와 '10'을 '5'로 바꿉니다. 이렇게 하면 속도가 계속 음수(-) 값이었다가 양수(+) 값으로 바뀌기 때문에 공이 튕기는 것처럼 보이게 됩니다.

20. ▶ 시작하기 를 누르면 공이 아래로 내려오다가 색깔 상자나 색깔 상자1에 닿으면 튕기는 것을 확인할 수 있습니다.

개념 톡톡

공 튕기기의 원리

이 작품에서 속도 변수는 다음과 같이 경우에 따라 달라집니다 농구공이 내려올 때와 상자에 닿았을 때, 상자에서 튕길 때, 튕겼다가 내려올 때 속도 변수가 어떻게 변하는지 살펴볼까요?

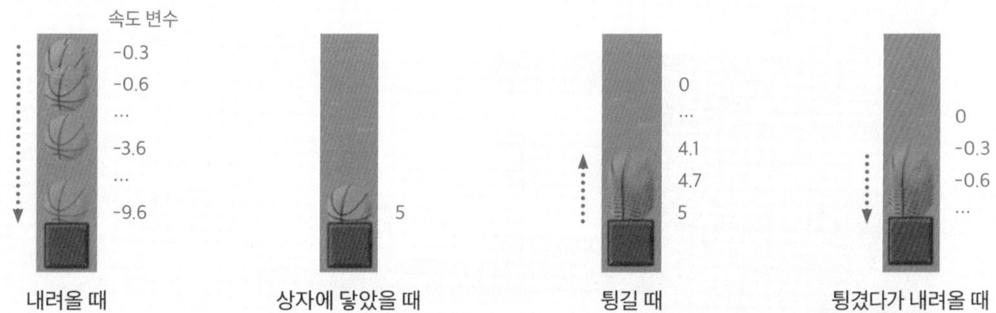

농구공은 상자에 닿을 때까지 속도 변수의 값이 -0.3씩 계속 더해지므로 점점 빠르게 아래로 떨어집니다. 그러다가 상자에 닿으면 속도 변수의 값이 순간 5로 바뀌어 위로 움직이게 됩니다. 하지만 속도 변수 값은 계속해서 -0.3씩 감소하기 때문에 곧 값이 0이 되고 -0.3, -0.6과 같이 음수로 변하면 다시 아래로 떨어지게 됩니다. 이처럼 공 튀기기는 중력의 성질을 비슷하게 구현한 것입니다.

21. 다음으로, 초록색 상자에 닿으면 더 높이 튕기도록 **흐름**의 만일 참 이라면 블록과 **판단**의 마우스포인터 ▾ 에 닿았는가? 블록, **자료**의 속도 ▾ 를 10 로 정하기 블록을 이용하여 다음과 같이 **19**의 계속 반복하기 블록 안에 넣어줍니다.

```
시작하기 버튼을 클릭했을 때
계속 반복하기
  만일 오른쪽 화살표 ▾ 키가 눌러져 있는가? 이라면
    x 좌표를 3 만큼 바꾸기
  만일 왼쪽 화살표 ▾ 키가 눌러져 있는가? 이라면
    x 좌표를 -3 만큼 바꾸기
  만일 색깔 상자 ▾ 에 닿았는가? 또는 ▾ 색깔 상자1 ▾ 에 닿았는가? 이라면
    속도 ▾ 를 5 로 정하기
  만일 상자 ▾ 에 닿았는가? 이라면
    속도 ▾ 를 10 로 정하기
```

22. 그리고 농구공이 아래쪽 벽에 닿으면 게임이 다시 시작되도록 **흐름**의 만일 참 이라면 블록과 **판단**의 마우스포인터 ▾ 에 닿았는가? 블록, **흐름**의 처음부터 다시 실행하기 블록을 이용하여 다음과 같이 **21**의 계속 반복하기 블록 안에 넣어줍니다.

```
시작하기 버튼을 클릭했을 때
계속 반복하기
  만일 오른쪽 화살표 ▾ 키가 눌러져 있는가? 이라면
    x 좌표를 3 만큼 바꾸기
  만일 왼쪽 화살표 ▾ 키가 눌러져 있는가? 이라면
    x 좌표를 -3 만큼 바꾸기
  만일 색깔상자 ▾ 에 닿았는가? 또는 ▾ 색깔상자1 ▾ 에 닿았는가? 이라면
    속도 ▾ 를 5 로 정하기
  만일 상자 ▾ 에 닿았는가? 이라면
    속도 ▾ 를 10 로 정하기
  만일 아래쪽 벽 ▾ 에 닿았는가? 이라면
    처음부터 다시 실행하기
```

23. ▶ 시작하기 를 누르고 농구공을 움직여 보세요. 상자에 닿으면 높이 튕기고 아래쪽 벽에 닿으면 처음부터 다시 실행되는 것을 확인할 수 있습니다.

STEP 6 동전을 획득하면 게임이 끝납니다.

동전이 농구공에 닿으면 모양이 사라지고 게임이 끝납니다.

24. 동전이 농구공에 닿으면 사라지고 게임이 끝나도록 22 를 참고하여 코드를 작성합니다. 동전이 사라지는 것은 **생김새**에서 모양 숨기기 블록으로, 게임이 끝나는 기능은 **흐름**에서 모든 ▾ 코드 멈추기 블록으로 표현할 수 있습니다.

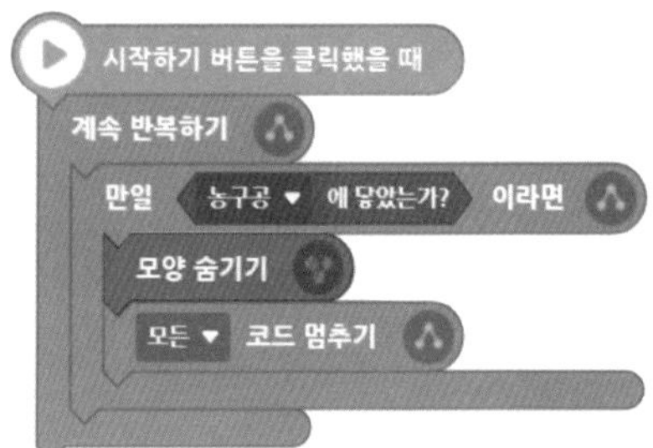

25. ▶ 시작하기 를 눌러 키보드로 농구공을 움직여 동전에 닿게 해봅시다. 모양이 사라지고 게임이 끝나는 것을 볼 수 있습니다.

검토하기

완성된 코드를 검토해 봅시다. https://bit.ly/entrycoding10c에 접속하면 전체 코드를 볼 수 있습니다. 놓친 부분은 없는지 천천히 살펴보세요.

색깔상자
시작하기 버튼을 클릭했을 때
자신 의 복제본 만들기
복제본을 만드는 기능
복제본이 처음 생성되었을때
x 좌표를 250 만큼 바꾸기
복제본이 만들어졌을 때
복제본을 오른쪽으로 이동하는 기능
색깔상자1
시작하기 버튼을 클릭했을 때
투명도 효과를 50 만큼 주기
자신 의 복제본 만들기
투명도 효과를 주고
복제본을 만드는 기능
계속 반복하기
모양 숨기기
2 초 기다리기
모양 보이기
2 초 기다리기
2초 간격으로 사라졌다가 나타나기를
반복하는 기능
복제본이 처음 생성되었을때
x 좌표를 250 만큼 바꾸기
복제본이 만들어졌을 때
복제본을 오른쪽으로 이동하는 기능
계속 반복하기
모양 숨기기
2 초 기다리기
모양 보이기
2 초 기다리기
2초 간격으로 사라졌다가 나타나기를
반복하는 기능

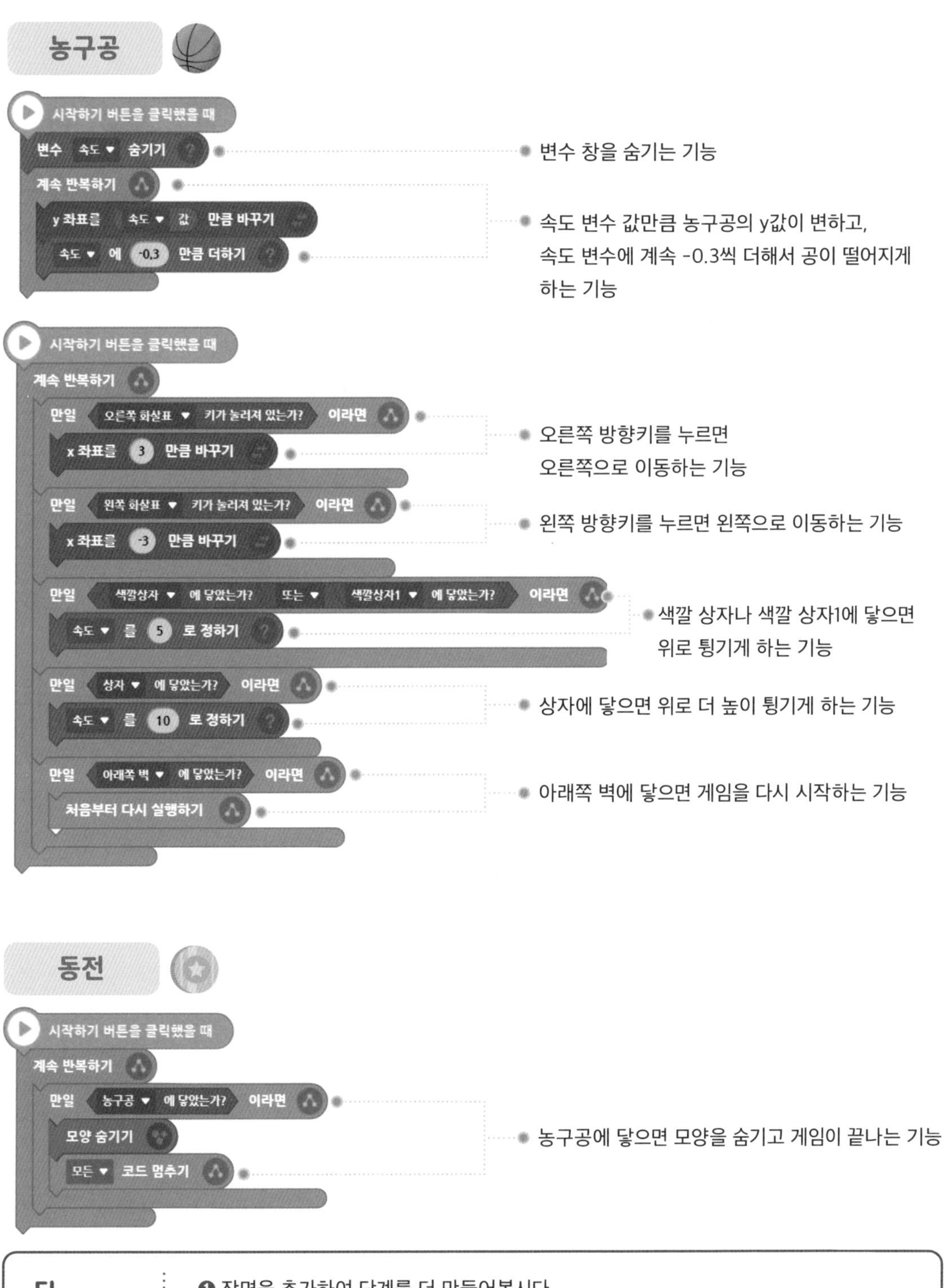

더 나아가기

❶ 장면을 추가하여 단계를 더 만들어봅시다.

❷ 색깔 상자가 농구공에 닿을수록 크기가 작아지도록 만들어봅시다.

게임 융합 이야기

게임과 과학의 만남

어렵고 지루하기 만한 과학 시간에 속력, 관성, 가속도, 중력 등이 나오면 "대체 이런 것을 어디에 쓴다고 배우는 거야!"라며 불평할 때가 많습니다. 하지만 우리가 즐기고 있는 대부분의 게임에는 과학의 원리가 적용되어 게임을 더욱 실감나게 만들어줍니다.

앞서 만든 바운스볼 게임에서 농구공은 게임이 시작되면 아래로 계속 떨어집니다. 공이 떨어지는 모습이 매우 자연스럽습니다. 왜냐하면 이 기능은 실제 생활에서 공이 떨어지는 원리를 본떠 만들었기 때문입니다.

이 게임에서 사용된 과학의 원리는 중력으로 인한 등가속도 운동입니다. 중력은 지구가 물체를 지구의 중심 방향으로 끌어당기는 힘입니다. 비도 하늘에서 땅으로 떨어지고, 우리가 제자리에서 위로 뛰어도 곧 다시 땅으로 떨어집니다. 이것은 모두 지구가 물체를 끌어당기는 힘인 중력 때문입니다. 이런 중력을 구현하기 위해서 농구공의 y좌표를 계속해서 특정한 값만큼 바꿔 아래로 떨어지게 했습니다.

또 하늘에서 공을 떨어뜨리면 중력에 의해 물체가 아래로 떨어지는데, 이때 물체의 속도는 일정하게 커지는 등가속도 운동을 하게 됩니다. 등가속도를 조금 더 쉽게 알아보기 위해 그림을 살펴봅시다.

왼쪽 그림을 보면, y좌표를 -40씩 똑같이 바꾸기 때문에 떨어지는 속도가 항상 같습니다. 즉, 농구공이 같은 시간 동안 같은 거리만큼 이동합니다. 하지만 실제 우리가 살고 있는 지구에서는 물건을 떨어트리면 오른쪽 그림처럼 중력 때문에 속도가 점점 커져서 물건이 점점 빠르게 떨어집니다. 그러므로 오른쪽 그림처럼 코드를 작성하면 y좌표가 -10, -20, -30,…처럼 바뀌면서 같은 시간 동안 왼쪽 그림보다 더 많은 거리를 이동합니다.

실제로 왼쪽 그림과 오른쪽 그림의 코드를 작성해서 실행해 보면, 왼쪽 그림의 농구공은 매우 어색하게 떨어지고, 오른쪽 그림의 코드는 우리가 실제로 농구공을 떨어뜨렸을 때처럼 내려오는 것을 볼 수 있습니다.

이처럼 게임에는 다양한 과학의 원리가 사용됩니다. 여러분이 학교에서 배운 과학의 원리는 무엇인가요? 그것을 어떻게 게임에 적용할 수 있을까요?

chapter 11

번개 피하기

학습 목표

공유 변수와 연산자, 복제본을 활용하여 번개 피하기 게임 만들기

- **프로그래밍 개념**

  공유 변수 / 선택 / 반복 / 비교 연산 / 논리 연산 / 신호

- **엔트리 기능**

  복제본 / 무작위 수 / 좌표 / 이동하기 / 모양 / 글상자

난이도 ☆ ☆ ☆ ☆ ☆

- **게임 목표**
  - 번개를 피해 사과를 먹으면서 최대한 많은 점수를 얻어라!

- **게임 규칙**
  - 시간이 지날수록 점수가 올라갑니다.
  - 사과를 먹으면 추가 점수를 얻습니다.
  - 번개나 벽에 닿으면 게임이 끝납니다.
  - 번개는 하늘에서 내려오고 점점 많아집니다.

오른쪽/왼쪽 방향키

- **게임 살펴보기**

https://bit.ly/entrycoding11

장면 1 시작 화면

STEP 1 시간이 지날수록 점수가 올라갑니다.

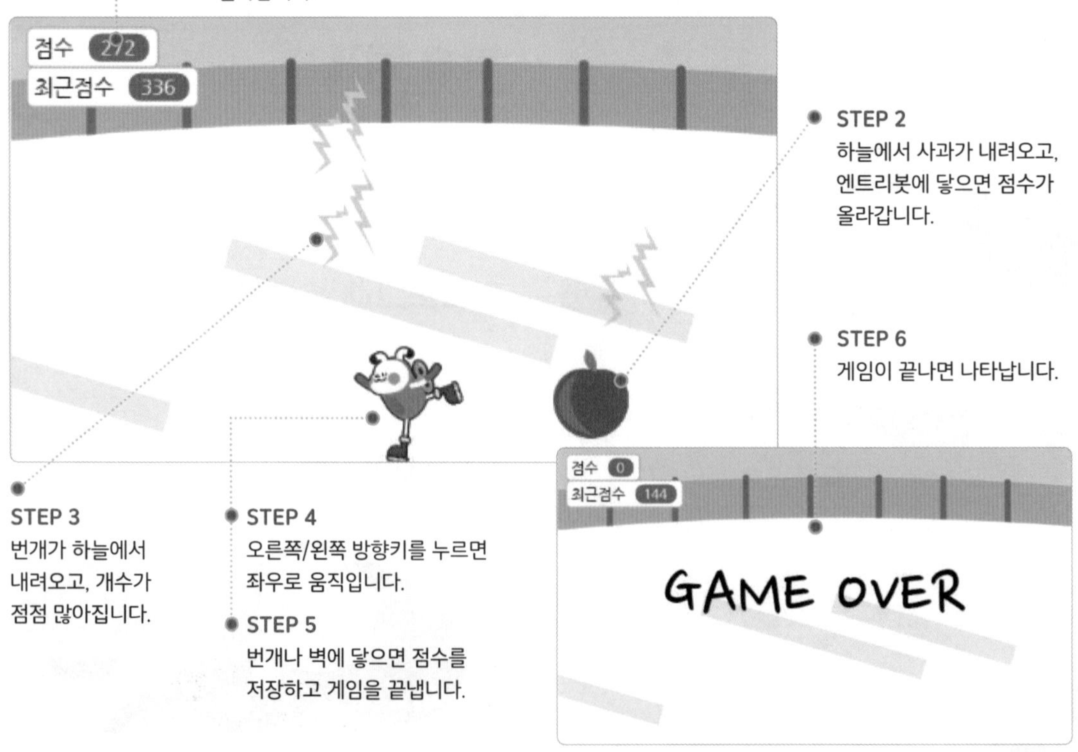

STEP 2 하늘에서 사과가 내려오고, 엔트리봇에 닿으면 점수가 올라갑니다.

STEP 3 번개가 하늘에서 내려오고, 개수가 점점 많아집니다.

STEP 4 오른쪽/왼쪽 방향키를 누르면 좌우로 움직입니다.

STEP 5 번개나 벽에 닿으면 점수를 저장하고 게임을 끝냅니다.

STEP 6 게임이 끝나면 나타납니다.

개념 다지기

공유 변수 — 게임이 끝나도 값을 저장해요!

지금까지 우리가 만든 게임에서 변수는 게임이 종료되면 그 값이 없어졌습니다. ▶ 시작하기 를 눌러 게임이 실행되고 있을 때만 변수가 저장되고 ■ 를 누르면 다시 값이 0이 되었다는 거죠. 하지만 공유 변수를 사용하면 게임을 여러 번 실행하고 종료해도 그 값이 그대로 남아있도록 할 수 있습니다. **공유 변수**를 사용하면 게임 점수를 저장하여 최고 점수나 최근 점수를 기록하는 기능을 만들 수 있습니다.

공유 변수 만드는 방법

속성 ➡ 변수 ➡ 변수 추가하기를 선택하고, 변수 이름을 '최근점수'로 정합니다. 여기까지는 변수 만들기와 똑같습니다. 변수를 공유 변수로 하려면 '공유 변수로 사용'에 체크 표시만 해주면 됩니다.

예제

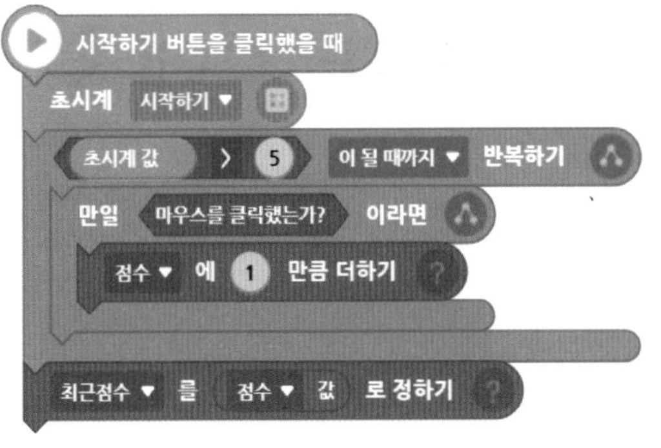

'최근점수'를 공유 변수로 만들고, '점수'는 일반 변수로 만들었을 때, ■ 를 누르면 점수 값은 사라지지만 최근 점수의 값은 사라지지 않습니다.

프로그래밍하기

1. 오브젝트 목록 창에서 '엔트리봇' 오브젝트를 삭제하고, + 오브젝트 추가하기 를 눌러 '사과(1), 번개(2), 스케이트 엔트리봇, 스케이트장' 오브젝트를 추가합니다.

2. 그리고 + 오브젝트 추가하기 ➡ **글상자**를 눌러 'GAME OVER' 글상자를 만듭니다. 글꼴은 '나눔손글씨'로, 글 색상은 '검정색'으로, 글 배경은 '투명'으로 정했습니다.

tip 여러분은 다른 글꼴과 색을 사용해도 좋습니다.

3. 다음과 같이 오브젝트의 위치와 크기를 변경합니다. 자세한 위치와 크기는 **오브젝트 준비하기**를 확인합니다.

오브젝트 준비하기

오브젝트	(사과)	(번개)	(스케이트 엔트리봇)	(스케이트장)	GAME OVER
이름	사과(1)	번개(2)	스케이트 엔트리봇	스케이트장	글상자
카테고리	음식-과일/채소	환경-자연	엔트리봇 친구들	배경-실외	글상자
X	50	-50	0	0	0
Y	50	50	-100	0	0
크기	50	50	70	375	240

4. 처음에는 글상자가 화면에 보이지 않도록 해봅시다. **생김새**의 모양 숨기기 블록을 사용하는 방법도 있지만, 오브젝트 목록 창에서 숨김 버튼(◎)을 클릭해서 모양을 숨겨 봅시다.

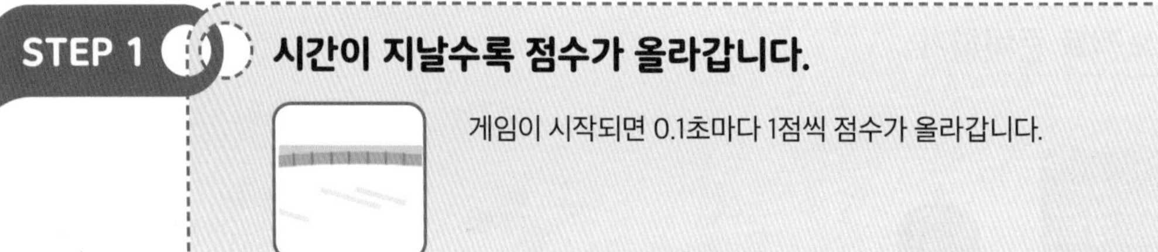

STEP 1
시간이 지날수록 점수가 올라갑니다.
게임이 시작되면 0.1초마다 1점씩 점수가 올라갑니다.

5. 먼저, 게임이 시작되면 점수가 올라가도록 **속성** ➡ **변수** ➡ **변수 추가하기**를 눌러 '점수' 변수를 만듭니다. 그다음 **시작**에서 [시작하기 버튼을 클릭했을 때] 블록과 **흐름**의 [계속 반복하기] 블록을 연결하여 계속 특정 행동이 반복되는 코드를 만듭니다.

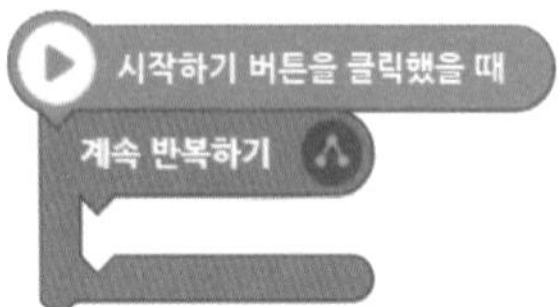

6. 이제 0.1초마다 1점씩 점수가 올라가도록 **흐름**에서 [2 초 기다리기] 와 **자료**에서 [점수 ▾ 에 10 만큼 더하기] 블록을 가져와 [계속 반복하기] 블록 안에 넣고 '2'는 '0.1'로 '10'은 '1'로 바꿔 다음과 같이 코드를 완성합니다.

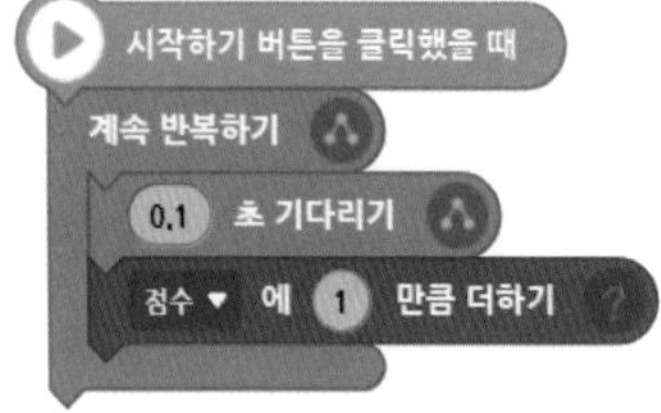

7. [▶ 시작하기] 버튼을 누르면 점수가 0.1초마다 1점씩 올라가는 것을 확인할 수 있습니다.

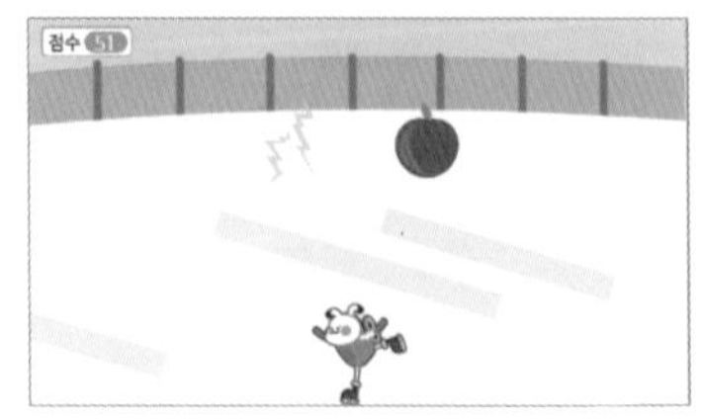

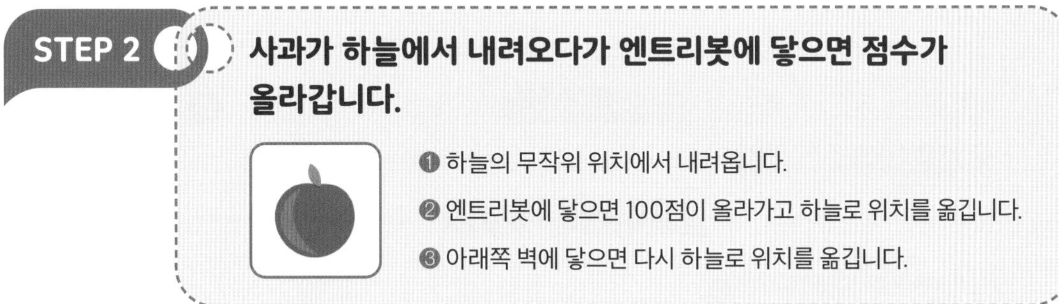

STEP 2
사과가 하늘에서 내려오다가 엔트리봇에 닿으면 점수가 올라갑니다.
❶ 하늘의 무작위 위치에서 내려옵니다.
❷ 엔트리봇에 닿으면 100점이 올라가고 하늘로 위치를 옮깁니다.
❸ 아래쪽 벽에 닿으면 다시 하늘로 위치를 옮깁니다.

8. 사과를 하늘의 무작위 위치에서 나타나게 해봅시다. '사과'를 클릭하고 **시작**에서 [시작하기 버튼을 클릭했을 때] 블록, **움직임**에서 [x: 0 y: 0 위치로 이동하기] 블록을 가져와 연결합니다. 첫 번째 '0'에는 **계산**에서 [0 부터 10 사이의 무작위 수] 블록을 가져와 넣고 '-240'부터 '240'의 무작위 수가 선택되도록 합니다. 두 번째 '0'에는 '135'를 입력합니다. 이렇게 입력하면 사과의 세로 위치는 실행화면 가장 위쪽에서 나타나고, 가로 위치는 무작위로 나타납니다.

tip 실행화면에서 가장 왼쪽의 x값은 -240, 가장 오른쪽은 240입니다. 가장 위쪽의 y는 135입니다.

9. 사과의 위치가 결정되면 아래로 계속 떨어지도록 **흐름**에서 [계속 반복하기] 블록을 가져와 연결하고 그 안에 **움직임**에서 [y: 10 위치로 이동하기] 블록을 가져와 넣습니다. '10'은 '-4'로 바꿔서 아래로 떨어지게 합니다.

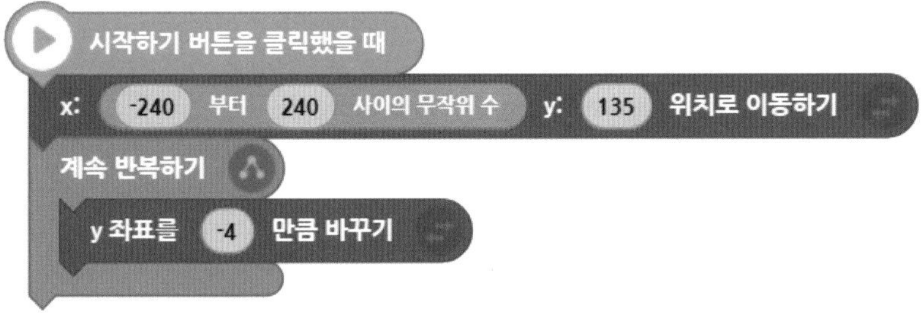

10. 사과가 떨어지다가 엔트리봇에 닿으면 점수가 올라가도록 해 봅시다. 엔트리봇에 닿았는지 확인하기 위해 **흐름**에서 [만일 참 이라면] 블록을 가져옵니다. [참]에는 **판단**에서 [마우스포인터 ▼ 에 닿았는가?] 블록을 가져와 넣은 후 '마우스포인터'를 '스케이트 엔트리봇'으로 바꿉니다. 이어서 **자료**에서 [점수 ▼ 에 10 만큼 더하기] 블록을 가져와 다음과 같이 연결합니다.

```
시작하기 버튼을 클릭했을 때
x: (-240 부터 240 사이의 무작위 수) y: 135 위치로 이동하기
계속 반복하기
    y 좌표를 -4 만큼 바꾸기
    만일 <스케이트 엔트리봇 ▼ 에 닿았는가?> 이라면
        점수 ▼ 에 100 만큼 더하기
```

11. 사과는 보너스 점수를 주기 때문에 너무 자주 나타나지 않도록 한 번 먹으면 숨겼다가 2초 뒤에 다시 나타나도록 해봅시다. **생김새**에서 [모양 숨기기]와 [모양 보이기] 블록, **흐름**에서 [2 초 기다리기] 블록, **움직임**에서 [x: 0 y: 0 위치로 이동하기] 블록을 가져와 다음과 같이 코드를 완성합니다.

```
시작하기 버튼을 클릭했을 때
x: (-240 부터 240 사이의 무작위 수) y: 135 위치로 이동하기
계속 반복하기
    y 좌표를 -4 만큼 바꾸기
    만일 <스케이트 엔트리봇 ▼ 에 닿았는가?> 이라면
        점수 ▼ 에 100 만큼 더하기
        모양 숨기기
        x: (-240 부터 240 사이의 무작위 수) y: 135 위치로 이동하기
        2 초 기다리기
        모양 보이기
```

12. 사과가 엔트리봇에 닿지 않고 아래쪽 벽에 닿았을 때는 다시 하늘로 올라가도록 **11**을 참고하여 다음과 같이 코드를 작성합니다.

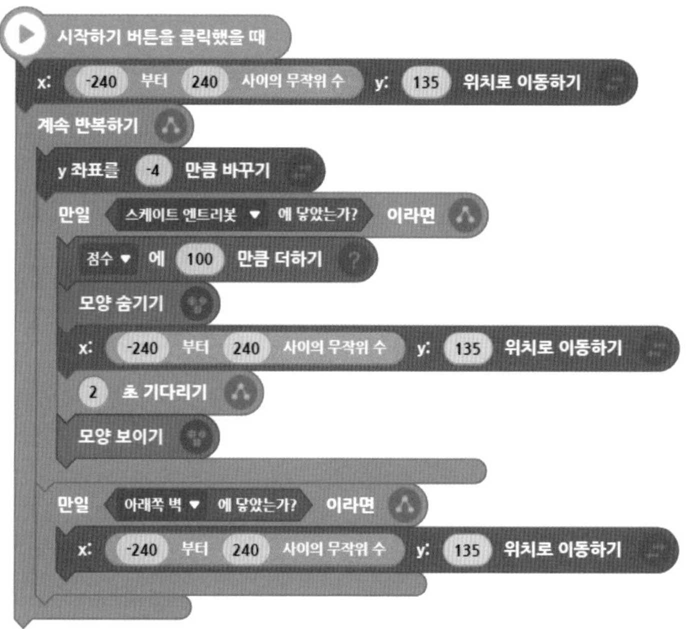

13. ▶시작하기 를 눌러 게임을 실행해 보세요. 사과가 하늘에서 내려오고 엔트리봇에 닿으면 점수가 올라가고, 아래쪽 벽에 닿으면 하늘로 올라가는 것을 볼 수 있습니다.

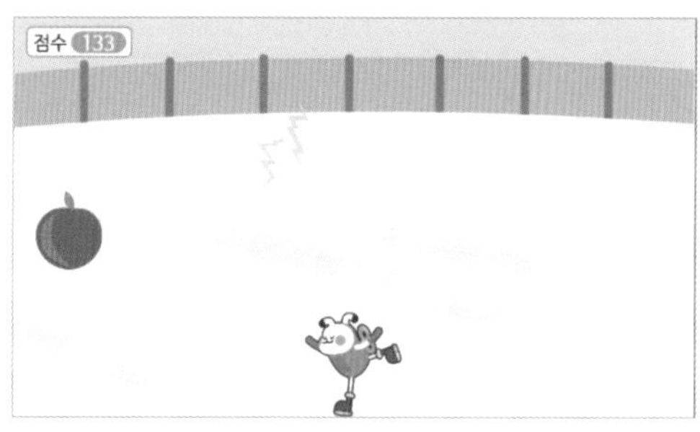

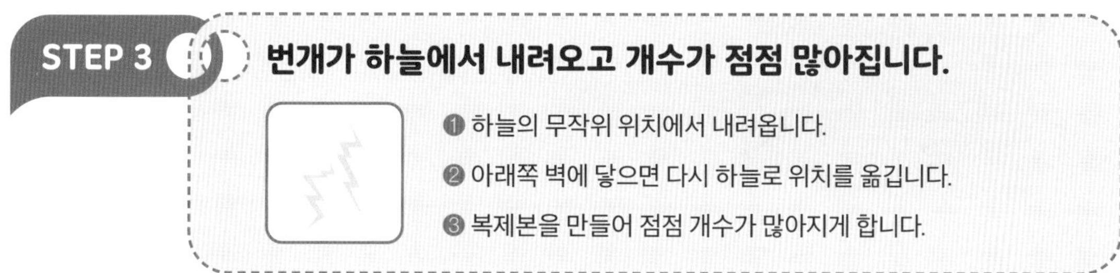

번개가 하늘에서 내려오고 개수가 점점 많아집니다.

❶ 하늘의 무작위 위치에서 내려옵니다.

❷ 아래쪽 벽에 닿으면 다시 하늘로 위치를 옮깁니다.

❸ 복제본을 만들어 점점 개수가 많아지게 합니다.

14. 번개가 하늘의 무작위 위치에서 내려오게 해봅시다. '번개' 오브젝트를 클릭하고 9와 똑같은 코드를 작성합니다.

```
시작하기 버튼을 클릭했을 때
x: -240 부터 240 사이의 무작위 수 y: 135 위치로 이동하기
계속 반복하기
    y 좌표를 -4 만큼 바꾸기
```

15. 번개가 아래쪽 벽에 닿으면 다시 하늘로 위치를 옮기도록 10을 참고하여 다음과 같이 코드를 작성합니다.

```
시작하기 버튼을 클릭했을 때
x: -240 부터 240 사이의 무작위 수 y: 135 위치로 이동하기
계속 반복하기
    y 좌표를 -4 만큼 바꾸기
    만일 아래쪽 벽 ▾ 에 닿았는가? 이라면
        x: -240 부터 240 사이의 무작위 수 y: 135 위치로 이동하기
```

16. 번개는 시간이 지나면 점점 개수가 많아지게 해봅시다. **시작**에서 [시작하기 버튼을 클릭했을 때] 블록을 가져와 **흐름**에서 [10 번 반복하기] 블록을 연결합니다. 그 안에는 **흐름**에서 [2 초 기다리기] 블록을 가져와 '2'에 **계산**의 [0 부터 10 사이의 무작위 수] 블록을 넣어 '3'에서 '6' 사이의 무작위 수만큼 기다리도록 합니다. 마지막으로 복제본을 만들도록 **흐름**에서 [자신 ▾ 의 복제본 만들기] 블록을 연결합니다. 이렇게 코드를 완성하면 10개의 복제본을 3~6초마다 만들게 됩니다.

```
시작하기 버튼을 클릭했을 때
10 번 반복하기
    3 부터 6 사이의 무작위 수 초 기다리기
    자신 ▾ 의 복제본 만들기
```

17. 만들어진 복제본도 원본과 같은 기능을 하도록 **흐름**에서 (복제본이 처음 생성되었을때) 블록을 가져와 그 아래에 15에서 만든 코드를 복사하여 붙여 넣어 다음과 같이 코드를 완성합니다.

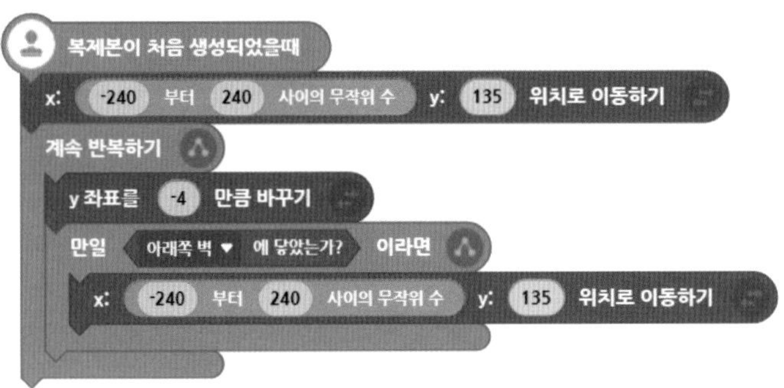

18. (▶ 시작하기)를 누르면 번개는 하늘에서 내려오다가 땅에 닿으면 다시 올라가고, 시간이 지날수록 개수가 점점 많아지는 것을 확인할 수 있습니다.

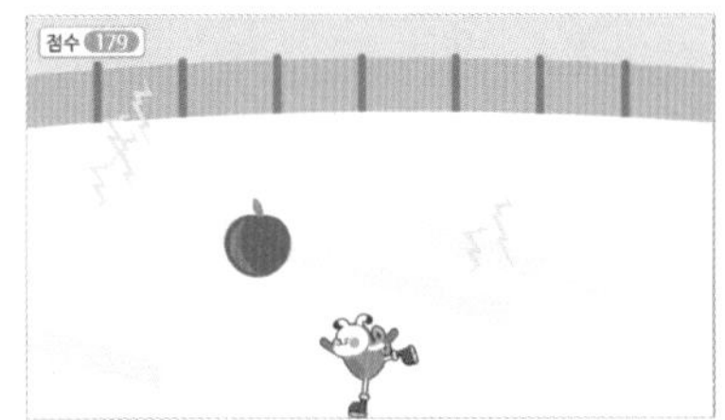

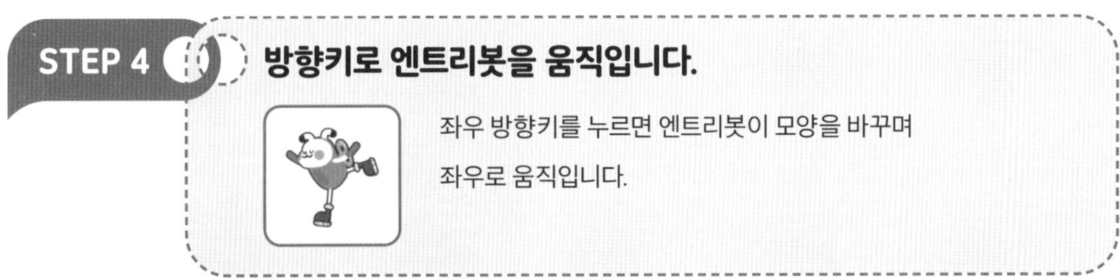

방향키로 엔트리봇을 움직입니다.

좌우 방향키를 누르면 엔트리봇이 모양을 바꾸며 좌우로 움직입니다.

19. 키보드 좌우 화살표 키를 눌렀을 때 엔트리봇이 좌우로 움직이게 해봅시다. 특정한 조건을 계속 확인하려면 아래와 같이 **시작**에서 (시작하기 버튼을 클릭했을 때) 블록과 **흐름**에서 (계속 반복하기)와 (만일 참 이라면) 블록을 연결합니다.

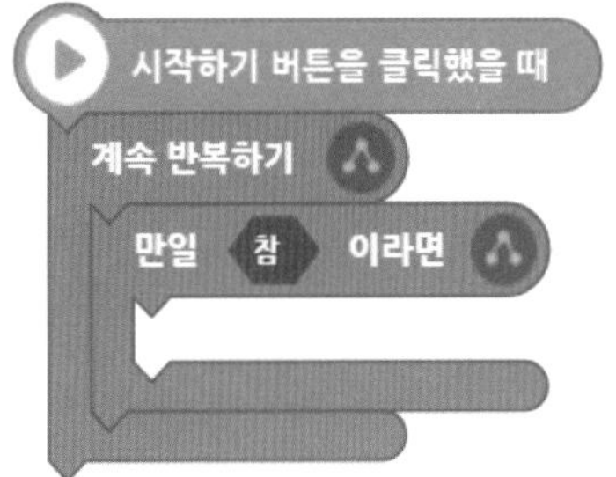

20. 키보드 오른쪽 화살표 키를 누르면 엔트리봇이 오른쪽으로 움직이며 모양을 바꾸도록 **판단**에서 [q ▼ 키가 눌러져 있는가?] 블록을 가져와 [참]에 넣고 '오른쪽 화살표'로 바꿉니다. 그리고 **움직임**에서 [y 좌표를 (10) 만큼 바꾸기] 블록을 가져와 [만일 〈참〉 이라면] 블록 안에 넣고 '10'을 '5'로 바꿉니다. 이어서 **생김새**에서 [스케이트 엔트리봇_1 모양으로 바꾸기] 블록을 가져와 '스케이트 엔트리봇_2'로 바꿉니다.

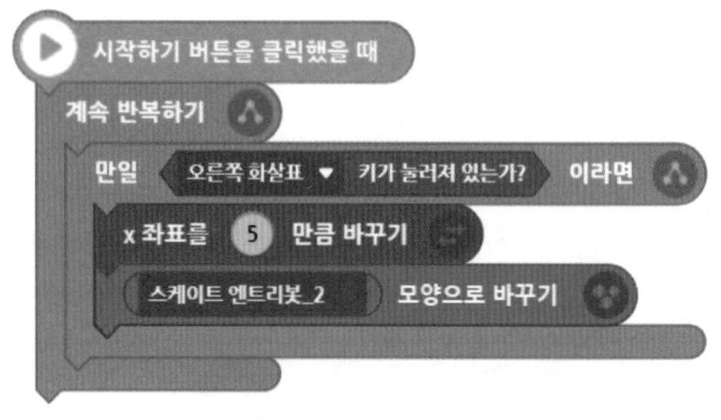

21. **20**을 참고하여 왼쪽 화살표 키를 누르면 왼쪽으로 움직이며 모양을 바꾸도록 다음과 같이 코드를 작성해 보세요.

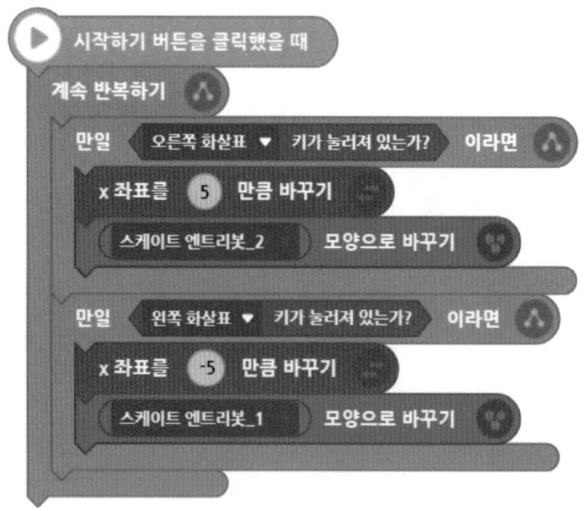

22. [▶ 시작하기]를 누르고 키보드 오른쪽, 왼쪽 키를 누르면 엔트리봇이 오른쪽, 왼쪽으로 움직이는 것을 확인할 수 있습니다.

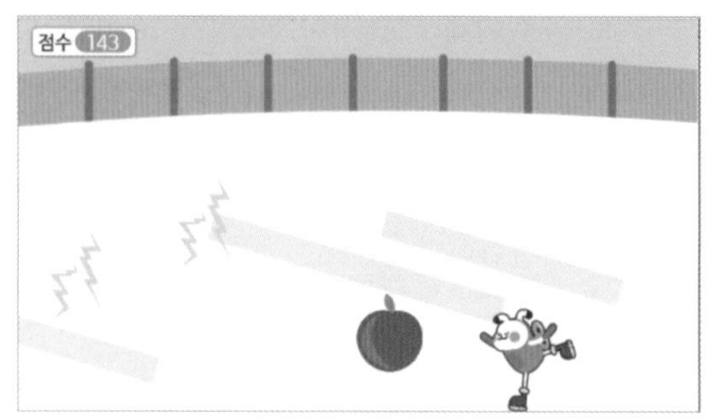

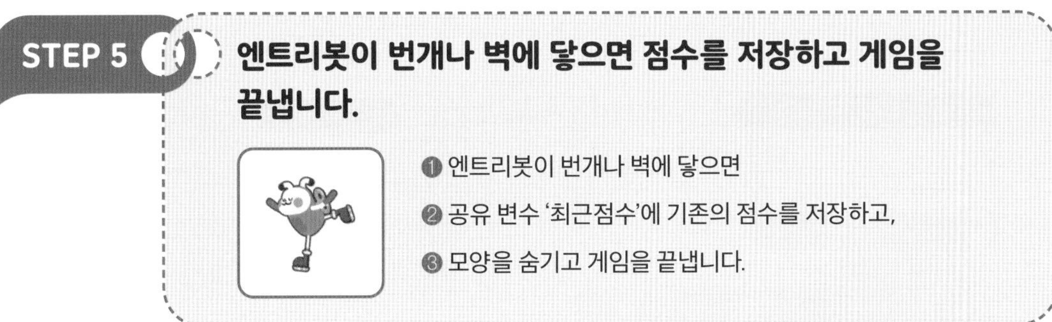

STEP 5
엔트리봇이 번개나 벽에 닿으면 점수를 저장하고 게임을 끝냅니다.
❶ 엔트리봇이 번개나 벽에 닿으면
❷ 공유 변수 '최근점수'에 기존의 점수를 저장하고,
❸ 모양을 숨기고 게임을 끝냅니다.

23. 지금은 엔트리봇이 번개나 화면을 벗어나도 계속 움직입니다. 번개나 벽 중에 하나라도 닿으면 기존의 점수를 저장하고 게임이 끝나도록 해봅시다. **판단**에서 [마우스포인터 ▼ 에 닿았는가?] 블록 2개를 가져와 각각 '번개(2)', '벽'으로 바꿉니다. 또 **판단**에서 [참 또는 ▼ 거짓] 블록을 가져와 [참]에는 [번개(2) ▼ 에 닿았는가?]를, [거짓]에는 [벽 ▼ 에 닿았는가?]를 넣습니다. 완성된 블록은 **흐름**에서 [만일 참 이라면] 블록을 가져와 [참] 부분에 넣습니다.

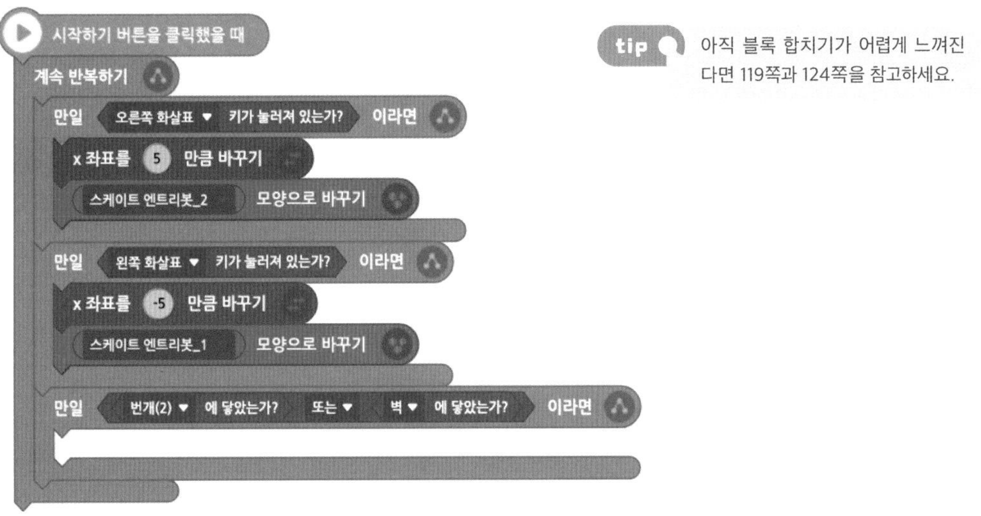

tip 아직 블록 합치기가 어렵게 느껴진다면 119쪽과 124쪽을 참고하세요.

24. 이제 게임 점수를 저장할 변수를 만들어봅시다. **속성 ➡ 변수 ➡ 변수 추가하기**를 눌러 '최근점수'로 변수 이름을 정하고 '공유 변수로 사용'에 체크하고 **변수추가** 버튼을 누릅니다. 이제 '최근점수'는 게임이 종료되더라도 변수 값이 저장됩니다.

25. 엔트리봇이 번개나 벽에 닿으면 기존의 점수를 저장하도록 **23**에서 만든 코드 안에 **자료**에서 `최근점수▼ 를 10 로 정하기` 블록을 가져와 넣고, '10'에는 `최근점수 ▼ 값`을 넣고 '점수'로 바꿉니다.

```
시작하기 버튼을 클릭했을 때
계속 반복하기
  만일 오른쪽 화살표 ▼ 키가 눌러져 있는가? 이라면
    x 좌표를 5 만큼 바꾸기
    스케이트 엔트리봇_2 모양으로 바꾸기
  만일 왼쪽 화살표 ▼ 키가 눌러져 있는가? 이라면
    x 좌표를 -5 만큼 바꾸기
    스케이트 엔트리봇_1 모양으로 바꾸기
  만일 번개(2) ▼ 에 닿았는가? 또는 ▼ 벽 ▼ 에 닿았는가? 이라면
    최근점수 ▼ 를 점수 ▼ 값 로 정하기
```

26. 그리고 엔트리봇이 모양을 숨기도록 **생김새**에서 `모양 숨기기` 블록을 가져와 연결합니다. 또 **속성 ➡ 신호 ➡ 신호 추가하기**를 눌러 '게임끝' 신호를 만들고, **시작**에서 `게임끝 ▼ 신호 보내기` 블록을 연결합니다. 마지막으로, 동작하는 모든 코드를 멈추도록 **흐름**에서 `모든 ▼ 코드 멈추기` 블록을 가져와 다음과 같이 코드를 완성합니다.

```
시작하기 버튼을 클릭했을 때
계속 반복하기
  만일 오른쪽 화살표 ▼ 키가 눌러져 있는가? 이라면
    x 좌표를 5 만큼 바꾸기
    스케이트 엔트리봇_2 모양으로 바꾸기
  만일 왼쪽 화살표 ▼ 키가 눌러져 있는가? 이라면
    x 좌표를 -5 만큼 바꾸기
    스케이트 엔트리봇_1 모양으로 바꾸기
  만일 번개(2) ▼ 에 닿았는가? 또는 ▼ 벽 ▼ 에 닿았는가? 이라면
    최근점수 ▼ 를 점수 ▼ 값 로 정하기
    모양 숨기기
    게임끝 ▼ 신호 보내기
    모든 ▼ 코드 멈추기
```

tip `게임끝 ▼ 신호 보내기` 블록은 나중에 숨겨 놓은 글상자를 나타나게 할 때 사용됩니다.

27. ▶ 시작하기 를 눌러 실행해 볼까요? 번개나 벽에 엔트리봇이 닿으면 점수가 저장되고, 엔트리봇이 사라지고, 모든 코드가 멈춰 게임이 끝나는 것을 확인할 수 있습니다.

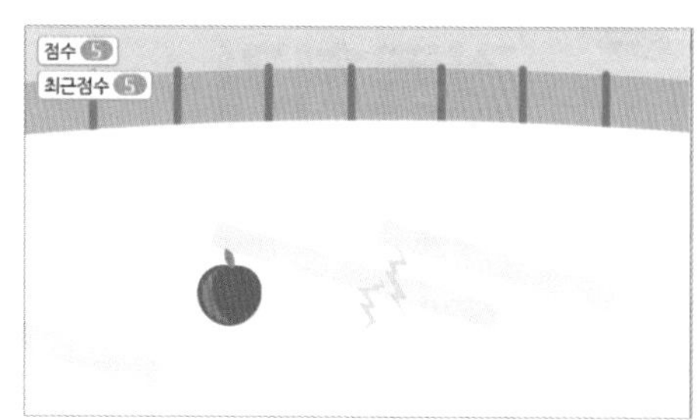

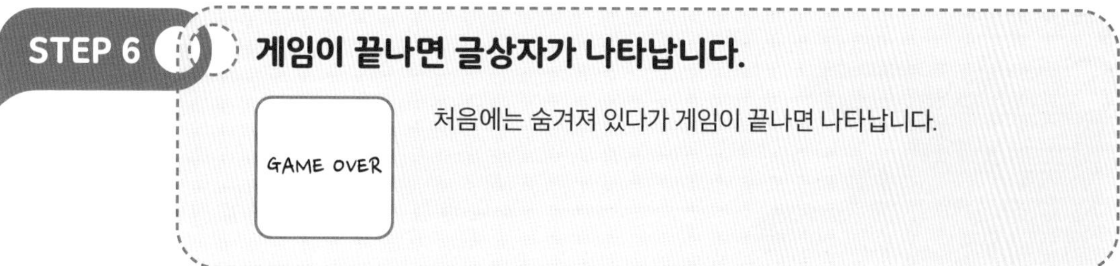

STEP 6
게임이 끝나면 글상자가 나타납니다.
GAME OVER
처음에는 숨겨져 있다가 게임이 끝나면 나타납니다.

28. 게임이 끝나면 'GAME OVER'라는 문장이 나오도록 해봅시다. 4에서 우리는 글상자를 숨겨놓았습니다. 그리고 25에서는 '게임끝'이라는 신호를 만들었습니다. '글상자' 오브젝트를 클릭하고, '게임끝' 신호를 받으면 글상자가 다시 모양을 보이도록 **시작**에서 [게임끝 ▾ 신호를 받았을 때] 블록을, **모양**에서 [모양 보이기] 블록을 가져와 연결합니다.

29. ▶ 시작하기 를 누르고 엔트리봇이 번개나 벽에 닿으면 'GAME OVER' 글상자가 나오는 것을 볼 수 있습니다.

검토하기

완성된 코드를 검토해 봅시다. https://bit.ly/entrycoding11c에 접속하면 전체 코드를 볼 수 있습니다. 놓친 부분은 없는지 천천히 살펴보세요.

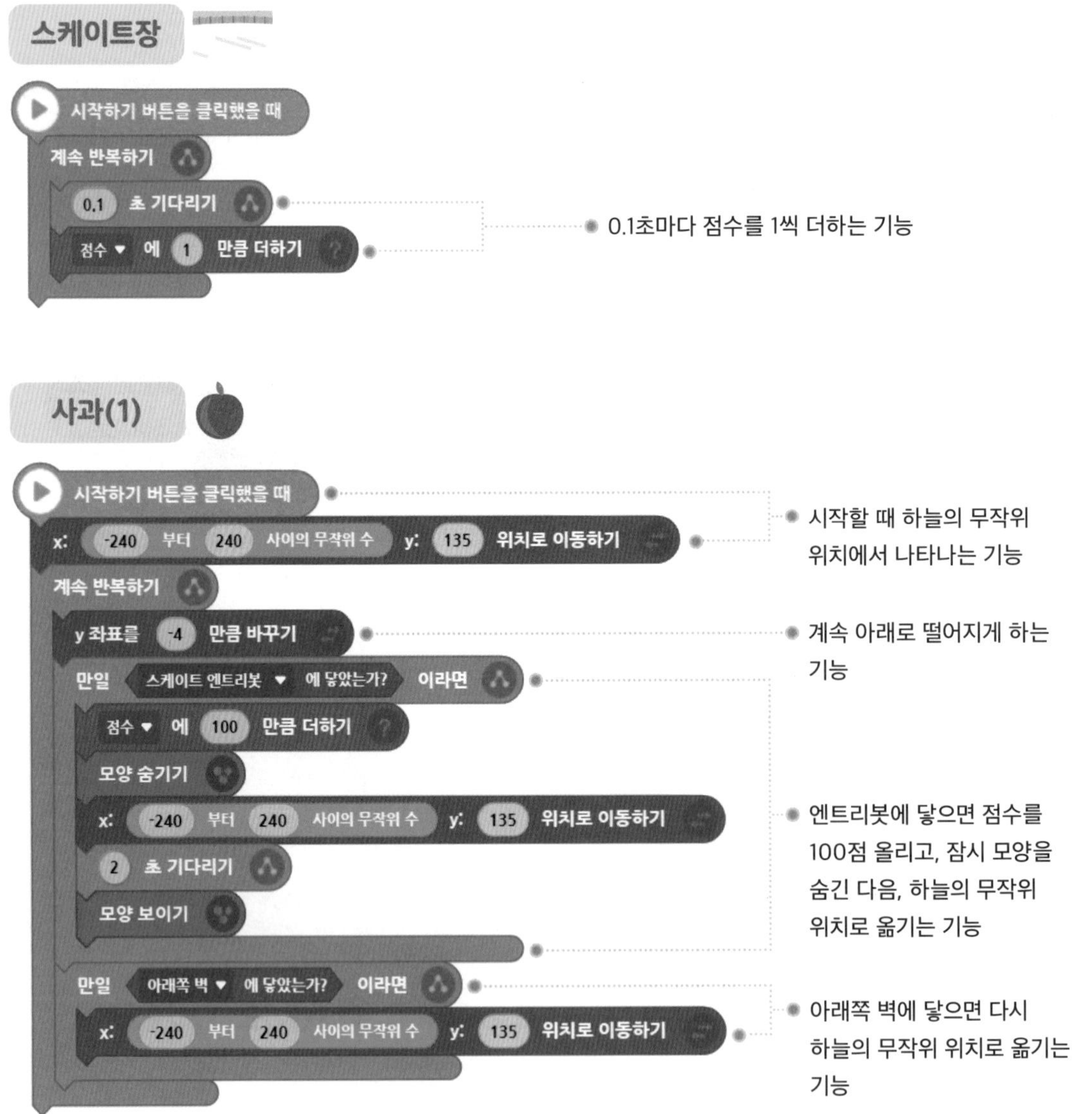

번개(2)

- 시작하면 하늘의 무작위 위치에 나타나고, 아래로 떨어지다가 아래쪽 벽에 닿으면 다시 하늘로 위치를 옮기는 기능

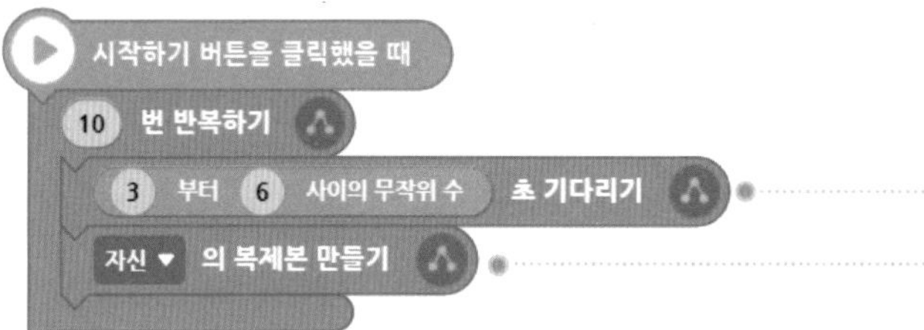

- 3~6초마다 복제본을 만드는 기능

- 복제본이 생성되면 원본과 똑같이 하늘의 무작위 위치에 나타나고, 아래로 떨어지다가 아래쪽 벽에 닿으면 다시 하늘로 위치를 옮기는 기능

스케이트 엔트리봇

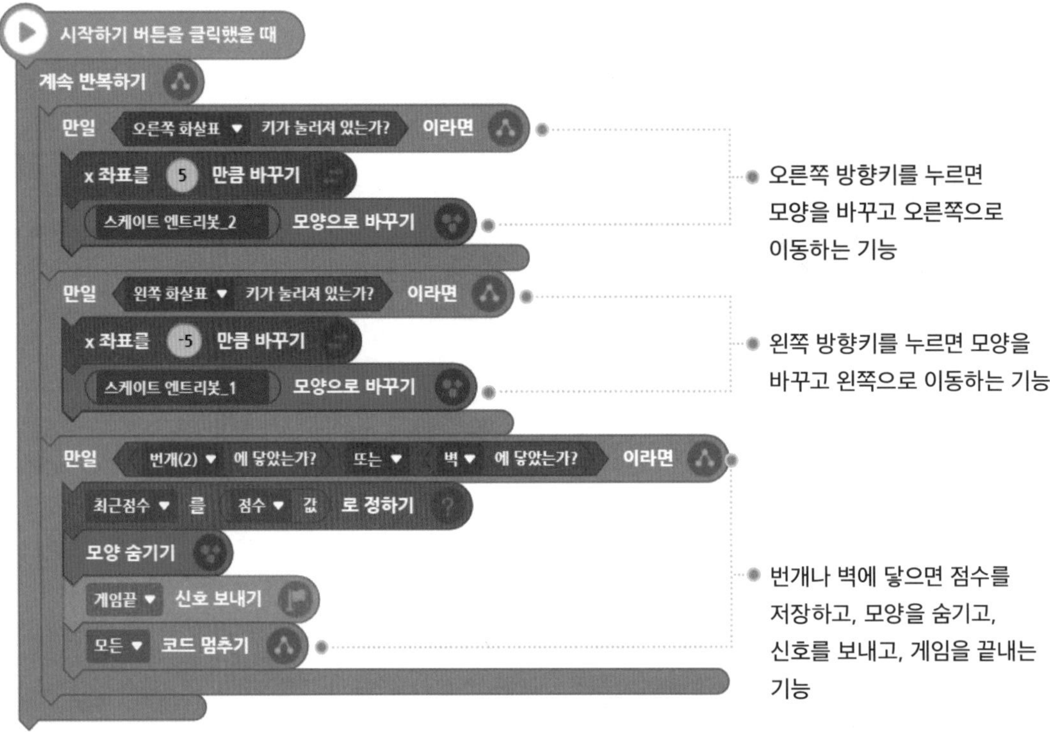

글상자 GAME OVER

더 나아가기

❶ '게임끝' 신호를 받으면 사과와 번개 모양도 사라지게 해봅시다.

❷ 스페이스바를 누르면 1초 동안 무적이 되는 기능을 한 번만 사용할 수 있도록 해봅시다.

게임 융합 이야기

게임과 입력 장치의 만남

지금까지 만든 게임은 '키보드'나 '마우스'로 캐릭터를 컨트롤할 수 있었습니다. 이것 말고도 다른 방식으로 게임을 즐길 수 있을까요? 오락실에 있는 조이스틱만 봐도 다른 장치를 활용해서 게임을 즐길 수 있음을 알 수 있습니다.

조이스틱

컴퓨터는 입력 장치, 출력 장치, 연산 장치, 제어 장치, 기억 장치로 이루어져 있습니다. 이 중 '입력 장치'는 말 그대로 컴퓨터에서 입력을 담당하는 장치입니다. 키보드, 마우스, 조이스틱도 입력 장치에 해당합니다. 입력 장치는 게임에서 캐릭터를 컨트롤하는 데 사용됩니다.

여러 기술이 발달함에 따라 다양한 입력 장치가 나오게 되었고, 이 입력 장치를 활용해서 다양한 방식으로 게임을 즐길 수 있게 되었습니다.

'터치스크린'은 스크린에 손가락이나 펜을 사용해서 입력을 할 수 있는 장치입니다. 스마트폰은 터치스크린을 입력 장치로 사용하는 대표적인 기기입니다. 우리는 스마트폰으로 화면을 터치하면서 다양한 게임을 즐기고 있습니다.

터치스크린

'마이크'는 소리를 입력할 수 있는 장치입니다. 마이크를 사용하여 손가락 없이 목소리로만 할 수 있는 게임도 있습니다. 바로 중국의 샹타이 첸(SHENGTAI CHEN)에서 개발한 스크림 고(Scream Go)라는 게임입니다. 이 게임의 목표는 음표처럼 생긴 캐릭터가 장애물을 점프해서 최대한 멀리 가는 것입니다.

이 게임은 작은 소리를 내면 움직이고 큰 소리를 내면 점프를 합니다. 먼 거리를 뛰어야 할수록 큰 소리를 내야 합니다. 게임이 진행되면 플레이 영상이 목소리와 함께 녹화되어 SNS로 공유할 수도 있습니다.

스크림 고

'카메라'는 실시간으로 영상을 전송할 수 있는 장치입니다. 카메라를 활용해서 몸을 움직이면 그 동작에 따라 특정한 행동을 할 수 있는 게임도 있습니다. 마이크로소프트(MICROSOFT)에서 개발한 키넥트(Kinect)라는 장치는 사람의 동작을 인식합니다. 이 장치에 다양한 게임을 설치해서 즐길 수 있습니다. 대표적인 게임으로 장애물 피하기(reflex ridge)는 화면 속 캐릭터가 열차를 타고 앞으로 나아갑니다. 시간이 지나면 점프를 하거나 몸을 숙여서 피해야 하는 장애물이 나타나고, 실제로 몸을 움직이며 장애물을 피해 가장 멀리 가는 것이 목표인 게임입니다.

장애물 피하기

이처럼 게임은 다양한 입력 장치를 활용하여 즐길 수 있습니다. 입력 장치에 따라 다양한 게임을 만들 수 있습니다. 여러분이 사용하고 싶은 입력 장치는 어떤 것인가요? 그것을 활용하면 어떤 게임을 만들 수 있을까요?

chapter 12

타이핑 게임

학습 목표

리스트를 활용하여 다양한 단어를 입력하는 타이핑 게임 만들기

- **프로그래밍 개념**

  리스트 / 선택 / 반복 / 비교 연산 / 신호

- **엔트리 기능**

  글상자 / 묻고 대답 기다리기 / 초시계 / 무작위 수 / 모양 / 좌표 / 이동하기

난이도 ☆ ☆ ☆ ☆ ☆

● 게임 목표

• 하늘에서 내려오는 단어를 입력해서 최대한 많은 점수를 획득하라!

● 게임 규칙

• 하늘에서 무작위로 단어가 내려옵니다.
• 단어를 입력하면 단어가 사라지고 점수가 올라갑니다.
• 30초가 지나면 게임이 종료됩니다.

키보드

● 게임 살펴보기

https://bit.ly/entrycoding12

장면 1 미리보기

● STEP 3 게임이 시작되면 초시계가 작동하고 30초가 지나면 게임이 끝납니다.

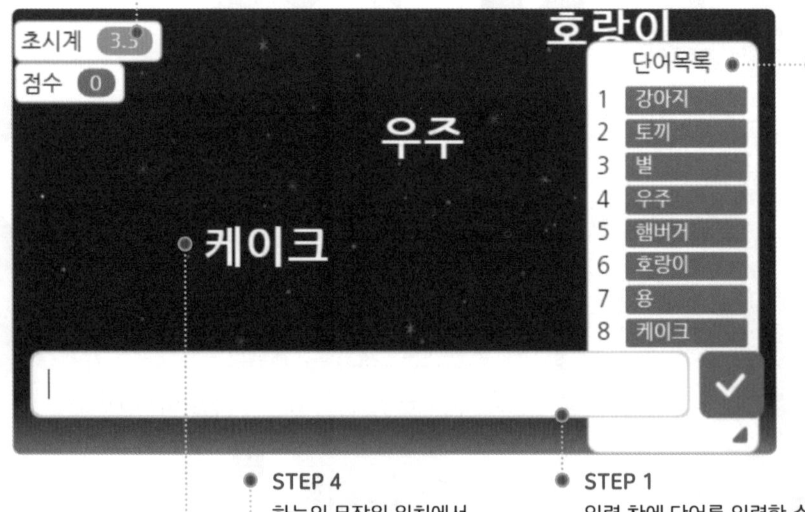

● STEP 2 입력할 단어들이 추가됩니다.

● STEP 4 하늘의 무작위 위치에서 단어가 무작위로 선택되어 아래로 내려옵니다.

● STEP 1 입력 창에 단어를 입력할 수 있습니다.

● STEP 5 단어를 입력하거나 게임이 끝나면 사라집니다.

개념 다지기

리스트—하나의 이름에 여러 가지 값을 저장해요!

앞에서 정보를 저장하고 사용하기 위해 변수를 만들었습니다. 변수를 하나 만들면 하나의 정보만 저장할 수 있습니다. 게임에서 자신이 받은 퀘스트 목록을 보여주는 기능을 만들어야 한다면 퀘스트별로 변수를 만들어야 합니다. 만약 부여받은 퀘스트가 50개라면 50개의 변수를 만들어 하나씩 값을 저장해야 하고, 이렇게 구현하다 보면 시간이 많이 걸립니다. 이럴 때 사용하는 것이 바로 **리스트**입니다. 리스트는 같은 종류의 자료를 모아 놓은 것을 말합니다. 리스트는 하나의 이름 안에 여러 정보를 항목의 번호로 나타냅니다. 리스트를 하나 만들면 그 아래에 여러 정보를 저장해서 사용할 수 있어 많은 양의 정보를 다룰 때 효과적입니다.

변수

리스트

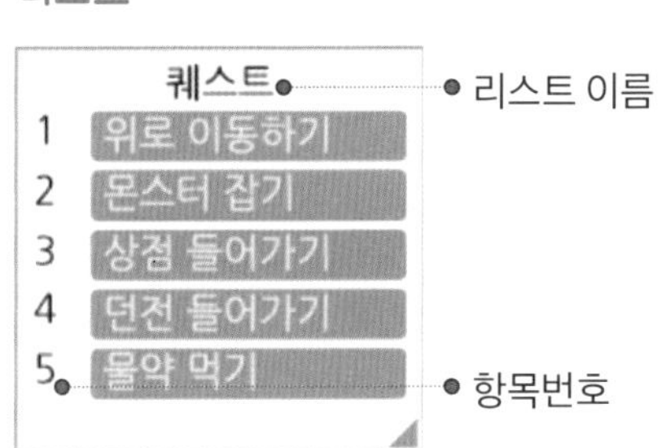

새로운 블록 만나기

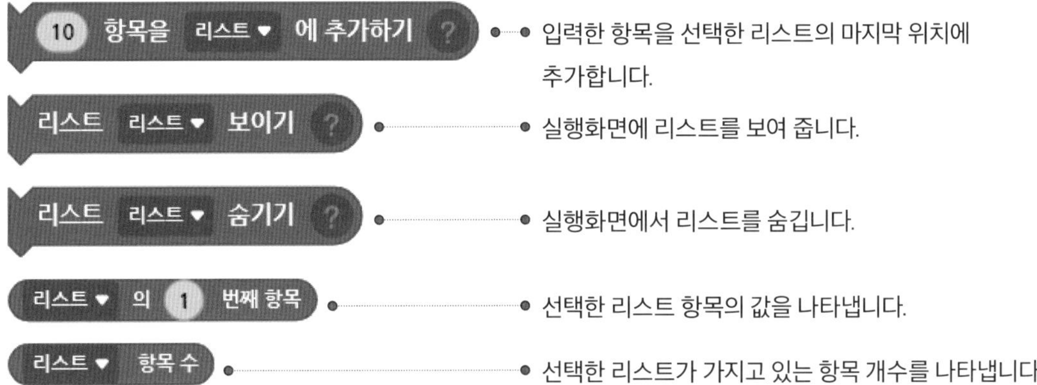

예제

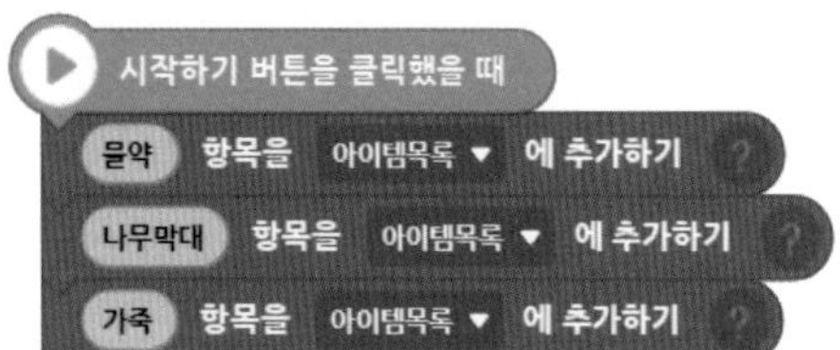

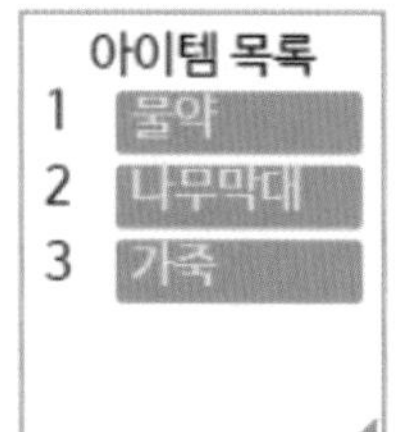

'아이템 목록' 리스트에 세 가지 항목이 순서대로 추가되었습니다. 그림처럼 항목 번호와 항목 이름이 나타납니다.

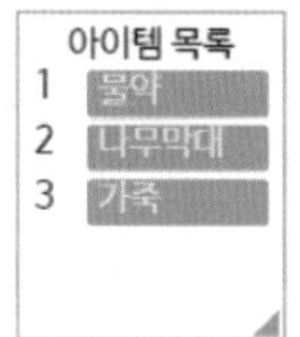

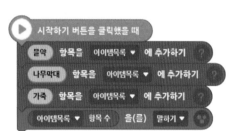

'아이템 목록' 리스트의 항목 수인 '3'을 말합니다.

프로그래밍하기

1. 오브젝트 목록 창에서 '엔트리봇' 오브젝트를 삭제하고, + 오브젝트 추가하기 를 눌러 '결정 버튼, 별 헤는 밤' 오브젝트를 추가합니다.

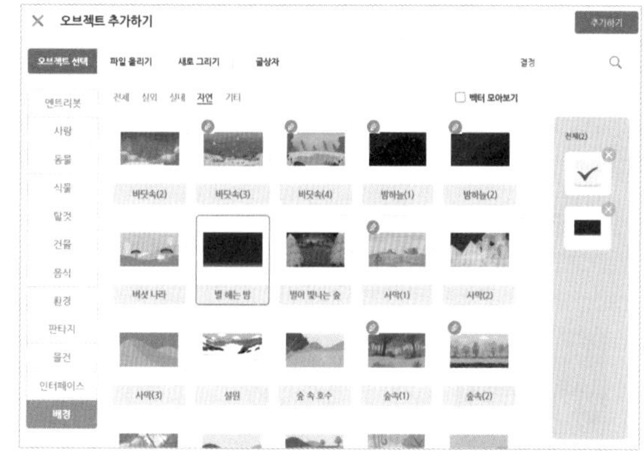

2. + 오브젝트 추가하기 를 다시 누르고 **글상자**를 눌러 '단어' 글상자를 만듭니다. 글꼴은 '나눔고딕체'로, 글 색깔은 '흰색'으로, 글 배경은 '투명'으로 정합니다.

3. 결정 버튼은 화면에서 보이지 않도록 x 좌표를 '1000'으로 고칩니다.

4. **오브젝트 준비하기**를 참고하여 다음과 같이 오브젝트의 위치와 크기를 변경합니다.

오브젝트 준비하기

오브젝트		단어	
이름	결정 버튼	글상자	별 헤는 밤
카테고리	인터페이스	글상자	배경-자연
X	-1000	0	0
Y	0	0	0
크기	100	40	375

STEP 1 **입력 창에 단어를 입력할 수 있습니다.**

입력 창이 계속 떠 있고 단어를 입력하면 '대답'에 단어가 저장됩니다.

5. 게임이 시작되면 입력 창이 계속 떠 있도록 해봅시다. 오브젝트 목록에서 '결정 버튼'을 클릭하고 **시작**에서 [시작하기 버튼을 클릭했을 때] 블록과 **흐름**의 [계속 반복하기] 블록을 가져와 연결합니다. 그 안에는 **자료**에서 [안녕! 을(를) 묻고 대답 기다리기] 블록을 넣습니다. 이 블록을 실행하면 실행화면에 입력 창이 생깁니다.

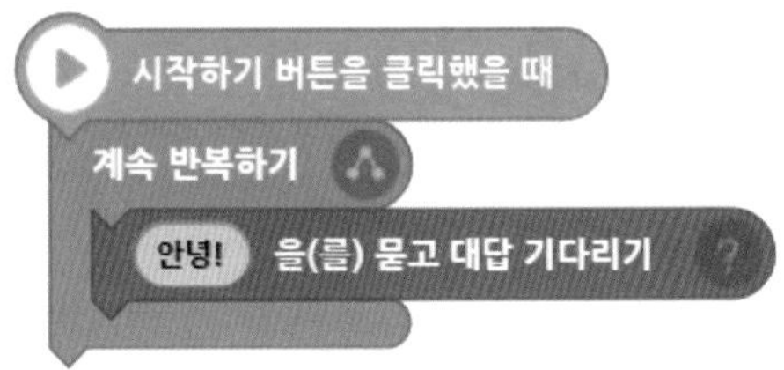

6. [▶ 시작하기] 버튼을 눌러 보면 입력 창이 계속 떠 있는 것을 확인할 수 있습니다. 오브젝트를 보이지 않는 곳에 놓았기 때문에 '안녕!'이라는 말풍선은 보이지 않고 입력 창만 보이게 됩니다. 또한, 단어를 입력하면 '대답' 창에 그 값이 저장되고 계속해서 단어를 입력받습니다. 이 게임에서는 입력 창만 보이면 되므로 5 와 같은 방법으로 코드를 작성하였습니다.

tip 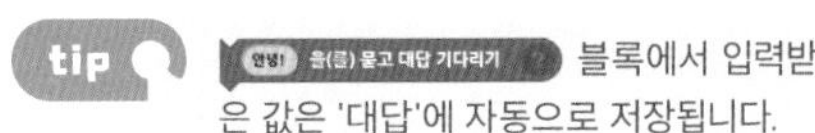 블록에서 입력받은 값은 '대답'에 자동으로 저장됩니다.

7. 대답이 화면에서 보이지 않도록 **자료**에서 [대답 숨기기 ▾] 블록을 가져와 다음과 같이 코드를 작성합니다. 이때 [안녕! 을(를) 묻고 대답 기다리기] 블록에 있는 '안녕!'은 화면에는 나오지 않지만 나중에 코드를 알아보기 쉽도록 '단어'로 수정합니다.

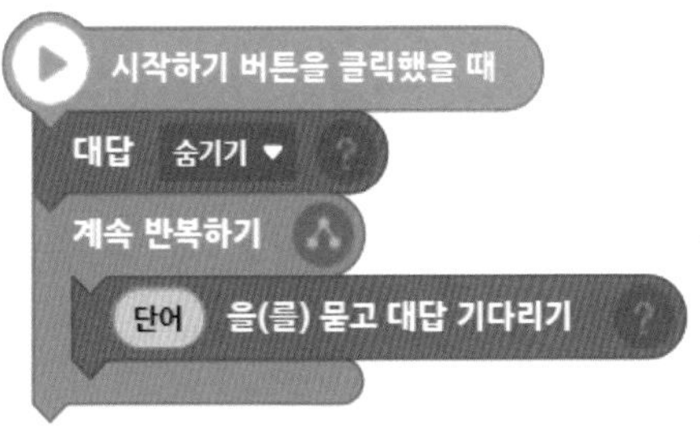

STEP 2 입력할 단어들을 추가합니다.

게임이 시작되면 입력할 단어들을 리스트에 추가합니다.

8. 하늘에서 내려올 단어들을 추가해 봅시다. **속성 ➡ 리스트 ➡ 리스트 추가하기**를 클릭하고, 리스트 이름으로 '단어목록'을 입력한 다음 **리스트 추가** 버튼을 눌러 리스트를 추가합니다.

9. 게임이 시작되면 단어 목록 리스트에 단어를 추가하도록 '별 헤는 밤' 오브젝트를 클릭하고 **시작**에서 [시작하기 버튼을 클릭했을 때] 블록과 **자료**의 [10 항목을 단어목록 ▾ 에 추가하기] 블록을 가져와 연결합니다. 원하는 개수만큼 연결하고 단어를 자유롭게 입력합니다.

10. ▶ 시작하기 를 누르면 '단어목록' 리스트 창에 단어가 추가되는 것을 볼 수 있습니다. 마지막으로 리스트 창을 숨기도록 **자료**에서 리스트 단어목록 ▼ 숨기기 블록을 가져와 연결합니다.

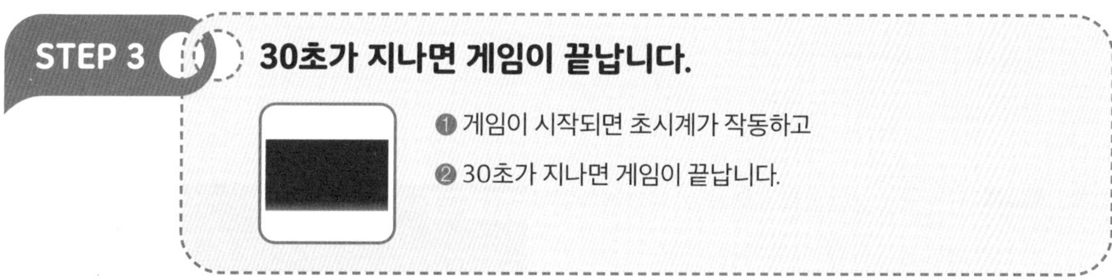

STEP 3
30초가 지나면 게임이 끝납니다.
❶ 게임이 시작되면 초시계가 작동하고
❷ 30초가 지나면 게임이 끝납니다.

11. ▶ 시작하기 버튼을 누르면 초시계가 작동하도록 **시작**에서 시작하기 버튼을 클릭했을 때 블록을 가져오고, **계산**에서 초시계 시작하기 ▼ 블록을 가져와 연결합니다.

12. 초시계가 시작되면 30초 동안 기다리도록 **흐름**에서 [참 이 될 때까지 ▾ 반복하기] 블록을 연결하고 '참'에 **판단**의 [10 > 10] 블록을 넣습니다. 첫 번째 '10'에는 **계산**의 [초시계 값] 블록을, 두 번째 '10'에는 '30'을 넣어 초시계 값이 30보다 클 때까지 기다리도록 합니다.

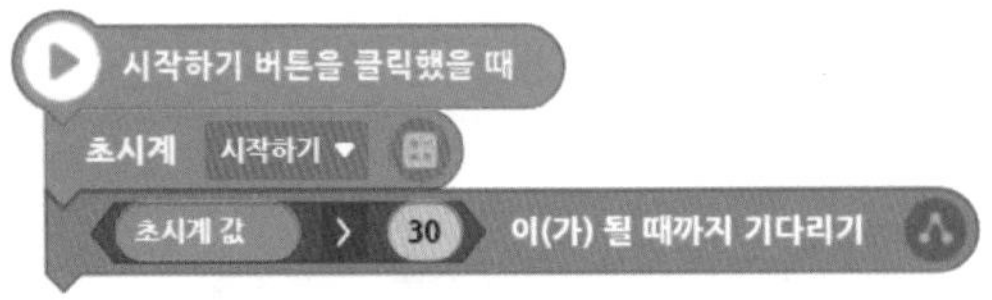

13. 30초가 지나면 게임을 끝내도록 **계산**에서 [초시계 숨기기 ▾] 블록을 가져와 연결합니다. 이어서 **속성 ➡ 신호 ➡ 신호 추가**에서 '게임끝' 신호를 만들고, **시작**에서 [게임끝 ▾ 신호 보내기] 블록을 연결합니다. 마지막으로 **흐름**에서 [모든 ▾ 코드 멈추기] 블록을 연결합니다.

14. [▶ 시작하기]를 누르면 초시계가 동작하고 30초가 지나면 초시계가 사라지는 것을 볼 수 있습니다. [게임끝 ▾ 신호 보내기] 블록과 [모든 ▾ 코드 멈추기] 블록은 지금은 아무런 동작을 하지 않는 것처럼 보이지만 이어서 만들 코드에 영향을 미치게 됩니다.

STEP 4 단어가 무작위로 내려옵니다.

단어

❶ 단어 글상자가 계속 복제됩니다.
❷ 복제된 글상자가 하늘의 무작위 위치에서 나타납니다.
❸ 글상자에 단어가 무작위로 선택되고 아래로 내려옵니다.
❹ 아래쪽 벽에 닿으면 점수가 줄어들고 단어가 사라집니다.

15. ▶ 시작하기 버튼을 누르면 단어가 계속 복제되도록 글상자를 클릭하고 **시작**에서 [시작하기 버튼을 클릭했을 때] 블록을 가져오고, 원본 모양을 숨기기 위해 **생김새**에서 [모양 숨기기] 블록을 가져와 연결합니다. 이어서 **흐름**의 [계속 반복하기], [2 초 기다리기], [자신 ▾ 의 복제본 만들기], **계산**의 [0 부터 10 사이의 무작위 수] 블록을 가져와 다음과 같이 코드를 작성합니다. 이렇게 코드를 작성하면 1~2초마다 글상자의 복제본이 생성됩니다.

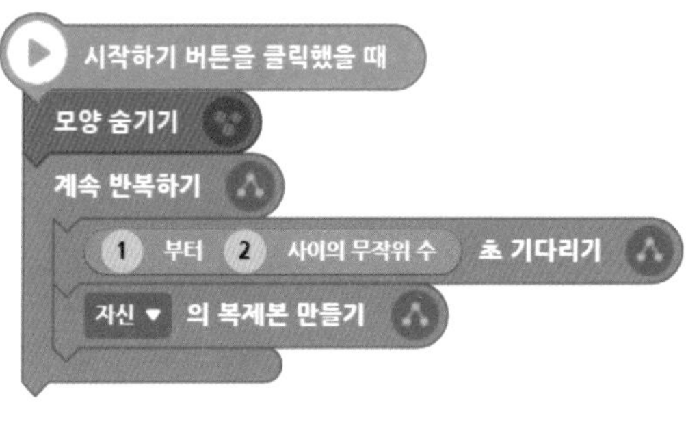

16. 복제본이 생성되면 하늘의 무작위 위치에서 나타나도록 **흐름**에서 [복제본이 처음 생성되었을때] 블록과 **움직임**의 [x: 0 y: 0 위치로 이동하기] 블록을 연결하고, 첫 번째 '0'에는 **계산**의 [0 부터 10 사이의 무작위 수]를 가져와 -200부터 200 사이의 값이 나오도록 고치고, 두 번째 '0'에는 '135'를 입력합니다.

17. 복제된 글상자의 단어가 단어목록 리스트에서 무작위로 선택되도록 해봅시다. **속성 ➡ 변수 ➡ 변수 추가하기**를 눌러 '단어' 변수를 추가합니다. 이때 '이 오브젝트에서 사용'을 선택합니다. 이 기능을 사용하면 복제본마다 '단어'라는 변수가 만들어져서 각각의 변수에 무작위로 뽑은 단어를 저장할 수 있습니다.

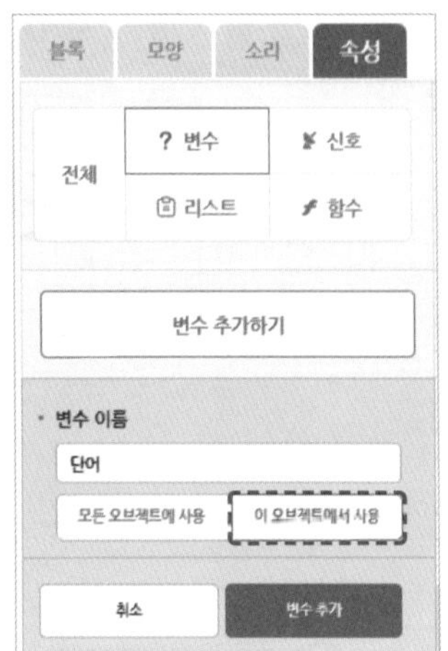

18. 이어서 **자료**에서 [단어 ▾ 를 10 로 정하기] 블록을 가져와 '10'에는 **자료**의 [단어목록 ▾ 의 1 번째 항목] 블록을 넣고, '1'에는 **계산**의 [0 부터 10 사이의 무작위 수] 블록을 넣습니다. 마지막으로 '0'은 '1'로 고치고 '10'에는 [단어목록 ▾ 항목 수] 블록을 넣어 단어목록 리스트 중 하나를 무작위로 뽑아 '단어' 변수에 저장하는 코드를 완성합니다.

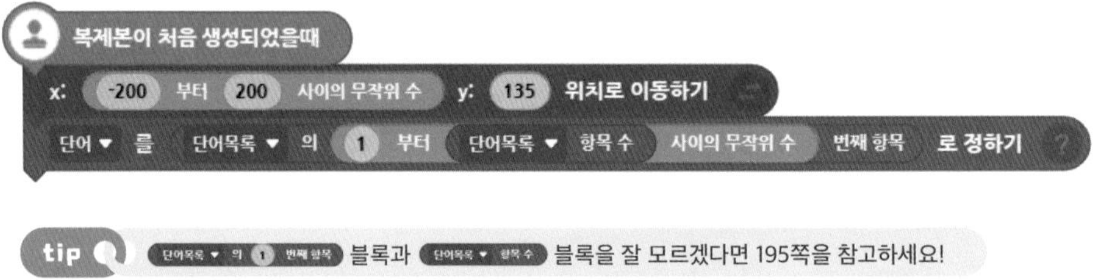

tip [단어목록 ▾ 의 1 번째 항목] 블록과 [단어목록 ▾ 항목 수] 블록을 잘 모르겠다면 195쪽을 참고하세요!

19. 뽑힌 단어를 나타내기 위해 **글상자**의 [엔트리 라고 글쓰기] 블록에 **자료**의 [단어 ▾ 값] 블록을 넣습니다. 그리고 숨겨졌던 모양이 보이도록 **생김새**에서 [모양 보이기]를 연결합니다.

복제본이 처음 생성되었을때
x: -200 부터 200 사이의 무작위 수 y: 135 위치로 이동하기
단어 ▾ 를 단어목록 ▾ 의 1 부터 단어목록 ▾ 항목 수 사이의 무작위 수 번째 항목 로 정하기
단어 ▾ 값 라고 글쓰기
모양 보이기

20. 아래쪽 벽에 닿을 때까지 단어가 아래로 떨어지도록 **흐름**에서 [참 이 될 때까지 ▼ 반복하기] 를 가져와 '[참]'에는 [마우스포인터 ▼ 에 닿았는가?] 블록을 넣고 '마우스포인터'를 '아래쪽 벽'으로 바꿉니다. 안에는 **움직임**에서 [y 좌표를 10 만큼 바꾸기] 블록을 연결하고 '10'을 '-1'로 바꿉니다.

```
복제본이 처음 생성되었을때
  x: (-200 부터 200 사이의 무작위 수) y: 135 위치로 이동하기
  단어 ▼ 를 단어목록 ▼ 의 (1 부터 단어목록 ▼ 항목 수 사이의 무작위 수) 번째 항목 로 정하기
  단어 ▼ 값 라고 글쓰기
  모양 보이기
  아래쪽 벽 ▼ 에 닿았는가? 이 될 때까지 ▼ 반복하기
    y 좌표를 -1 만큼 바꾸기
```

21. 만약 글상자가 아래쪽 벽에 닿으면 점수가 10점씩 줄어들게 해봅시다. **속성 ➡ 변수 ➡ 변수 추가하기**를 눌러 '점수' 변수를 만들고, **자료**에서 [점수 ▼ 에 10 만큼 더하기] 블록을 가져와 연결합니다. '10'은 '-10'으로 바꿉니다. 또 아래쪽 벽에 닿으면 복제본을 삭제하도록 **흐름**에서 [이 복제본 삭제하기] 블록을 가져와 연결합니다.

```
복제본이 처음 생성되었을때
  x: (-200 부터 200 사이의 무작위 수) y: 135 위치로 이동하기
  단어 ▼ 를 단어목록 ▼ 의 (1 부터 단어목록 ▼ 항목 수 사이의 무작위 수) 번째 항목 로 정하기
  단어 ▼ 값 라고 글쓰기
  모양 보이기
  아래쪽 벽 ▼ 에 닿았는가? 이 될 때까지 ▼ 반복하기
    y 좌표를 -1 만큼 바꾸기
  점수 ▼ 에 -10 만큼 더하기
  이 복제본 삭제하기
```

22. ▶ 시작하기 를 누르면 글상자의 단어와 위치가 무작위로 선택되어 내려오는 것을 볼 수 있습니다. 하지만 아직은 단어를 입력해도 아무런 반응이 없습니다.

STEP 5 게임이 끝나면 단어들이 사라집니다.

단어

❶ 단어를 입력하면 점수가 올라가고 단어가 사라집니다.

❷ 게임이 끝나면 단어가 사라집니다.

23. 단어를 입력하면 단어가 사라지도록 글상자를 클릭하고, **흐름**에서 `복제본이 처음 생성되었을때`, `계속 반복하기`, `만일 참 이라면` 블록을 가져와 조건을 계속 확인하는 코드를 만듭니다. `참`에는 **판단**에서 `10 = 10` 블록을 가져와 '10'에는 각각 `대답` 블록과 `단어 ▾ 값` 블록을 넣어 선택된 단어와 입력한 값이 같은지 판단합니다.

```
복제본이 처음 생성되었을때
계속 반복하기
  만일 < 대답 = 단어 ▾ 값 > 이라면
```

24. 단어를 제대로 입력했다면 점수를 올리고 복제본을 삭제하도록 **자료**의 `점수 ▾ 에 10 만큼 더하기` 블록과 **흐름**의 `이 복제본 삭제하기` 블록을 가져와 다음과 같이 코드를 완성합니다.

```
복제본이 처음 생성되었을때
계속 반복하기
  만일 < 대답 = 단어 ▾ 값 > 이라면
    점수 ▾ 에 10 만큼 더하기
    이 복제본 삭제하기
```

25. 13에서 30초가 지나면 게임을 끝내도록 '게임끝'이라는 신호를 만들었습니다. 글상자 오브젝트가 이 신호를 받으면 모양을 숨기도록 **시작**에서 [게임끝 ▼ 신호를 받았을 때] 블록과 **생김새**의 [모양 숨기기] 블록을 가져와 연결합니다.

26. [▶ 시작하기]를 눌러 작품을 실행해 보세요. 입력 창에 단어를 입력하면 점수가 올라가고 단어는 사라집니다. 그리고 30초가 지나면 모든 단어가 사라지는 것을 볼 수 있습니다.

검토하기

완성된 코드를 검토해 봅시다. https://bit.ly/entrycoding12c에 접속하면 전체 코드를 볼 수 있습니다. 놓친 부분은 없는지 천천히 살펴보세요.

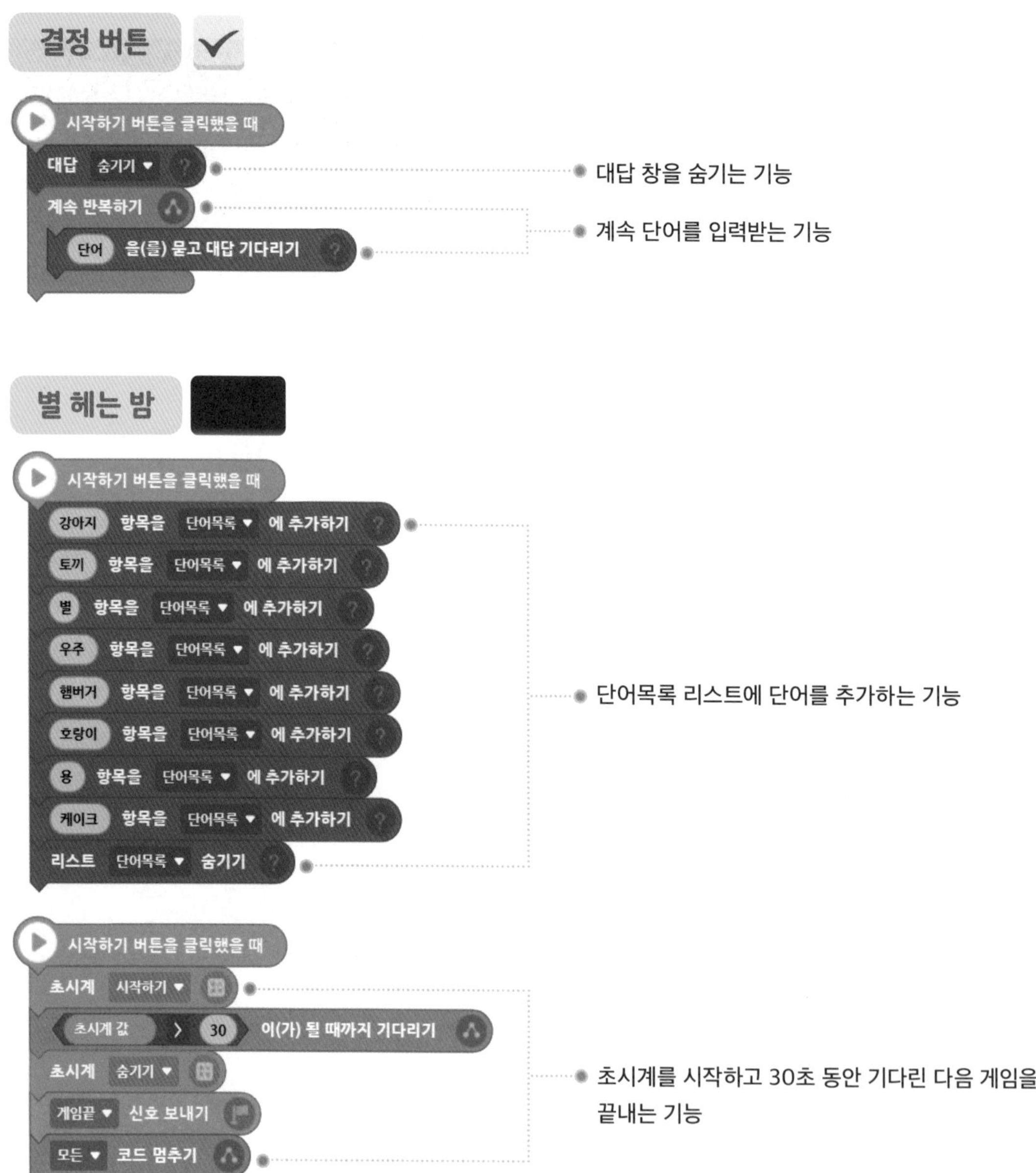

글상자 단어

시작하기 버튼을 클릭했을 때
모양 숨기기
계속 반복하기
1 부터 2 사이의 무작위 수 초 기다리기
자신 의 복제본 만들기
원본 모양을 숨기는 기능
1~2초마다 복제본을 만드는 기능
복제본이 처음 생성되었을때
x: -200 부터 200 사이의 무작위 수 y: 135 위치로 이동하기
단어 를 단어목록 의 1 부터 단어목록 항목 수 사이의 무작위 수 번째 항목 로 정하기
단어 값 라고 글쓰기
모양 보이기
아래쪽 벽 에 닿았는가? 이 될 때까지 반복하기
y 좌표를 -1 만큼 바꾸기
점수 에 -10 만큼 더하기
이 복제본 삭제하기
복제되면 무작위 위치로 이동하는 기능
'단어목록'에서 무작위로 단어를 선택해서 '단어' 변수에 저장하는 기능
'단어' 변수의 내용을 글상자에 쓰는 기능
단어를 아래로 내려오게 하는 기능
아래쪽 벽에 닿으면 점수를 줄이고, 복제본을 삭제하는 기능
복제본이 처음 생성되었을때
계속 반복하기
만일 대답 = 단어 값 이라면
점수 에 10 만큼 더하기
이 복제본 삭제하기
입력한 단어와 선택된 단어가 같으면 점수를 올리고, 복제본을 삭제하는 기능
게임끝 신호를 받았을 때
모양 숨기기
30초가 지나서 '게임끝' 신호를 받으면 모양을 숨기는 기능

더 나아가기

❶ 점수가 0보다 작아지면 게임이 끝나도록 해봅시다.

❷ 10초마다 단어가 떨어지는 속도가 점점 더 빨라지게 해봅시다.

게임 융합 이야기

게임과 직업의 만남

게임은 누가 만드는 것일까요? 우리는 보통 게임을 게임 프로그래머가 만든다고 생각할 때가 많습니다. 하지만 규모가 큰 게임은 프로그래머 혼자서 만들지 못합니다. 게임을 만들기 위해서는 프로그래머뿐만 아니라 디자이너, 기획자, 테스터 등 다양한 영역의 사람이 필요합니다. 어떤 사람들이 게임을 함께 만드는지 살펴봅시다.

게임 스토리 작가는 게임의 이야기를 만드는 사람으로 게임의 배경, 등장인물, 인물 간의 갈등과 관련된 이야기를 만듭니다. 이 이야기들은 퀘스트 내용, 몬스터와 아이템 이름, 장소 이름처럼 게임 곳곳에 적용됩니다. 좋은 게임을 만들려면 좋은 이야기가 있어야 합니다. 우리가 즐기는 큰 규모의 게임은 이런 이야기들이 잘 갖춰져 있습니다.

게임 기획자는 게임 속 규칙과 목표를 만드는 사람입니다. 캐릭터의 스킬, 아이템의 가격, 몬스터의 체력과 공격력을 정하는 것도 게임 기획자의 일입니다. 게임 기획자는 게임이 너무 쉽거나 어렵지 않도록 또는 특정한 캐릭터에게만 유리하지 않도록 규칙을 정하기도 합니다. 또 언제 레벨이 오르고 언제 게임이 끝나는지도 결정합니다. 이를 위해서는 통계 같은 수학 지식도 필요합니다.

게임 그래픽 디자이너는 게임에 등장하는 모든 그림을 그리는 사람입니다. 게임 속에 등장하는 캐릭터, 배경, 아이템 디자인뿐만 아니라 게임 화면 디자인도 이들이 담당합니다. 게임의 이야기와 분위기에 맞게 그림을 그려야 하므로 게임 스토리 작가와도 많은 이야기를 나눕니다.

게임 사운드 디자이너는 게임의 배경음악과 효과음을 만드는 사람입니다. 필요하면 직접 배경음악과 효과음을 녹음하기도 합니다. 또 각각의 음악을 언제 어떻게 게임에서 들려줄 것인지도 고민합니다.

게임 테스터는 게임을 출시하기 전에 미리 게임을 해보며 오류가 없는지 확인하는 사람입니다. 이들은 게임을 하다가 오류를 발견하면 기획자와 개발자에게 알려서 수정을 요청하기도 합니다. 또 게임의 난이도는 어떤지, 특정 직업이나 캐릭터에게만 유리하지는 않은지 테스트하는 것도 테스터의 일입니다.

게임 운영자는 게임이 출시되면 게임을 운영하는 사람입니다. 유저 게시판이나 게임 속에서 유저들의 반응, 의견, 건의사항을 듣고 반영하기 위해 노력합니다. 게임 운영자는 테스터 역할을 함께 하기도 합니다.

게임 프로그래머는 앞서 다양한 사람들이 만든 문서를 토대로 프로그래밍을 해서 게임을 구현하는 사람입니다. 이들은 다양한 프로그래밍 언어를 통해 게임 프로그램을 개발합니다.

이처럼 게임은 프로그래머 혼자서 만드는 것이 아니라 다양한 사람들이 함께 만드는 것입니다. 여러분은 게임과 관련된 직업 중 어떤 분야에 관심이 있나요?

chapter 13

엔트리런

학습 목표

함수를 활용하여 엔트리런 게임 만들기

• **프로그래밍 개념**

함수 / 반복 / 선택 / 비교 연산 / 변수

• **엔트리 기능**

복제본 / 글상자 / 무작위 수 / 좌표 / 이동하기 / 모양 / 합치기

난이도 ☆ ☆ ☆ ☆ ☆

게임 목표

- 회오리와 그루터기를 피하고 동전을 먹으며 최대한 많은 점수를 얻어라!

게임 규칙

스페이스바

- 스페이스바를 누르면 점프를 합니다.
- 시간이 지나거나 동전을 먹으면 점수가 오릅니다.
- 회오리와 그루터기에 닿으면 게임이 끝납니다.
- 회오리와 그루터기는 오른쪽에서 나와 왼쪽으로 이동합니다.

게임 살펴보기

https://bit.ly/entrycoding13

장면 1 미리보기

- STEP 2 점수가 실시간으로 나타납니다.

- STEP 1 배경이 움직이면서 점수가 올라갑니다.
- STEP 3 엔트리봇이 달리다가 스페이스바를 누르면 점프를 합니다.
- STEP 5 화면 오른쪽에서 나타나서 왼쪽으로 이동하며, 엔트리봇에 닿으면 점수가 올라갑니다.
- STEP 4 화면 오른쪽에서 나타나서 왼쪽으로 이동하며, 엔트리봇에 닿으면 게임이 끝납니다.

개념 다지기

함수 — 반복해서 사용하는 코드를 간단하게 만들어요!

게임을 만들다 보면 자주 쓰이는 코드가 있습니다. 그런 코드를 매번 새로 만들면 시간이 많이 듭니다. 자주 쓰는 코드를 묶어서 하나의 블록 묶음으로 만들어 새로운 이름을 붙이면, 필요할 때마다 쉽게 불러올 수 있습니다. 이를 함수라 합니다. **함수**는 특정 코드들을 묶어서 하나의 블록으로 사용하기로 약속한 것을 말합니다. 함수는 자주 쓰는 코드를 재사용하거나 일반적인 코드를 만들 때 사용합니다. 여기서는 함수를 만들어 보면서 함수의 개념을 익혀 보겠습니다. 함수는 블록 꾸러미의 **속성** 탭에서 만들 수 있습니다. **함수 추가하기**를 클릭하면 블록 조립소에 [함수 정의하기 함수] 블록과 함께 투명한 창이 나타납니다. 이곳에서 함수를 정의할 수 있습니다.

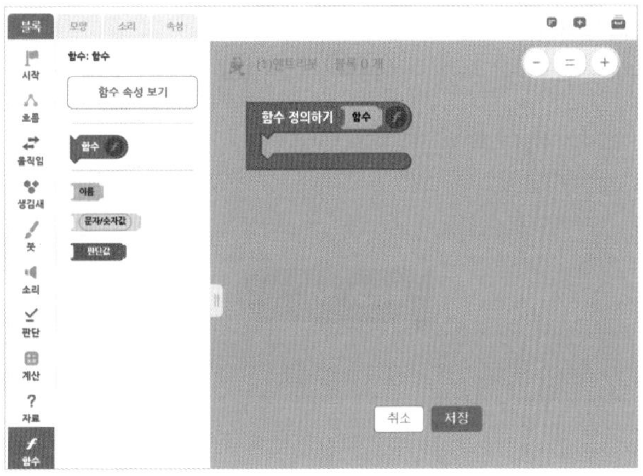

[함수 정의하기 함수]에서 [함수]를 클릭해 '앞으로 가기'라 수정해 보세요. 함수 카테고리에 [앞으로 가기] 블록이 만들어진 것을 볼 수 있습니다.

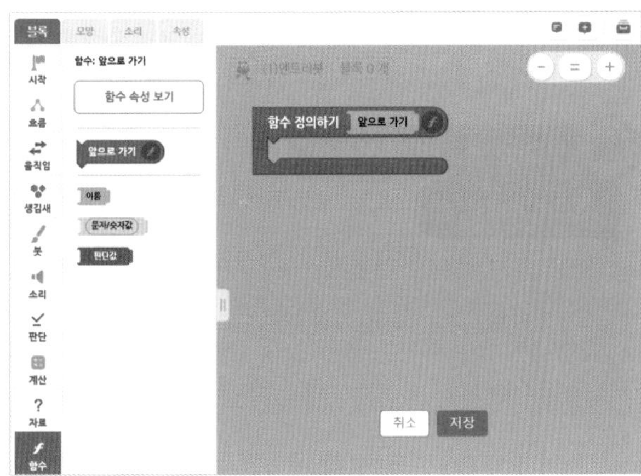

'앞으로 가기'라는 이름에 알맞는 함수를 정의하기 위해 다음과 같이 블록을 만들고 **확인** 버튼을 누릅니다.

이와 같이 함수를 정의하면 'x좌표를 5만큼 바꾸기를 10번 반복하는 코드'는 다음과 같이 함수 블록 하나로 사용할 수 있습니다.

이처럼 자주 쓰는 코드를 하나의 블록(함수)으로 묶어서 사용할 수 있습니다.

예제

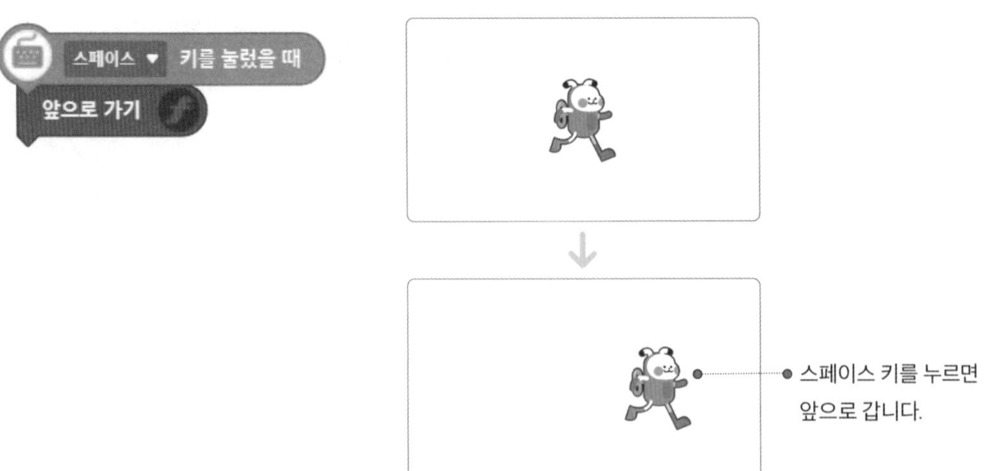

프로그래밍하기

1. 오브젝트 목록 창에서 [+ 오브젝트 추가하기]를 눌러 '동전, 그루터기, 회오리바람(1), 숲속(1)' 오브젝트를 추가합니다. 숲속(1) 오브젝트는 2개를 추가합니다. 이번에는 '(1)엔트리봇' 오브젝트도 사용할 거예요.

2. [+ 오브젝트 추가하기]와 **글상자**를 눌러 '점수' 글상자를 만듭니다. 글꼴은 '나눔손글씨'로, 글 색깔은 '흰색'으로, 글 배경은 '투명'으로 정합니다.

3. 다음과 같이 오브젝트의 위치와 크기를 변경합니다. 자세한 위치와 크기는 **오브젝트 준비하기**를 확인합니다.

오브젝트 준비하기

오브젝트					점수		
이름	(1)엔트리봇	동전	그루터기	회오리바람(1)	글상자	숲속(1)	숲속(1)1
카테고리	엔트리봇	물건-생활	물건-기타	환경-자연	글상자	배경-자연	배경-자연
X	-200	0	0	0	0	0	0
Y	-105	-20	-120	-110	80	0	0
크기	50	30	40	50	30	375	375

STEP 1 **배경이 움직이고 점수가 올라갑니다.**

❶ 숲속(1)은 왼쪽으로 움직이다가 x좌표가 -480이 되면 좌푯값을 480으로 바꿉니다.

❷ 숲속(1)1은 x좌표가 480에서 시작하며, 왼쪽으로 움직이다가 x좌표가 -480이 되면 좌푯값을 480으로 바꿉니다.

❸ 0.1초마다 점수가 1점씩 올라갑니다.

4. '숲속(1)'을 클릭하고 **시작**에서 [시작하기 버튼을 클릭했을 때] 와 **흐름**의 [계속 반복하기] 를 연결합니다. 배경을 왼쪽으로 움직이도록 **움직임**에서 [x 좌표를 10 만큼 바꾸기] 블록을 넣고 '10'을 '-3'으로 바꿉니다.

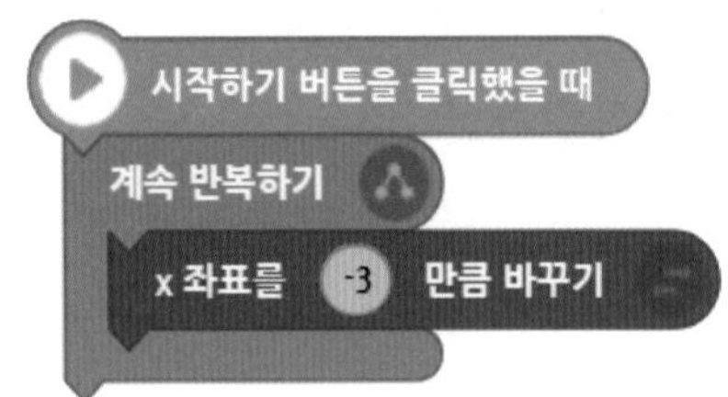

5. 배경이 실행화면을 완전히 벗어났을 때, 즉 x좌표가 -480이 되었을 때 x값을 480으로 정하도록 **흐름**에서 [만일 참 이라면] 블록을 가져와 [참]에 **판단**의 [10 ≤ 10]을 넣은 뒤, 첫 번째 '10'에는 **계산**의 [회오리바람(1) ▼ 의 x 좌푯값 ▼] 값을 넣고, 왼쪽의 드롭다운 버튼을 눌러 '자신'으로 바꿉니다. 두 번째 '10'에는 '-480'을 입력합니다. 그리고 **움직임**에서 [x: 10 위치로 이동하기] 블록을 가져와 '10'을 '480'으로 바꿉니다.

개념 톡톡

자연스럽게 흘러가는 배경 효과

배경이 자연스럽게 왼쪽으로 흘러가듯 보이는 효과는 두 개의 배경을 가지고 만들 수 있습니다. 처음에는 그림 ①처럼 배경2의 x좌표를 480으로 정해서 두 배경이 연결되도록 합니다.

그다음으로 두 배경을 왼쪽으로 움직이게 합니다. 그러면 ②와 같이 두 배경이 붙어서 함께 이동합니다.

그러다가 ③처럼 배경2가 실행화면 가운데에 오게 되고 배경1이 실행화면에서 완전히 벗어나게 됩니다. 이때 배경1의 x좌표는 -480이 됩니다.

배경1의 x좌표가 -480이 되면 ④와 같이 x좌표를 480으로 정해서 배경2의 오른쪽으로 붙게 합니다.

이를 반복하면 배경이 계속 흘러가는 효과를 표현할 수 있습니다.

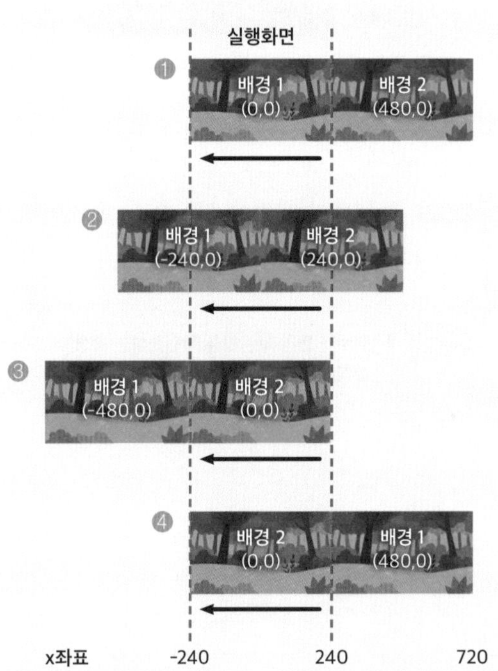

6. 두 번째 배경인 '숲속(1)1'을 클릭하고, x좌표를 480으로 정하기 위해 **움직임**에서 [x: 10 위치로 이동하기] 블록을 가져와 '10'을 '480'으로 바꿉니다. 배경을 왼쪽으로 움직이는 기능은 숲속(1)과 똑같습니다. **5**를 참고하여 다음과 같이 코드를 작성해 보세요.

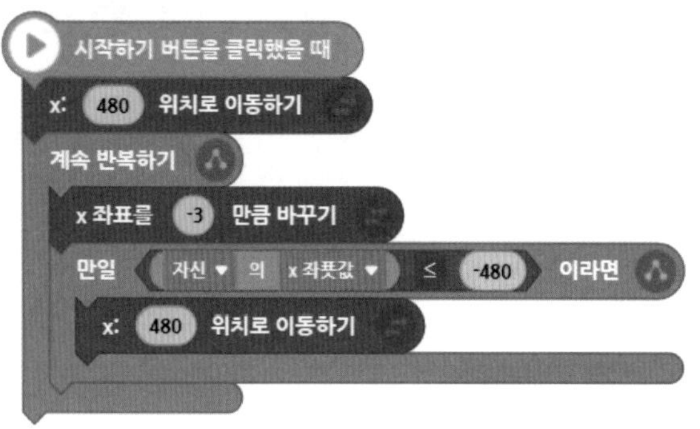

7. 이제 0.1초마다 점수가 1씩 올라가게 해 봅시다. 먼저 '점수' 변수를 만듭니다. 숲속(1)1을 선택하고 **시작**에서 [시작하기 버튼을 클릭했을 때] 블록과 **흐름**의 [계속 반복하기]를 연결합니다. **흐름**의 [2 초 기다리기] 블록을 넣고 '2'를 '0.1'로 바꿉니다. 점수를 올리기 위해 **자료**에서 [점수 에 10 만큼 더하기] 블록을 연결하고 '10'은 '1'로 바꿉니다.

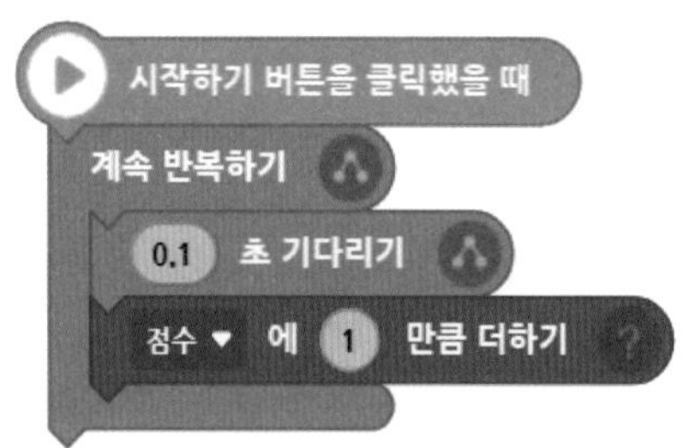

8. [▶ 시작하기]를 누르면 배경이 왼쪽으로 움직이며 점수가 올라가는 것을 볼 수 있습니다.

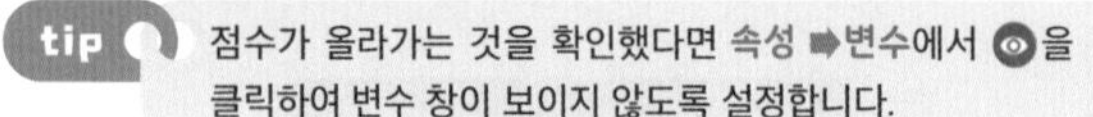

tip
점수가 올라가는 것을 확인했다면 속성 ➡ 변수에서 ◉을
클릭하여 변수 창이 보이지 않도록 설정합니다.

STEP 2 점수를 실시간으로 보여줍니다.

점수

게임이 시작되면 점수 값이 글상자에 계속 나타납니다.

9. 게임이 시작되면 점수 변수 값을 글상자에 계속 나타나게 해 봅시다. '글상자' 오브젝트를 선택하고 **시작**에서 [시작하기 버튼을 클릭했을 때] 블록과 **흐름**의 [계속 반복하기] 블록을 연결합니다. 그 아래에 **글상자**의 [엔트리 라고 글쓰기] 블록을 넣고 '엔트리'에 **계산**의 [안녕! 과(와) 엔트리 를 합치기] 블록을 넣습니다. 합치기 블록의 '안녕!'과 '엔트리' 부분에는 '점수 :'와 **자료**의 [점수 ▾ 값] 블록을 차례로 넣어 다음과 같이 코드를 완성합니다.

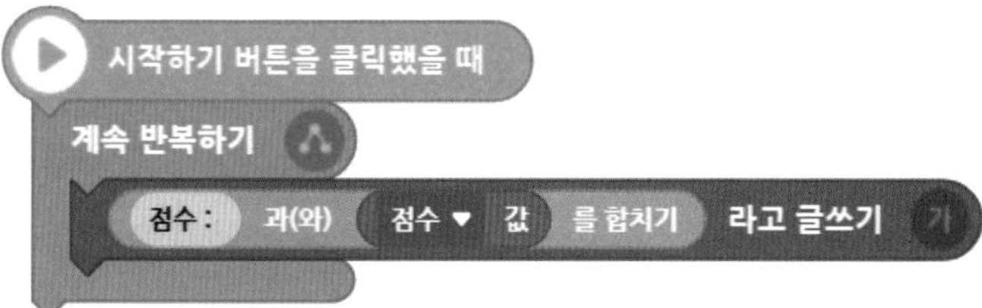

10. [▶ 시작하기] 를 누르면 점수가 실행화면에 계속 보이는 것을 확인할 수 있습니다.

STEP 3 스페이스바를 누르면 엔트리봇이 점프를 합니다.

❶ 엔트리봇이 제자리에서 모양을 바꾸며 달리는 효과를 냅니다.

❷ 스페이스바를 누르면 위로 올라갔다가 다시 내려옵니다.

11. 게임이 시작되면 엔트리봇이 달려가는 효과를 내 봅시다. 엔트리봇을 선택하고 **시작**에서 [시작하기 버튼을 클릭했을 때] 블록과 **흐름**의 [계속 반복하기] 블록을 연결합니다. 그 안에는 **생김새**에서 [다음 ▼ 모양으로 바꾸기] 블록과 **흐름**의 [2 초 기다리기] 블록을 넣고, '2'는 '0.3'으로 바꿉니다. 이렇게 코드를 작성하면 엔트리봇이 제자리에서 모양을 계속 바꾸게 됩니다. 하지만 배경이 움직이기 때문에 달려가는 착시효과가 납니다.

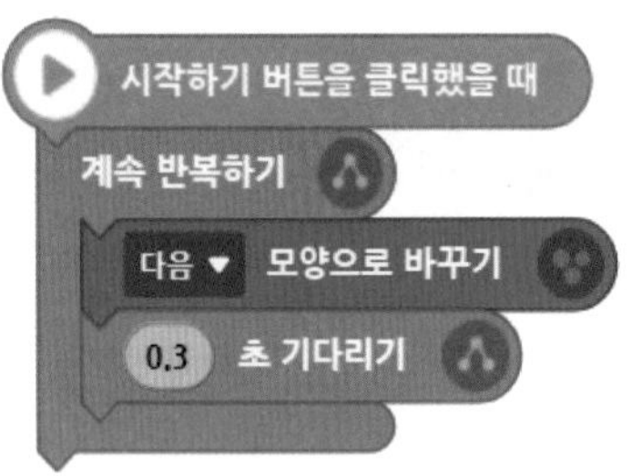

12. 이제 스페이스바를 누르면 점프했다가 아래로 내려오게 해 봅시다. 먼저 **속성 ➡ 변수 ➡ 변수 추가하기**를 눌러 '높이변화' 변수를 만듭니다. 높이변화 변수 창은 화면에 등장하지 않도록 **시작**에서 [시작하기 버튼을 클릭했을 때] 블록을 가져오고, **자료**에서 [변수 높이변화 ▼ 숨기기] 블록을 가져와 연결합니다. 이어서 엔트리봇의 높이를 변화시키기 위해 **흐름**에서 [계속 반복하기] 블록을 가져오고 그 안에 **움직임**의 [y 좌표를 10 만큼 바꾸기] 블록을 넣습니다. '10'에는 **자료**의 [높이변화 ▼ 값]을 넣습니다.

시작하기 버튼을 클릭했을 때
변수 높이변화 ▼ 숨기기
계속 반복하기
y 좌표를 높이변화 ▼ 값 만큼 바꾸기

13. ▶시작하기 를 눌러도 공은 가만히 있습니다. '높이변화'라는 변수에는 기본적으로 0이라는 값이 들어 있기 때문에 컴퓨터는 지금 y좌표를 0만큼 계속 바꾸는 명령을 실행하고 있습니다. 스페이스바를 누르면 점프를 하도록 **흐름**에서 만일 참 이라면 블록을 가져오고 참 에는 **판단**에서 q ▼ 키가 눌러져 있는가? 블록을 가져와 'q'를 '스페이스'로 바꿉니다. 그 안에는 **자료**에서 높이변화 ▼ 를 10 로 정하기 블록을 가져와 넣고 '10'을 '5'로 바꿉니다.

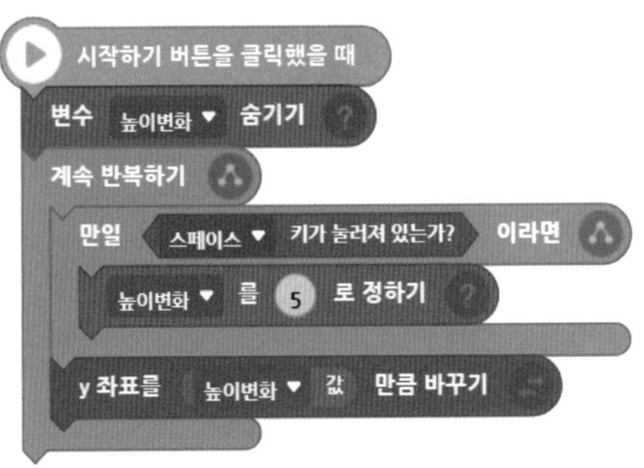

14. ▶시작하기 를 눌러 작품을 실행해 보세요. 스페이스바를 누르면 엔트리봇이 점프를 하지만 땅으로 내려오지는 않습니다. 이는 **13**에서 높이변화 변수를 5로 정하여 엔트리봇의 y좌표가 5만큼 증가되기 때문입니다. 이처럼 엔트리봇이 땅에서 떨어져 있을 때는 마치 중력 효과처럼 자연스럽게 땅으로 내려오도록 y좌표가 줄어들게 해봅시다. 우선, **흐름**에서 만일 참 이라면 / 아니면 을 가져와 참 에 마우스포인터 ▼ 에 닿았는가? 를 넣고 '아래쪽 벽'으로 바꿉니다.

만일 아래쪽 벽 ▼ 에 닿았는가? 이라면
아니면

15. 아래쪽 벽에 닿았을 때는 제자리에 있도록 자료에서 [높이변화 ▾ 를 10 로 정하기] 블록을 가져와 '10'을 '0'으로 바꿉니다. 반대로, 아래쪽 벽에 닿지 않았을 때는 점점 아래로 내려오도록 [높이변화 ▾ 에 10 만큼 더하기] 블록을 가져와 '10'을 '-0.2'로 바꿉니다. 완성된 블록은 다음과 같이 **13**의 블록과 합칩니다.

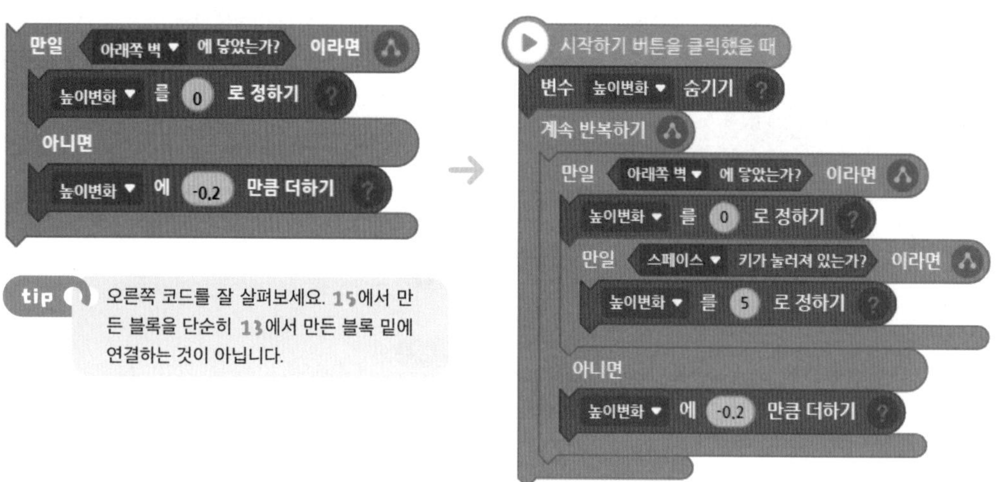

tip 오른쪽 코드를 잘 살펴보세요. **15**에서 만든 블록을 단순히 **13**에서 만든 블록 밑에 연결하는 것이 아닙니다.

16. [▶ 시작하기]를 누르고 스페이스바를 눌러 봅시다. 엔트리봇이 점프를 하는 것을 확인할 수 있습니다. 아래쪽 벽에 닿지 않으면 계속해서 y좌표를 감소시키고, 아래쪽 벽에 닿으면 y좌표가 변하지 않게 합니다. 그 상태에서 스페이스바를 누르면 다시 y좌표를 증가시켜 점프하는 효과를 나타냅니다.

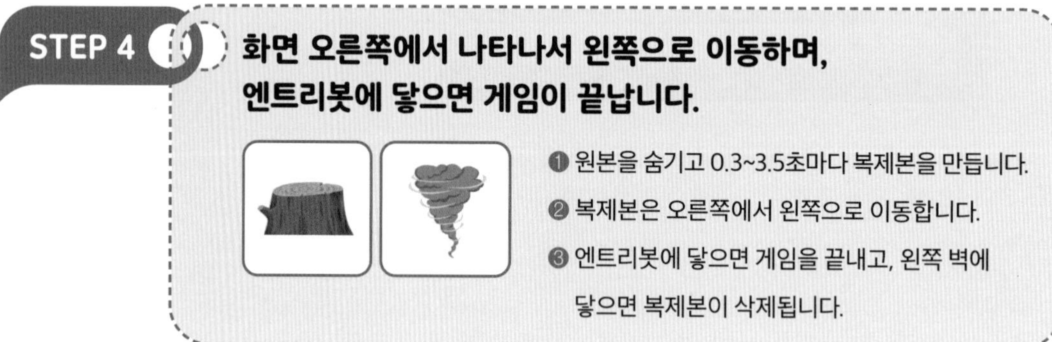

STEP 4

화면 오른쪽에서 나타나서 왼쪽으로 이동하며, 엔트리봇에 닿으면 게임이 끝납니다.

❶ 원본을 숨기고 0.3~3.5초마다 복제본을 만듭니다.
❷ 복제본은 오른쪽에서 왼쪽으로 이동합니다.
❸ 엔트리봇에 닿으면 게임을 끝내고, 왼쪽 벽에 닿으면 복제본이 삭제됩니다.

17. 먼저, '그루터기' 오브젝트의 원본을 숨기고 복제본을 계속 만들게 해봅시다. 이런 행동은 이 게임에서 여러 번 사용되므로 함수로 만들어 봅시다. **속성 ➡ 함수 ➡ 함수 추가하기**를 누릅니다. '함수 만들기' 화면이 나오면 함수 정의하기 함수 에서 함수 를 클릭해서 '계속 복제본 만들기'라 입력합니다. 이제 이 함수의 원본을 숨기고 복제본을 계속 만드는 코드를 작성해 봅시다. **생김새**에서 모양 숨기기 블록을 가져와 아래에 연결합니다. **흐름**에서 계속 반복하기 블록을 연결하고, 그 안에는 **흐름**에서 2 초 기다리기 블록을 가져와 '2'에 **계산**의 0 부터 10 사이의 무작위 수 블록을 넣어 0.3에서 3.5 사이의 무작위 수만큼 기다리도록 합니다. 마지막으로 복제본을 만들도록 흐름에서 자신 ▾ 의 복제본 만들기 블록을 연결합니다. **확인**을 누르면 계속 복제본 만들기 라는 새 함수 블록이 만들어집니다.

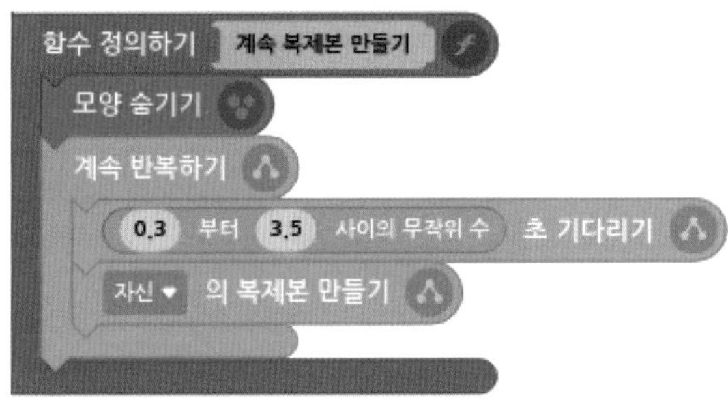

18. 게임이 시작되면 계속 복제본을 만들도록 **시작**에서 시작하기 버튼을 클릭했을 때 을 가져오고 **함수**에서 계속 복제본 만들기 블록을 연결합니다. 복제본이 생성되면 모양을 보이게 하고 실행화면 오른쪽 밖에서 등장해서 왼쪽으로 이동하도록 다음과 같이 코드를 작성합니다. 이 부분은 앞서 배운 여러 가지 게임에서도 다룬 부분이므로 다른 설명 없이 넘어가겠습니다. 잘 모르겠다면 179쪽을 참고하세요.

19. 그루터기가 엔트리봇에 닿으면 게임을 끝내고, 왼쪽 벽에 닿으면 복제본을 삭제하도록 해봅시다. 이 기능 역시 자주 쓰이는 기능이므로 **속성 ➡ 함수 ➡ 함수 추가하기**를 눌러 함수를 만듭니다. 함수 이름은 '닿았는지 판단하기'로 정하고, 다음과 같이 코드를 작성하고 **확인**을 누릅니다.

20. **함수** 카테고리에 [닿았는지 판단하기] 블록이 생성되었습니다. 이 블록은 **18**의 코드 안에 넣습니다. 다음과 같이 두 코드는 실행 결과가 같습니다.

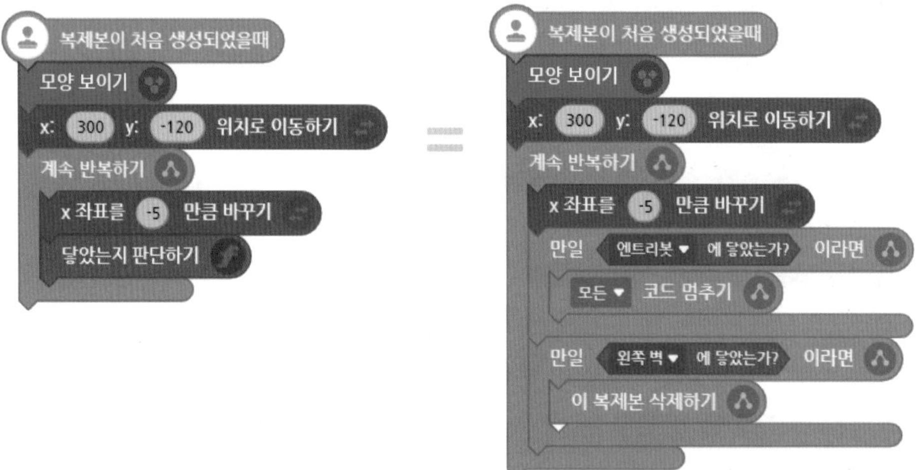
복제본이 처음 생성되었을때
모양 보이기
x: 300 y: -120 위치로 이동하기
계속 반복하기
x 좌표를 -5 만큼 바꾸기
닿았는지 판단하기
=
복제본이 처음 생성되었을때
모양 보이기
x: 300 y: -120 위치로 이동하기
계속 반복하기
x 좌표를 -5 만큼 바꾸기
만일 엔트리봇 에 닿았는가? 이라면
모든 코드 멈추기
만일 왼쪽 벽 에 닿았는가? 이라면
이 복제본 삭제하기

21. [▶시작하기]를 눌러 게임을 실행하면 그루터기가 오른쪽에서 나타나서 왼쪽으로 이동하고, 엔트리봇에 닿으면 게임이 끝나는 것을 확인할 수 있습니다.

점수 : 33

22. 회오리바람도 그루터기처럼 복제본을 만들어 오른쪽에서 왼쪽으로 움직이며, 엔트리봇에 닿으면 게임을 끝내고, 왼쪽 벽에 닿으면 복제본을 삭제하도록 해봅시다. 다만, 그루터기와 달리 3~7초마다 가끔씩 나타나는 대신 x좌표를 -10만큼 바꿔 속도를 빠르게 해볼까요? 회오리바람 오브젝트를 클릭하고 **18~20**을 참고하여 다음과 같이 코드를 작성해 봅시다.

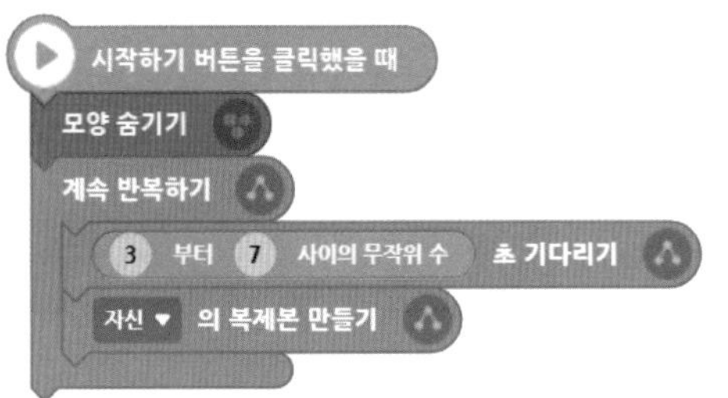

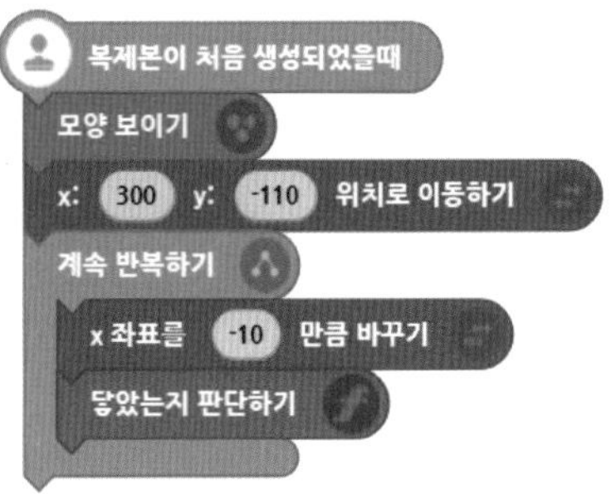

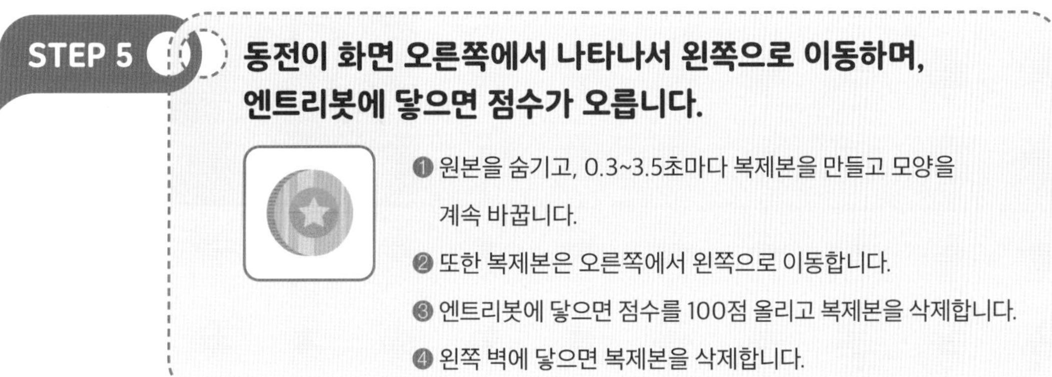

STEP 5
동전이 화면 오른쪽에서 나타나서 왼쪽으로 이동하며,
엔트리봇에 닿으면 점수가 오릅니다.
❶ 원본을 숨기고, 0.3~3.5초마다 복제본을 만들고 모양을 계속 바꿉니다.
❷ 또한 복제본은 오른쪽에서 왼쪽으로 이동합니다.
❸ 엔트리봇에 닿으면 점수를 100점 올리고 복제본을 삭제합니다.
❹ 왼쪽 벽에 닿으면 복제본을 삭제합니다.

23. 동전 오브젝트는 앞서 만든 그루터기, 회오리바람 오브젝트와 비슷한 부분이 많습니다. 처음에 복제본을 만드는 부분은 그루터기와 같으므로 복사하여 사용할 수 있습니다. 복제본이 생성되면 계속해서 모양이 바뀌도록 **흐름**에서 [복제본이 처음 생성되었을때], [계속 반복하기], [2 초 기다리기] 블록을 가져오고, **생김새**에서 [다음 ▼ 모양으로 바꾸기] 블록을 가져와 다음과 같이 코드를 작성합니다.

24. 복제본이 오른쪽에서 왼쪽으로 이동하고, 왼쪽 벽에 닿으면 복제본을 삭제하는 기능은 19에서 함수 만들기로 배웠습니다. 여기서는 동전이 엔트리봇에 닿았을 때 점수를 100만큼 더하는 내용이 추가되었습니다. 19를 참고하여 다음과 같이 코드를 작성합니다. 100점을 더하는 기능은 자료에서 [점수 ▼ 에 10 만큼 더하기] 블록을 가져와 표현할 수 있습니다.

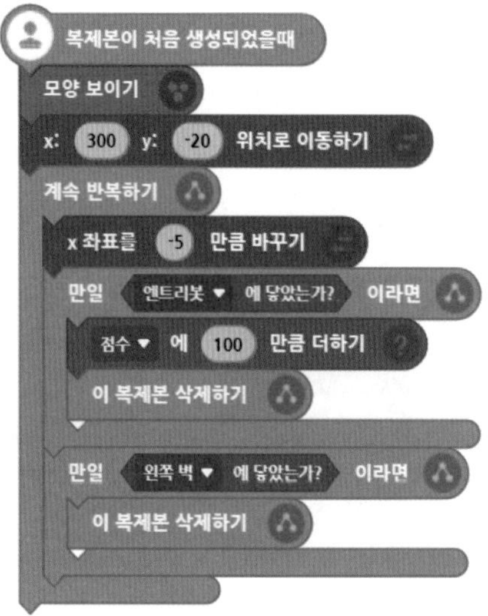
복제본이 처음 생성되었을때
모양 보이기
x: 300 y: -20 위치로 이동하기
계속 반복하기
x 좌표를 -5 만큼 바꾸기
만일 엔트리봇 ▼ 에 닿았는가? 이라면
점수 ▼ 에 100 만큼 더하기
이 복제본 삭제하기
만일 왼쪽 벽 ▼ 에 닿았는가? 이라면
이 복제본 삭제하기

25. [▶ 시작하기]를 누르면 동전이 모양을 바꾸며 이동하고, 엔트리봇에 닿으면 점수가 올라가는 것을 확인할 수 있습니다.

점수 : 146

검토하기

완성된 코드를 검토해 봅시다. https://bit.ly/entrycoding13c에 접속하면 전체 코드를 볼 수 있습니다. 놓친 부분은 없는지 천천히 살펴보세요.

함수 정의하기

계속 복제본 만들기

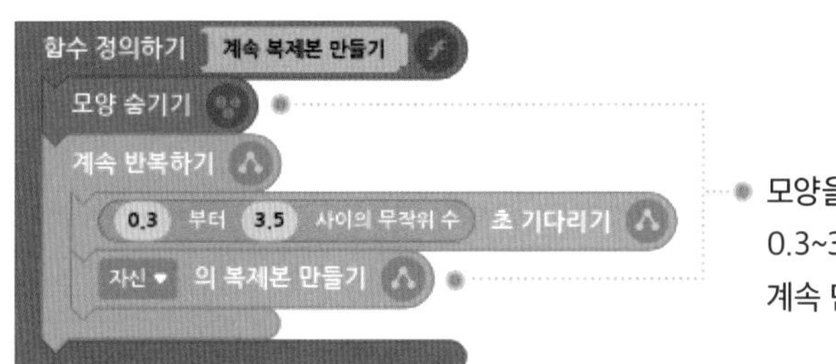

- 모양을 숨기고 0.3~3.5초마다 복제본을 계속 만드는 기능

닿았는지 판단하기

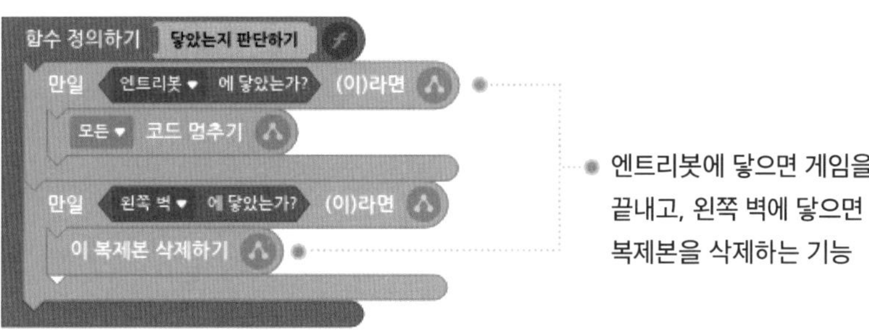

- 엔트리봇에 닿으면 게임을 끝내고, 왼쪽 벽에 닿으면 복제본을 삭제하는 기능

숲속(1)

- 계속해서 배경을 왼쪽으로 움직이는 기능
- 배경이 실행화면 왼쪽을 완전히 벗어나면 실행화면 오른쪽 경계면으로 위치를 이동시키는 기능

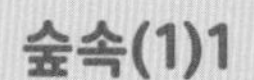

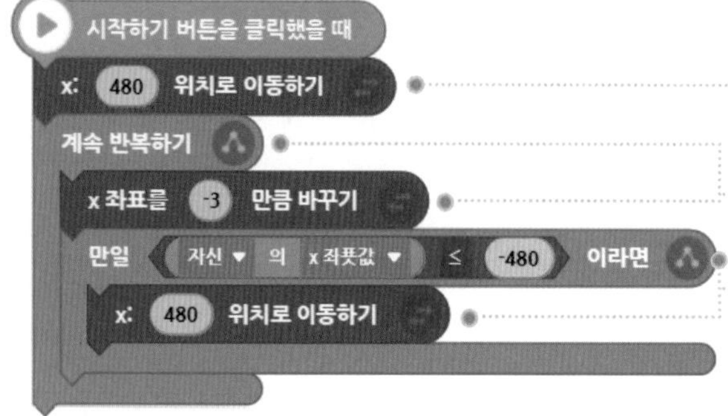

- 두 번째 배경을 실행화면 오른쪽 경계면으로 이동시키는 기능
- 계속해서 배경을 왼쪽으로 움직이는 기능
- 배경이 실행화면 왼쪽을 완전히 벗어나면 실행화면 오른쪽 경계면으로 이동시키는 기능

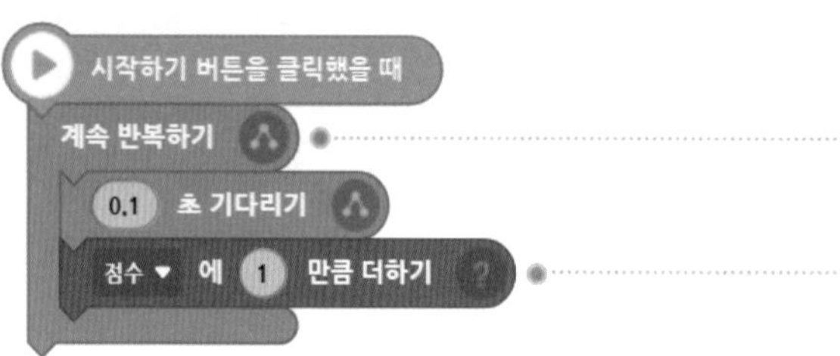

- 0.1초마다 점수를 1점씩 더하는 기능

(1)엔트리봇

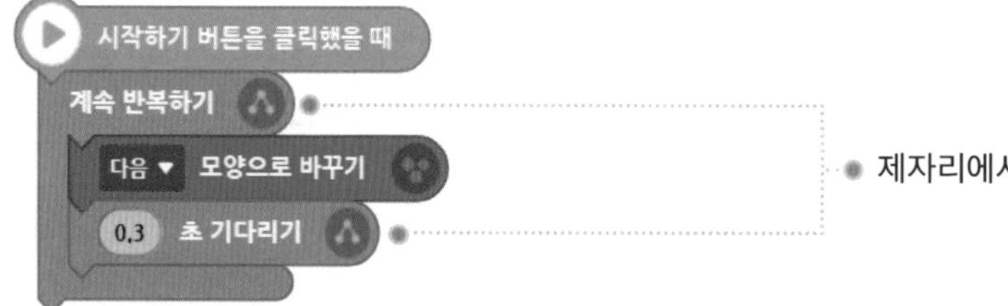

- 제자리에서 모양을 계속 바꾸는 기능

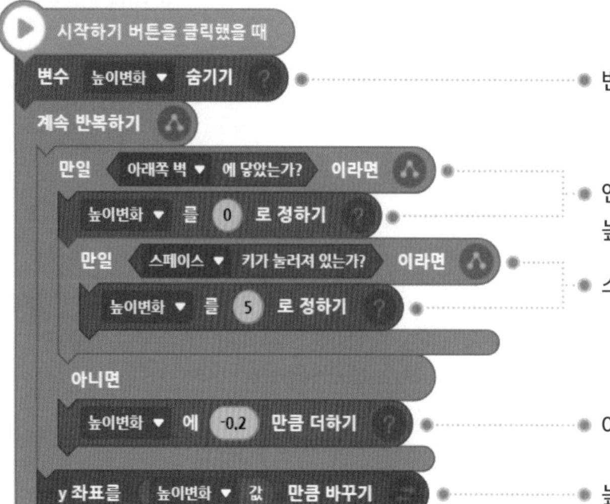

- 변수 창을 숨기는 기능
- 엔트리봇이 아래쪽 벽에 닿으면 높이를 변하지 않게 하는 기능
- 스페이스바를 누르면 위로 점프하는 기능
- 아래쪽 벽에 닿지 않으면 높이를 감소시키는 기능
- 높이 변화 변수 값만큼 y좌표를 바꾸는 기능

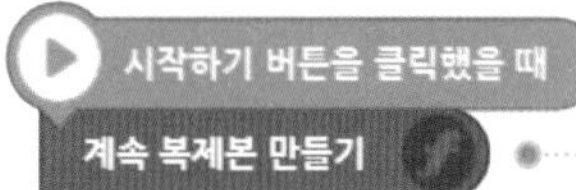

- 모양을 숨기고 0.3~3.5초마다 복제본을 만드는 기능

- 복제본이 생성되면 모양을 보이게 하고, 화면 오른쪽 밖으로 이동시키는 기능
- 왼쪽으로 오브젝트를 이동시키는 기능
- 엔트리봇에 닿으면 게임을 끝내고, 왼쪽 벽에 닿으면 복제본을 삭제하는 기능

회오리바람

- 모양을 숨기고 0.3~3.5초마다 복제본을 만드는 기능

복제본이 처음 생성되었을때
모양 보이기
x: 300 y: -120 위치로 이동하기
계속 반복하기
x 좌표를 -5 만큼 바꾸기
닿았는지 판단하기

- 복제본이 생성되면 모양을 보이게 하고, 화면 오른쪽 밖으로 이동시키는 기능
- 왼쪽으로 오브젝트를 이동시키는 기능
- 엔트리봇에 닿으면 게임을 끝내고, 왼쪽 벽에 닿으면 복제본을 삭제하는 기능

점수

점수

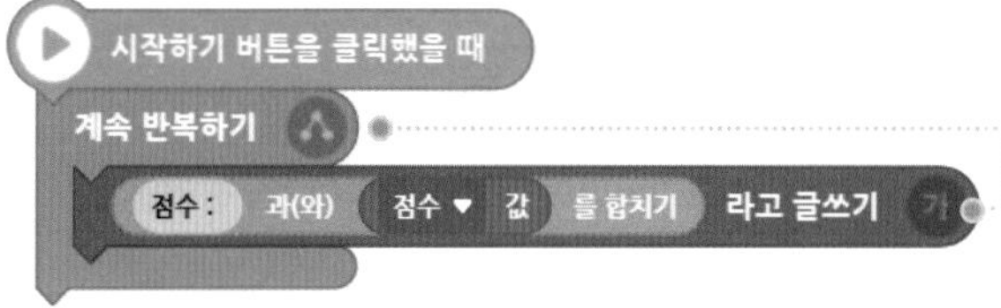

- 점수 값을 실행화면에 계속 보여주는 기능

동전
시작하기 버튼을 클릭했을 때
계속 복제본 만들기
모양을 숨기고 0.3~3.5초마다 복제본을 만드는 기능
복제본이 처음 생성되었을때
계속 반복하기
0.2 초 기다리기
다음 ▾ 모양으로 바꾸기
복제본이 생성되면 모양을 계속 바꾸는 기능
복제본이 처음 생성되었을때
모양 보이기
x: 300 y: -20 위치로 이동하기
복제본이 생성되면 모양을 보이게 하고, 화면 오른쪽 밖으로 이동시키는 기능
계속 반복하기
x 좌표를 -5 만큼 바꾸기
왼쪽으로 오브젝트를 이동시키는 기능
만일 엔트리봇 ▾ 에 닿았는가? 이라면
점수 ▾ 에 100 만큼 더하기
이 복제본 삭제하기
엔트리봇에 닿으면 100점을 추가하고 복제본을 삭제하는 기능
만일 왼쪽 벽 ▾ 에 닿았는가? 이라면
이 복제본 삭제하기
왼쪽 벽에 닿으면 복제본을 삭제하는 기능

더 나아가기

❶ 키보드 오른쪽, 왼쪽 화살표 키를 눌러 엔트리봇이 좌우로 움직이게 해봅시다.

❷ 생명 기능을 넣어서 엔트리봇이 그루터기나 회오리바람에 닿으면 생명이 1씩 줄어들고, 생명이 0이 되면 게임이 끝나도록 해봅시다.

게임 융합 이야기

게임과 미술의 만남

게임에는 캐릭터, 게임화면, 아이템 등과 같이 다양한 그림이 필요합니다. 이뿐만 아니라 게임에는 미술과 관련된 다양한 원리들이 사용됩니다. '착시, 색깔, 애니메이션 효과, 오브젝트'를 통해 미술적 효과가 게임 속에서 어떻게 사용되는지 살펴봅시다.

앞서 만든 엔트리런을 보면 엔트리봇 캐릭터가 걸어가는 것처럼 보입니다. 우리가 만든 코드는 엔트리봇이 가진 2개의 모양을 번갈아 보여주는 것뿐인데 말이죠. 이는 우리가 그림을 봤을 때 짧은 시간 동안 그 그림이 뇌 속에 남아있는 '잔상효과' 때문에 일어나는 현상입니다. 이 때문에 빠른 속도로 조금씩 변하는 그림을 보면 우리는 캐릭터가 움직인다고 느끼게 됩니다. 애니메이션이 이 원리를 활용한 대표적인 예입니다. 애니메이션에서는 1초에 24장 정도의 그림을 빠르게 보여줌으로써 캐릭터가 움직이는 것처럼 보이게 합니다.

엔트리봇 모양

어두운 느낌의 게임

또한, 엔트리런에서 엔트리봇은 제자리에서 걷고만 있습니다. 하지만 배경이 오른쪽에서 왼쪽으로 움직이니 엔트리봇이 달려가는 것처럼 보입니다. 이 또한 우리 뇌가 착각을 하기 때문에 발생하는 현상입니다.

색깔은 우리 뇌가 특정한 느낌을 받는 데 영향을 줍니다. 노란색과 초록색 계열은 따뜻한 느낌을 줍니다. 파란색 계열은 차가운 느낌을 줍니다. 검은색과 회색 계통은 어둡고 우울한 느낌을 줍니다. 글로 표현하지 않더라도 캐릭터, 아이템의 색깔만으로도 게임의 분위기를 만들 수 있습니다. 그러므로 게임을 만들 때는 그 분위기에 맞는 색과 그림을 잘 골라 사용해야 합니다.

애니메이션 효과는 우리가 게임을 더 실감나게 느끼고 몰입하게 해줍니다. 예를 들어, 비행기가 총에 맞으면 비행기가 그냥 사라지는 것보다 폭파되는 그림으로 바뀌고 사라지는 것이 훨씬 실감납니다. 동전 같은 아이템을 먹을 때 역시 동전이 작아지며 하늘로 올라가는 효과를 주면 게임의 재미를 더해 줍니다. 애니메이션 효과는 짧은 순간에 나타나는 경우가 많지만 완성된 게임을 위해서는 필수적인 요소입니다.

게임에서 가장 많이 활용되는 미술 요소는 '오브젝트'입니다. 엔트리에서 캐릭터, 게임 화면, 아이템 등 모든 것은 '오브젝트'에 해당됩니다. 엔트리에서는 다양한 오브젝트를 제공하므로 자신이 생각한 게임에 맞는 오브젝트를 찾아 추가하면 쉽게 게임을 만들 수 있습니다. 만약 내가 원하는 오브젝트가 없다면 직접 그리거나 인터넷에서 저작권에 문제가 없는 이미지를 찾아 추가할 수 있습니다.

지금까지 미술이 게임에 어떻게 사용되는지 살펴보았습니다. 여러분은 미술 시간에 무엇을 배웠나요? 그것을 게임에 어떻게 적용할 수 있을까요?

chapter

14

우주 대전

학습 목표

복제본, 변수, 논리 연산을 활용한
우주 대전 게임 만들기

- **프로그래밍 개념**

  선택 / 반복 / 변수 / 비교 연산 / 논리 연산 / 신호 / 이벤트

- **엔트리 기능**

  복제본 / 모양 / 좌표 / 이동하기 / 크기 / 글상자

난이도 ☆ ☆ ☆ ☆ ☆

게임 목표

• 미사일을 발사하여 외계인과 드론을 없애라!

게임 규칙

스페이스바, 좌우 방향키

• 키보드 좌우 화살표 키로 로켓을 조종하고 스페이스바를 누르면 미사일을 발사합니다.
• 외계인과 드론도 미사일을 발사합니다.
• 외계인과 드론은 미사일을 여러 번 맞으면 사라집니다.
• 외계인과 드론이 모두 사라지거나 로켓이 미사일을 맞으면 게임이 끝납니다.

게임 살펴보기

https://bit.ly/entrycoding14

장면 1 미리보기

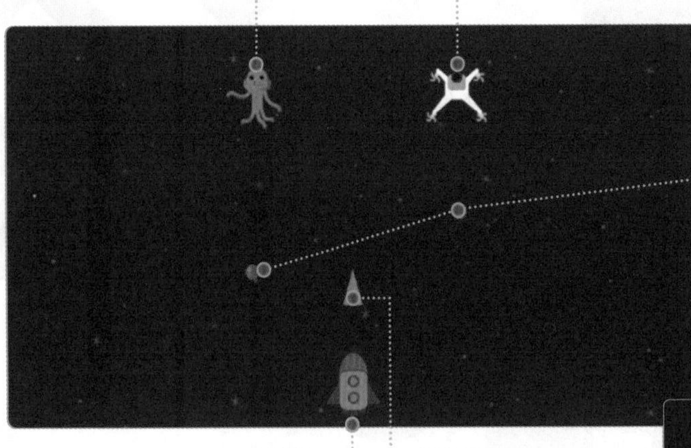

STEP 1 키보드 오른쪽, 왼쪽 키로 로켓을 조종하고, 스페이스바를 누르면 발사 신호를 보냅니다.

STEP 2 적 미사일에 닿으면 로켓이 사라지면서 '졌다' 신호를 보냅니다.

STEP 3 '발사' 신호를 받으면 복제본을 만들고 미사일이 로켓 위치에서 앞으로 나아갑니다.

STEP 4 무작위로 움직이며 '외계인 발사', '드론 발사' 신호를 보냅니다.

STEP 5 체력을 정하고, 미사일에 닿으면 체력이 줄어들고, 체력이 0이 되면 사라집니다.

STEP 6 '외계인 발사', '드론 발사' 신호를 받으면 복제본을 만들고 미사일을 발사합니다.

STEP 7 '이겼다' 신호를 받으면 'YOU WIN', '졌다' 신호를 받으면 'GAME OVER'를 표시합니다.

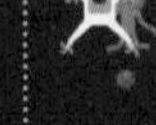

GAME OVER

개념 다지기

같은 기능을 다른 코드로 표현해요!

엔트리에서는 같은 기능을 여러 가지 코드로 표현할 수 있습니다. 여러 표현 방법을 이해하고 있으면 다른 사람이 만든 코드를 이해할 때 도움이 됩니다. 몇 가지 예를 살펴봅시다.

키보드 위쪽 화살표를 누르면 위로, 위쪽 화살표와 오른쪽 화살표를 동시에 누르면 대각선으로 오브젝트를 이동시키는 코드를 만든다고 해봅시다. 먼저, 그림 ❶과 같이 위쪽 화살표를 눌렀는지, 위쪽 화살표와 오른쪽 화살표를 동시에 눌렀는지 각각 확인하도록 두 개의 `만일 참 이라면` 블록을 차례로 연결하는 방법이 있습니다. 반면, ❷와 같이 위쪽 화살표를 누르면 위로 가고, 그 상태에서 오른쪽 화살표를 누르면 대각선으로 가도록 `만일 참 이라면` 블록을 중첩해서 작성하는 방법도 있습니다. ❶과 ❷ 모두 같은 기능이지만 다른 방식으로 표현했습니다.

❶

```
시작하기 버튼을 클릭했을 때
계속 반복하기
    만일 위쪽 화살표 ▾ 키가 눌러져 있는가? 이라면
        0° 방향으로 1 만큼 움직이기
    만일 위쪽 화살표 ▾ 키가 눌러져 있는가? 그리고 ▾ 오른쪽 화살표 ▾ 키가 눌러져 있는가? 이라면
        45° 방향으로 1 만큼 움직이기
```

❷

```
시작하기 버튼을 클릭했을 때
계속 반복하기
    만일 위쪽 화살표 ▾ 키가 눌러져 있는가? 이라면
        0° 방향으로 1 만큼 움직이기
        만일 오른쪽 화살표 ▾ 키가 눌러져 있는가? 이라면
            45° 방향으로 1 만큼 움직이기
```

또 다른 예로, 키보드 스페이스바를 누르면 '안녕!'이라고 말하는 코드를 만든다고 해봅시다. ❸과 같이 `q ▾ 키가 눌러져 있는가?` 블록으로도 표현할 수 있고, `계속 반복하기`와 `만일 참 이라면` 블록을 활용해서 ❹와 같이 표현할 수 있습니다.

❸

```
스페이스 ▾ 키를 눌렀을 때
이동 방향으로 10 만큼 움직이기
```

❹

```
시작하기 버튼을 클릭했을 때
계속 반복하기
    만일 스페이스 ▾ 키가 눌러져 있는가? 이라면
        이동 방향으로 10 만큼 움직이기
```

프로그래밍하기

1. 오브젝트 목록 창에서 '엔트리봇' 오브젝트를 삭제하고, + 오브젝트 추가하기 를 눌러 '로켓(3), 빛, 외계인(1), 드론(2), 신호, 우주(3)' 오브젝트를 추가합니다. 신호 오브젝트는 2개를 추가합니다.

2. 오브젝트 목록 창에서 '빛' 오브젝트의 이름을 '로켓미사일'로 바꿉니다. '신호'와 '신호1'은 '미사일'과 '미사일1'로 이름을 바꿉니다.

3. + 오브젝트 추가하기 와 **글상자**를 눌러 'YOU WIN' 글상자를 만듭니다. 글꼴은 '나눔명조'로, 글 색깔은 '흰색'으로, 글 배경은 '투명'으로 정합니다. 글상자는 숨김 버튼(👁)을 눌러 모양을 숨깁니다.

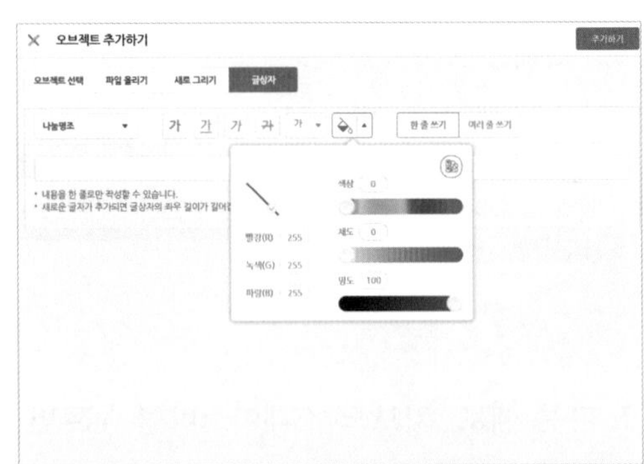

4. 다음과 같이 오브젝트의 위치와 크기를 변경합니다. 자세한 위치와 크기는 **오브젝트 준비하기**를 확인합니다.

tip 이때 두 미사일(신호, 신호1)은 겹쳐 있어서 하나로 보입니다.

오브젝트 준비하기

오브젝트							YOU WIN	
이름	로켓(3)	드론(2)	외계인(1)	빛	신호	신호1	글상자	우주(3)
카테고리	탈것-하늘	탈것-하늘	판타지	인터페이스	물건-기타	물건-기타	글상자	배경-자연
X	0	195	-30	0	0	0	0	0
Y	-95	100	100	-60	0	0	0	0
크기	40	40	40	20	10	10	150	375

STEP 1

방향키로 로켓을 조종하고 스페이스바를 누르면 '발사' 신호를 보냅니다.

❶ 오른쪽/왼쪽 방향키를 누르면 로켓이 오른쪽/왼쪽으로 움직입니다.

❷ 오른쪽이나 왼쪽 벽에 닿아도 화면 밖으로 나가지 않습니다.

❸ 스페이스바를 누르면 '발사' 신호를 보냅니다.

5. 로켓을 오른쪽/왼쪽 방향키로 움직이게 해봅시다. 로켓을 클릭하고 **시작**의 [시작하기 버튼을 클릭했을 때] 블록과 **흐름**의 [계속 반복하기] 블록과 [만일 참 이라면] 블록 2개를 연결합니다. 각각의 [참]에는 **판단**의 [q ▾ 키가 눌러져 있는가?] 블록을 넣고, 하나는 '오른쪽 화살표'로 다른 하나는 '왼쪽 화살표'로 바꿉니다. 마지막으로 **움직임**의 [x 좌표를 10 만큼 바꾸기] 블록을 가져와 (화살표 방향에 따라) '10'을 각각 '5'와 '-5'로 바꿉니다.

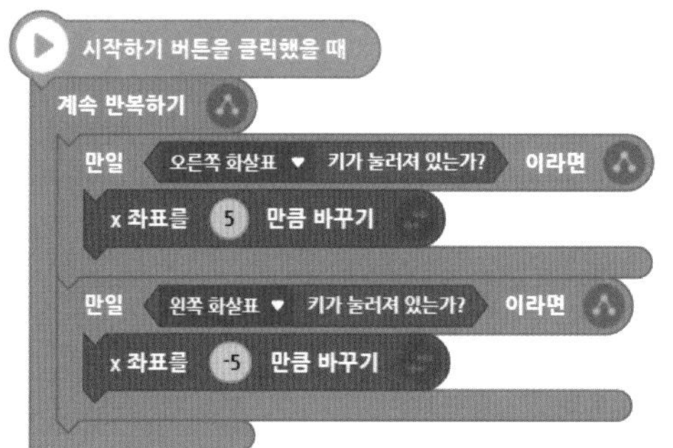

tip 이렇게 코드를 작성하면 계속해서 키보드를 눌렀는지 확인하면서 로켓이 오른쪽 화살표 키를 누르면 오른쪽으로, 왼쪽 화살표 키를 누르면 왼쪽으로 이동합니다.

6. ▶ 시작하기 로 게임을 실행하고 키보드 화살표 키를 계속 누르다 보면 로켓이 화면 밖을 나가버립니다. 로켓이 벽에 닿아도 화면 밖으로 나가지 않도록 해봅시다. **흐름**에서 만일 참 이라면 블록을 가져오고 참 에 **판단**의 마우스포인터 ▼ 에 닿았는가? 블록을 넣고 '오른쪽 벽'으로 바꿉니다. 그리고 **움직임**의 x 좌표를 10 만큼 바꾸기 블록을 연결하고 '10'을 '-5'로 바꿉니다. 완성된 블록은 다음과 같이 5 의 블록에 끼워 넣습니다. 같은 방법으로 왼쪽 벽에 닿았을 때도 화면 밖을 벗어나지 않도록 코드를 작성해 보세요.

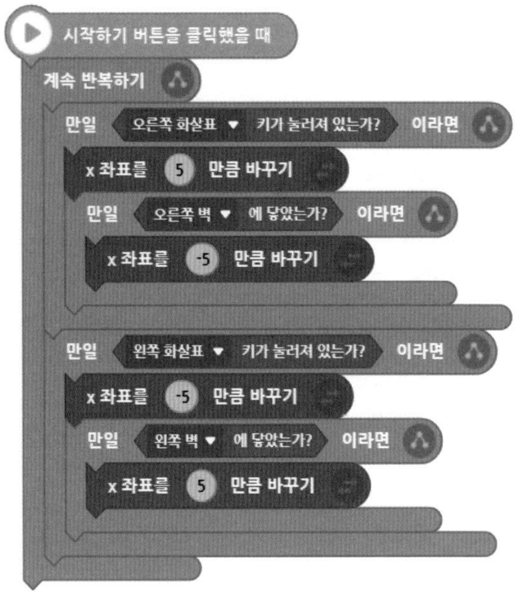

tip 이렇게 코드를 작성하면, 로켓이 오른쪽 벽에 닿으면 왼쪽으로 이동시키고, 왼쪽 벽에 닿으면 오른쪽으로 이동시켜서 밖으로 나가지 못하게 합니다.

7. 이제 스페이스바를 누르면 미사일을 발사하도록 '발사' 신호를 보내도록 해봅시다. 먼저, 현재 미사일이 발사 중인지 아닌지 상태를 확인하는 '발사중'이라는 변수를 만들어야 합니다. 여기서는 미사일이 발사 중일 때는 '발사중' 변수에 1을, 그렇지 않을 때는 0을 넣어 상태를 확인하겠습니다. 이 변수가 이해하기 어렵다면 138쪽을 참고하세요!

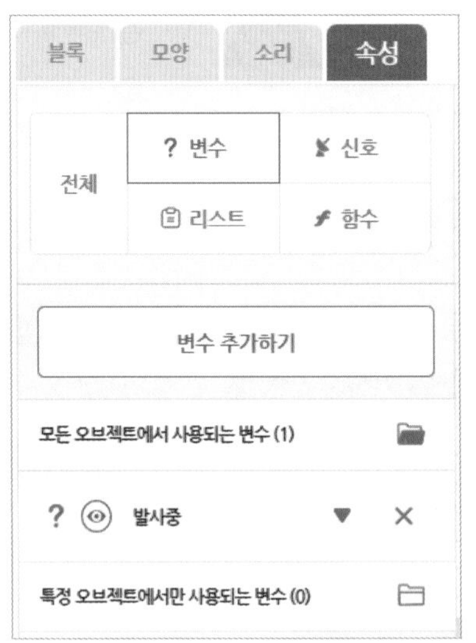

tip '발사중' 변수는 속성 ➡ 변수에서 👁을 클릭해서 변수 창이 보이지 않도록 설정합니다.

8. 이어서 **속성 ➡ 신호 ➡ 신호 추가하기**를 눌러 '발사' 신호를 만듭니다. 스페이스바를 눌렀을 때 '발사중' 변수 값이 0이면 '신호'를 보내도록 다음과 같이 코드를 작성합니다. **시작**에서 [q▼ 키를 눌렀을 때] 블록을 가져와 'q'를 '스페이스'로 바꿉니다. **흐름**의 [만일 (참) 이라면] 블록을 연결하고, (참)에 **판단**의 [10 = 10] 블록을 넣습니다. 이제 첫 번째 '10'에 [발사중▼ 값] 블록을 넣고, 두 번째 '10'은 '0'으로 고칩니다. 마지막으로, 시작에서 [발사▼ 신호 보내기] 블록을 연결합니다.

적 미사일에 닿으면 로켓이 사라지면서 '졌다' 신호를 보냅니다.

❶ 적 미사일에 닿으면 크기가 점점 줄어들다가 모양을 숨깁니다.

❷ '졌다' 신호를 보내며 코드를 멈춰 게임을 끝냅니다.

9. 적의 미사일에 닿았는지 판단하기 위해 **시작**의 [시작하기 버튼을 클릭했을 때], **흐름**의 [계속 반복하기]와 [만일 (참) 이라면] 블록을 연결합니다. 적 미사일이 두 가지이므로 (참)에 **판단**의 [참 또는▼ 거짓] 블록을 넣고 (참)과 (거짓)에 **판단**의 [마우스포인터▼ 에 닿았는가?] 블록을 각각 넣습니다. 그리고 '마우스포인터'는 각각 '미사일'과 '미사일1'로 바꿉니다. 이제 미사일에 닿으면 크기가 줄어들도록 **흐름**에서 [10 번 반복하기] 블록과 **생김새**의 [크기를 10 만큼 바꾸기] 블록을 연결하고 '10'을 '-4'로 바꿉니다. 로켓이 계속 작아지다가 결국엔 보이지 않게 하기 위해 다음과 같이 [모양 숨기기] 블록을 연결합니다.

```
시작하기 버튼을 클릭했을 때
계속 반복하기
  만일 < 미사일 ▼ 에 닿았는가? 또는 ▼ 미사일1 ▼ 에 닿았는가? > 이라면
    10 번 반복하기
      크기를 -4 만큼 바꾸기
    모양 숨기기
```

tip 이렇게 코드를 작성하면 적의 두 미사일 중 하나라도 로켓에 닿으면 크기가 점점 줄어듭니다.

10. 다음으로 '졌다' 신호를 보내며 코드를 멈추도록 **속성 ➡ 신호 ➡ 신호 추가하기**를 눌러 '졌다' 신호를 만듭니다. 그리고 **시작**의 [졌다 ▾ 신호 보내기] 블록과 **흐름**의 [모든 ▾ 코드 멈추기] 블록을 가져와 연결합니다.

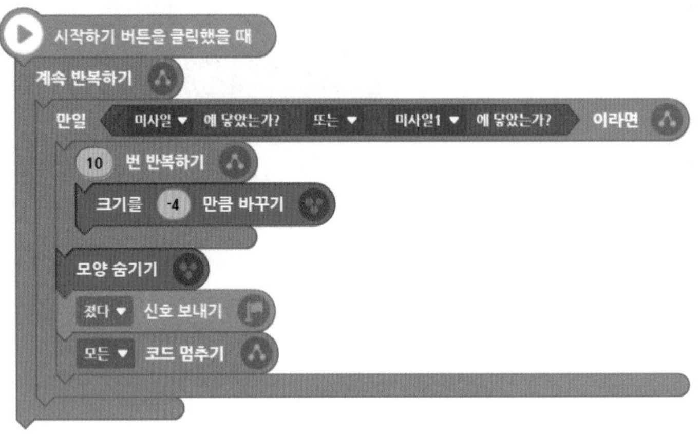

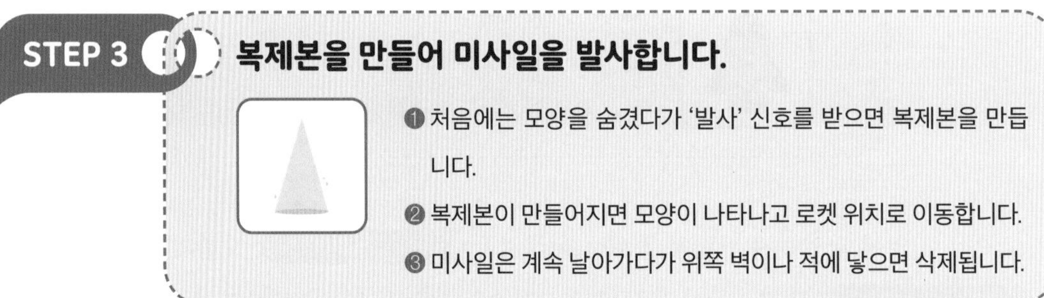

STEP 3 복제본을 만들어 미사일을 발사합니다.

❶ 처음에는 모양을 숨겼다가 '발사' 신호를 받으면 복제본을 만듭니다.

❷ 복제본이 만들어지면 모양이 나타나고 로켓 위치로 이동합니다.

❸ 미사일은 계속 날아가다가 위쪽 벽이나 적에 닿으면 삭제됩니다.

11. 게임이 시작되면 모양을 숨기고, 발사 신호를 받으면 복제본을 만들도록 해봅시다. '로켓미사일'을 클릭하고 **시작**에서 [시작하기 버튼을 클릭했을 때], **생김새**의 [모양 숨기기] 블록을 가져와 연결합니다. 그리고 **속성 ➡ 신호 ➡ 신호 추가하기**를 눌러 '발사' 신호를 만들고, **시작**에서 [발사 ▾ 신호를 받았을 때] 블록을 가져와 **흐름**의 [자신 ▾ 의 복제본 만들기] 블록과 연결합니다.

12. 복제본이 생성되면 모양을 보이게 하고 로켓 위치로 이동시킵니다. 그리고 여기서 '발사중' 변수의 상태를 표시하겠습니다. **흐름**에서 [복제본이 처음 생성되었을때] 블록을 가져오고, **자료**에서 [발사중 ▼ 를 10 로 정하기] 블록을 가져와 '10'을 '1'로 바꿉니다. 이어서 **생김새**에서 [모양 보이기] 블록을 연결하고, **움직임**에서 [글상자 ▼ 위치로 이동하기] 블록을 가져와 오브젝트를 '로켓(3)'으로 바꿉니다.

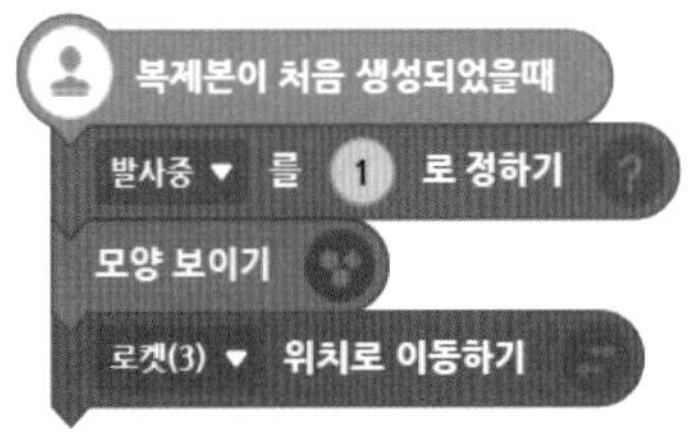

13. 마지막으로 미사일이 위쪽 벽이나 적에 닿을 때까지 계속 앞으로 이동하게 해봅시다. **흐름**의 [참 이 될 때까지 ▼ 반복하기] 블록을 가져와 [참]에 **판단**의 [참 또는 ▼ 거짓] 블록 2개를 합쳐서 연결합니다. 3개의 입력 칸에는 다음과 같이 각각 위쪽 벽, 드론, 외계인에 닿았는지 판단하는 블록을 넣습니다. 그리고 미사일이 위로 계속 이동하도록 **움직임**에서 [y 좌표를 10 만큼 바꾸기]을 가져와 넣고 '10'을 '5'로 바꿉니다.

```
복제본이 처음 생성되었을때
발사중 ▼ 를 1 로 정하기
모양 보이기
로켓(3) ▼ 위치로 이동하기
위쪽 벽 ▼ 에 닿았는가? 또는 ▼ 드론(2) ▼ 에 닿았는가? 그리고 ▼ 외계인 ▼ 에 닿았는가? 이 될 때까지 ▼ 반복하기
    y 좌표를 5 만큼 바꾸기
```

14. 미사일이 벽이나 적에 닿으면 **자료**의 [발사중 ▼ 를 10 로 정하기] 블록을 연결하고 '10'은 '0'으로 정해 발사가 끝났음을 표시합니다. 그리고 **흐름**에서 [이 복제본 삭제하기] 블록을 연결해서 복제본을 삭제합니다.

```
복제본이 처음 생성되었을때
발사중 ▼ 를 1 로 정하기
모양 보이기
로켓(3) ▼ 위치로 이동하기
위쪽 벽 ▼ 에 닿았는가? 또는 ▼ 드론(2) ▼ 에 닿았는가? 또는 ▼ 외계인 ▼ 에 닿았는가? 이 될 때까지 ▼ 반복하기
    y 좌표를 5 만큼 바꾸기
발사중 ▼ 를 0 로 정하기
이 복제본 삭제하기
```

15. ▶ 시작하기 로 게임을 실행하면 키보드 화살표 키로 로켓을 움직일 수 있고, 스페이스바를 누르면 미사일이 발사되는 것을 볼 수 있습니다.

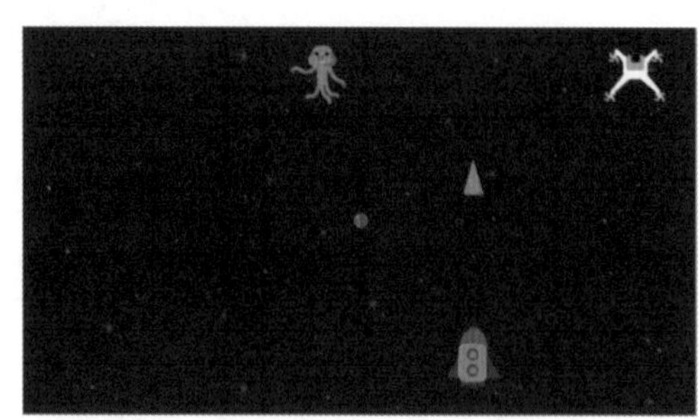

STEP 4

무작위로 움직이며 '발사' 신호를 보냅니다.

무작위로 움직이며 '외계인발사', '드론발사' 신호를 보냅니다.

16. 외계인이 좌우로 무작위로 움직이며 '외계인발사' 신호를 보내도록 해봅시다. 먼저 **속성 ➡ 신호 ➡ 신호 추가하기**를 눌러 '외계인발사' 신호를 만듭니다. '외계인'을 클릭하고 **시작**에서 [시작하기 버튼을 클릭했을 때] 블록을 가져오고 **흐름**에서 [계속 반복하기] 블록을 연결합니다. 그리고 **움직임**에서 [2 초 동안 x: 10 y: 10 만큼 움직이기] 블록을 연결하고, '2'에 **계산**에서 [0 부터 10 사이의 무작위 수] 블록을 가져와 '0.5'부터 '3'초로 바꾸고, 첫 번째 '10'에도 **계산**에는 [0 부터 10 사이의 무작위 수] 블록을 가져와 '-240'부터 '240'으로 바꿉니다. 마지막 '10'은 '100'을 입력하여 높이를 고정시킵니다. 이어서 **시작**의 [외계인발사 ▼ 신호 보내기] 블록을 연결합니다. 이렇게 코드를 작성하면 외계인은 화면 상단에서 좌우로 무작위로 움직이며 '외계인발사' 신호를 보냅니다.

```
시작하기 버튼을 클릭했을 때
계속 반복하기
    0.5 부터 3 사이의 무작위 수 초 동안 x: -240 부터 240 사이의 무작위 수 y: 100 위치로 이동하기
    외계인발사 ▼ 신호 보내기
```

17. '드론' 오브젝트도 외계인과 마찬가지로, 좌우로 무작위로 움직이며 '드론발사' 신호를 보내도록 **16** 을 참고하여 코드를 작성해 보세요.

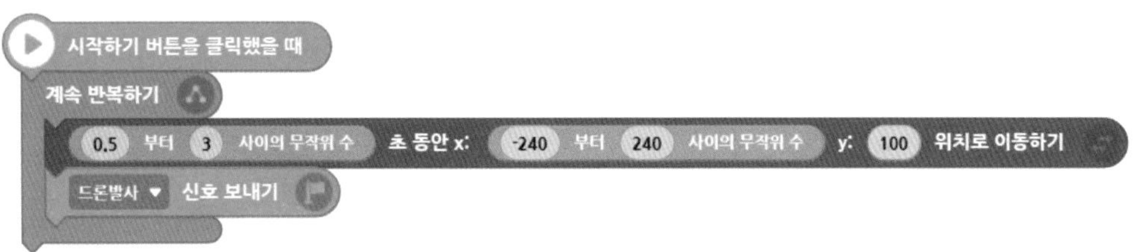

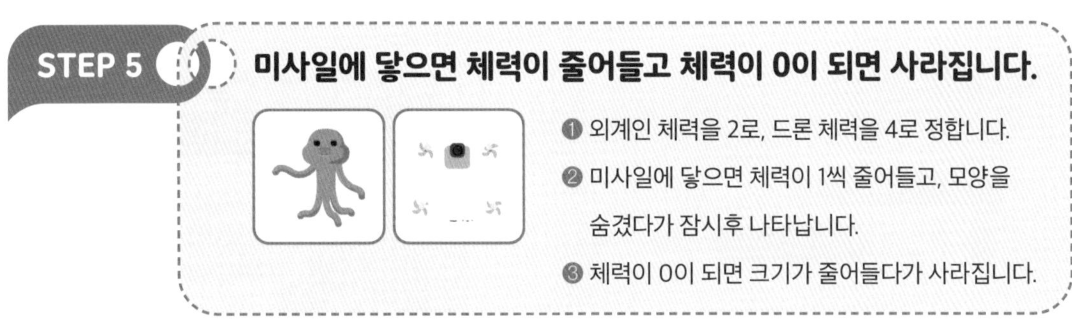

STEP 5 미사일에 닿으면 체력이 줄어들고 체력이 0이 되면 사라집니다.

❶ 외계인 체력을 2로, 드론 체력을 4로 정합니다.

❷ 미사일에 닿으면 체력이 1씩 줄어들고, 모양을 숨겼다가 잠시후 나타납니다.

❸ 체력이 0이 되면 크기가 줄어들다가 사라집니다.

18. 외계인의 체력을 나타낼 '외계인체력' 변수를 만들고, 게임이 시작되면 체력을 2로 정하도록 해봅시다. '외계인' 오브젝트를 클릭하고 **시작**에서 [시작하기 버튼을 클릭했을 때] 블록을 가져옵니다. 이어서 **자료**에서 [외계인체력 ▾ 를 10 로 정하기] 블록을 가져와 연결합니다.

19. 로켓미사일에 닿으면 체력이 1씩 줄어들도록 **흐름**에서 [계속 반복하기], [만일 참 이라면] 블록을 가져와 연결하고, [참]에 [마우스포인터 ▾ 에 닿았는가?] 블록을 넣고 '로켓미사일'로 바꿉니다. 그리고 **자료**에서 [외계인체력 ▾ 에 10 만큼 더하기] 블록을 가져와 넣고 '10'을 '-1'로 바꿉니다.

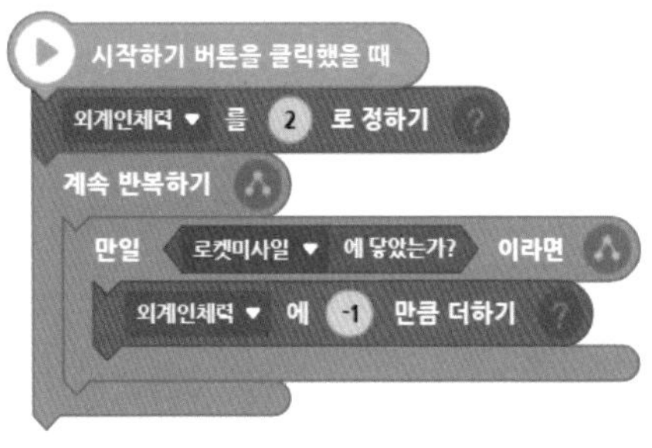

20. 또 미사일에 닿으면 외계인 모양을 숨겼다가 잠시 뒤에 나타나도록 하기 위해 **생김새**에서 [모양 숨기기], [모양 보이기] 블록과 **흐름**의 [2 초 기다리기] 블록을 연결하고 '2'를 '0.5'로 바꿉니다.

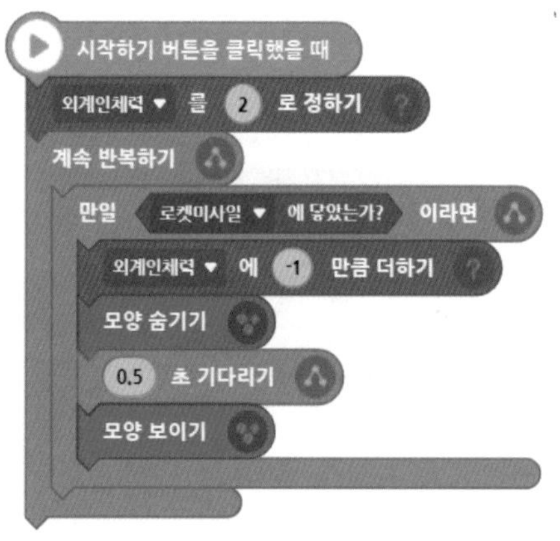

21. 이어서 체력이 0이 되면 크기가 점점 줄어들다가 사라지게 해봅시다. **흐름**에서 [만일 참 이라면] 블록을 가져와 연결하고 [참] 부분에 [10 ≤ 10] 블록을 넣습니다. 외계인체력이 0보다 작으면 크기를 줄이도록 '10' 부분에 [외계인체력 ▾ 값] 블록과 '0'을 각각 넣습니다. 그리고 크기를 줄이다가 사라지도록 **흐름**의 [10 번 반복하기] 블록과 **생김새**의 [크기를 10 만큼 바꾸기], [모양 숨기기] 블록을 가져와 연결하고 '10'을 '-4'로 고칩니다. 마지막으로, 자신의 코드를 멈추도록 **흐름**의 [자신 ▾ 의 복제본 만들기] 블록을 가져와 '모든'을 '자신의'로 바꿉니다.

```
시작하기 버튼을 클릭했을 때
외계인체력 ▾ 를 2 로 정하기
계속 반복하기
  만일 로켓미사일 ▾ 에 닿았는가? 이라면
    외계인체력 ▾ 에 -1 만큼 더하기
    모양 숨기기
    0.5 초 기다리기
    모양 보이기
    만일 외계인체력 ▾ 값 ≤ 0 이라면
      10 번 반복하기
        크기를 -4 만큼 바꾸기
      모양 숨기기
      자신의 ▾ 코드 멈추기
```

22. [▶ 시작하기]로 게임을 실행해 보세요. 미사일로 외계인을 한 번 맞추면 체력이 1이 되고, 사라졌다가 다시 등장합니다. 그리고 외계인을 한 번 더 맞추면 체력이 0이 되어 완전히 사라지는 것을 볼 수 있습니다.

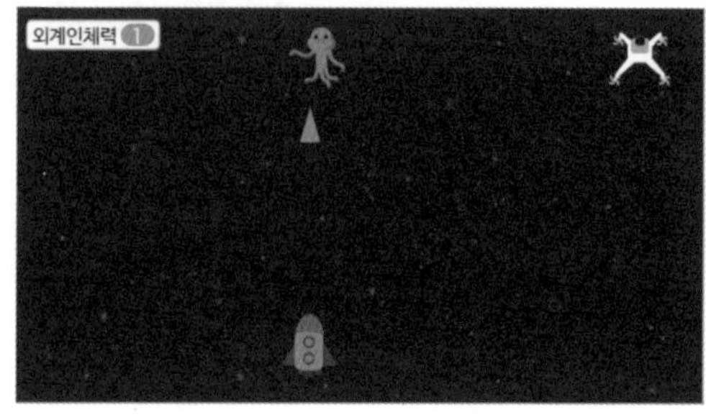

23. 드론 오브젝트도 마찬가지로 로켓미사일을 맞으면 체력이 줄어들고, 체력이 0이 되면 모든 코드를 멈추도록 21을 참고해 코드를 작성해 보세요. 외계인과 달리 드론의 체력은 4로 정해 볼까요?

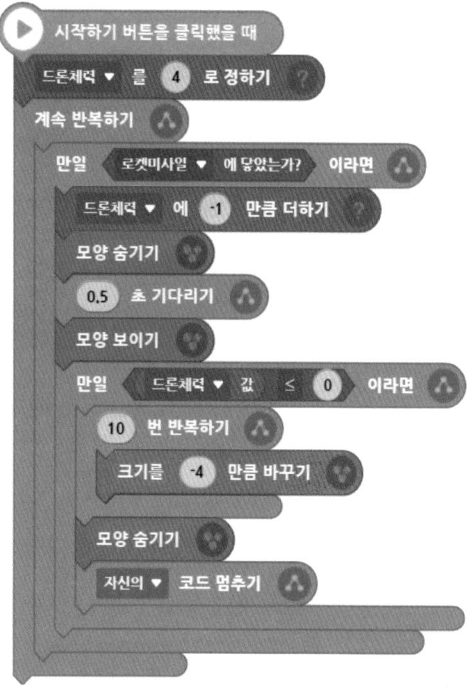

STEP 6 '외계인발사'와 '드론발사' 신호를 받으면 복제본을 만들고 미사일을 발사합니다.

❶ 처음에는 모양을 숨겼다가 발사 신호를 받으면 복제본을 만듭니다.

❷ 복제본이 만들어지면 모양을 보이고 외계인 위치로 이동합니다.

❸ 벽이나 로켓에 닿을 때까지 미사일이 날아가게 합니다.

❹ 복제본을 삭제합니다.

24. 신호를 받아서 미사일을 발사하는 코드는 이미 STEP 3에서 다루었습니다. 이를 참고해서 미사일의 코드를 다음과 같이 만듭니다.

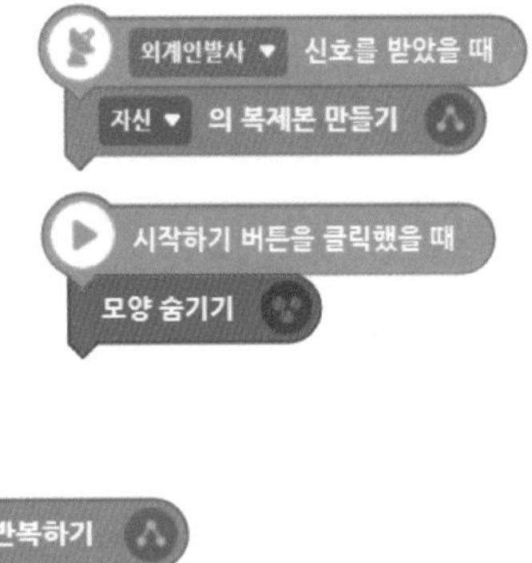
외계인발사 ▼ 신호를 받았을 때
자신 ▼ 의 복제본 만들기
시작하기 버튼을 클릭했을 때
모양 숨기기

```
복제본이 처음 생성되었을때
모양 보이기
외계인 ▼ 위치로 이동하기
로켓(3) ▼ 에 닿았는가? 또는 ▼ 벽 ▼ 에 닿았는가? 이 될 때까지 ▼ 반복하기
    y 좌표를 -5 만큼 바꾸기
이 복제본 삭제하기
```

25. 미사일1은 미사일과 거의 비슷하지만, 앞으로 날아가지 않고 로켓이 있는 방향으로 움직입니다. 로켓(3) ▼ 쪽 바라보기 블록과 이동 방향으로 10 만큼 움직이기 를 사용하여 다음과 같이 코드를 작성해 보세요.

드론발사 ▼ 신호를 받았을 때
자신 ▼ 의 복제본 만들기
시작하기 버튼을 클릭했을 때
모양 숨기기

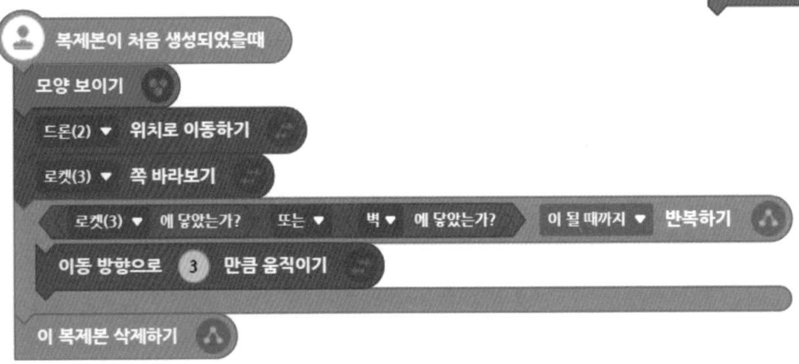
복제본이 처음 생성되었을때
모양 보이기
드론(2) ▼ 위치로 이동하기
로켓(3) ▼ 쪽 바라보기
로켓(3) ▼ 에 닿았는가? 또는 ▼ 벽 ▼ 에 닿았는가? 이 될 때까지 ▼ 반복하기
이동 방향으로 3 만큼 움직이기
이 복제본 삭제하기

26. ▶시작하기 를 누르면 외계인과 드론이 미사일을 발사하는 것을 볼 수 있습니다.

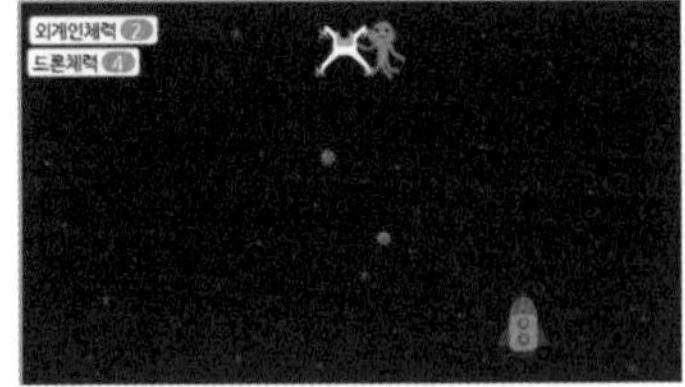

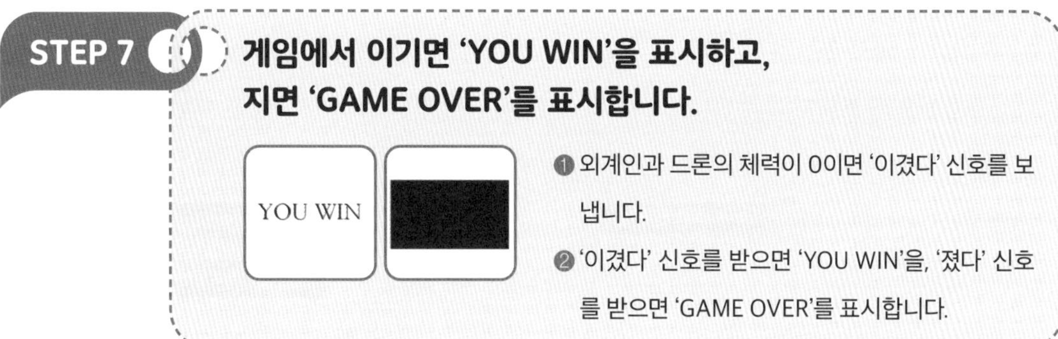

STEP 7
게임에서 이기면 'YOU WIN'을 표시하고,
지면 'GAME OVER'를 표시합니다.
YOU WIN
❶ 외계인과 드론의 체력이 0이면 '이겼다' 신호를 보
냅니다.
❷ '이겼다' 신호를 받으면 'YOU WIN'을, '졌다' 신호
를 받으면 'GAME OVER'를 표시합니다.

27. 게임에서 이기려면 드론과 외계인 체력이 모두 0이 되어야 합니다. 게임에서 이겼는지 판단하는 코드를 '우주(3)' 오브젝트에 작성해 보겠습니다. 우선, 변수 창을 숨기도록 **시작**의 [시작하기 버튼을 클릭했을 때] 블록과 **자료**의 [변수 외계인체력 ▼ 숨기기] 블록과 [변수 드론체력 ▼ 숨기기] 블록을 연결합니다.

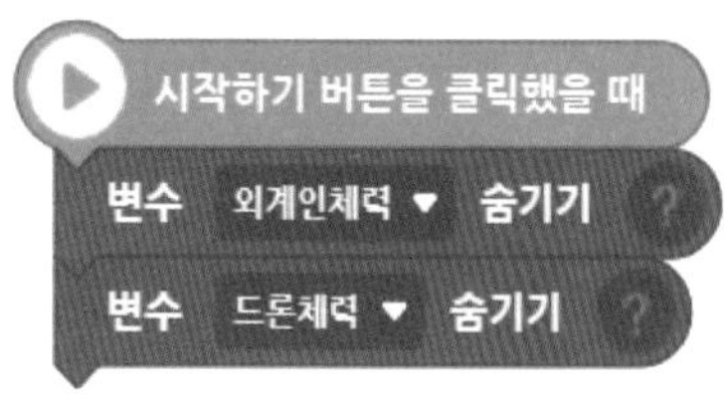

28. 이어서 **흐름**의 [계속 반복하기] 블록과 [만일 참 이라면] 블록을 연결하고, 외계인체력과 드론체력이 모두 0이 되었는지 판단하도록 [참]에 **판단**의 [참 그리고 ▼ 참] 블록을 넣습니다. 각각의 [참]에는 [10 = 10] 블록을 넣어 [외계인체력 ▼ 값]과 [드론체력 ▼ 값]이 '0'과 같은지 판단할 수 있도록 다음과 같이 코드를 작성합니다. 마지막으로, **속성 ➡ 신호 ➡ 신호 추가하기**를 눌러 '이겼다' 신호를 만든 후 [이겼다 ▼ 신호 보내기] 블록을 연결합니다.

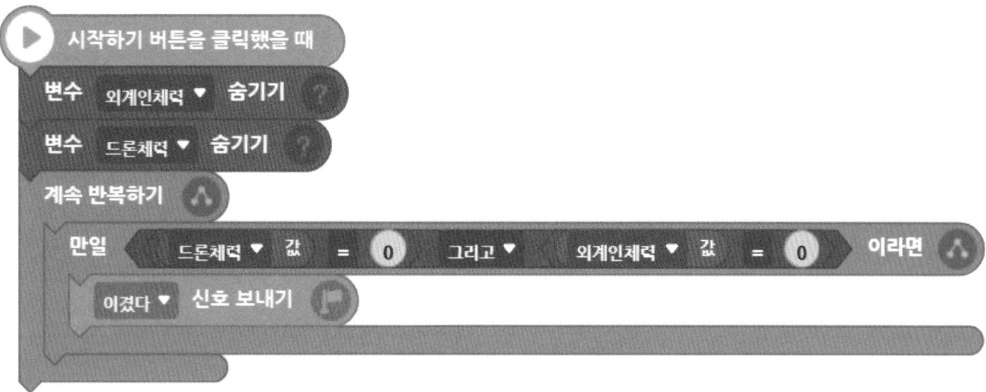

29. 우리는 3에서 글상자를 미리 숨겨 놓았습니다. 그리고 9에서는 '졌다' 신호를, 28에서는 '이겼다' 신호를 보내도록 했습니다. 여기서는 '졌다' 신호를 받으면 글상자에 'GAME OVER'를 보이게 하고, '이겼다' 신호를 받으면 'YOU WIN'이 보이게 해보겠습니다. '글상자' 오브젝트를 클릭하고, **시작**에서 [졌다 ▾ 신호를 받았을 때] 블록을 가져오고, **생김새**의 [모양 보이기] 블록을 연결해 신호를 받으면 글상자가 보이도록 합니다. 그리고 **글상자**의 [엔트리 라고 글쓰기] 블록을 가져와 '엔트리'를 'GAME OVER'로 고칩니다. '이겼다' 신호를 받았을 때도 이와 같이 작성하여 코드를 완성합니다.

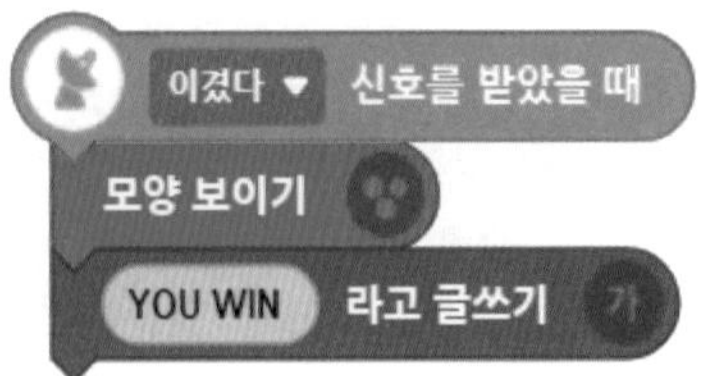

이겼다 ▾ 신호를 받았을 때
모양 보이기
YOU WIN 라고 글쓰기

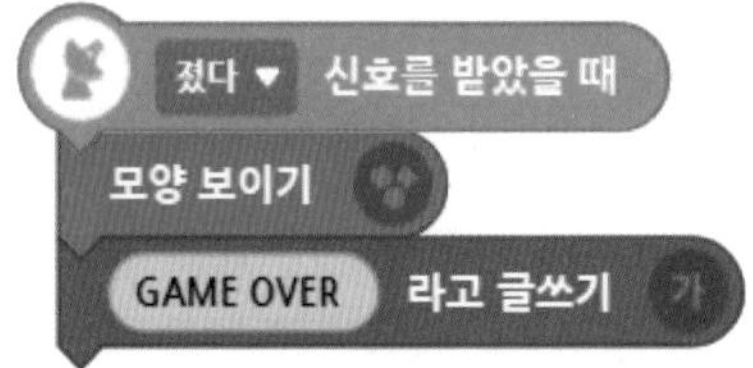

졌다 ▾ 신호를 받았을 때
모양 보이기
GAME OVER 라고 글쓰기

30. [▶ 시작하기]를 눌러 게임을 실행해 보세요. 로켓이 적 미사일에 닿으면 'GAME OVER'가, 드론과 외계인을 없애면 'YOU WIN'이 나오는 것을 볼 수 있습니다.

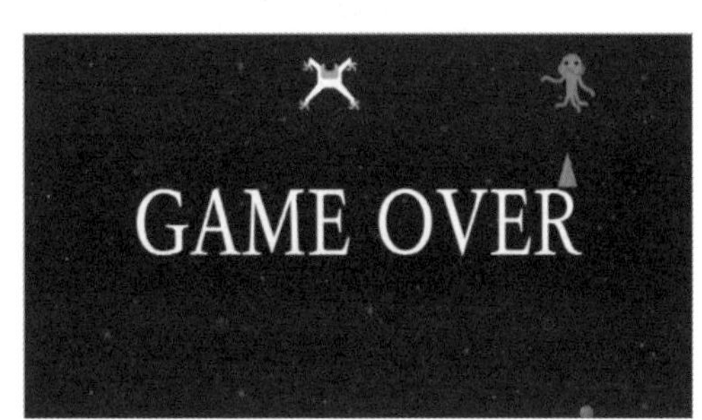

GAME OVER

검토하기

완성된 코드를 검토해 봅시다. https://bit.ly/entrycoding14c에 접속하면 전체 코드를 볼 수 있습니다. 놓친 부분은 없는지 천천히 살펴보세요.

로켓(3)

```
시작하기 버튼을 클릭했을 때
계속 반복하기
  만일 <오른쪽 화살표 ▼ 키가 눌러져 있는가?> 이라면
    x 좌표를 5 만큼 바꾸기
    만일 <오른쪽 벽 ▼ 에 닿았는가?> 이라면
      x 좌표를 -5 만큼 바꾸기
  만일 <왼쪽 화살표 ▼ 키가 눌러져 있는가?> 이라면
    x 좌표를 -5 만큼 바꾸기
    만일 <왼쪽 벽 ▼ 에 닿았는가?> 이라면
      x 좌표를 5 만큼 바꾸기
```

- 키보드 오른쪽 화살표 키를 누르면 오른쪽으로 이동하고, 그 상태에서 오른쪽 벽에 닿으면 왼쪽으로 이동시키는 기능
- 키보드 왼쪽 화살표 키를 누르면 왼쪽으로 이동하고, 그 상태에서 왼쪽 벽에 닿으면 오른쪽으로 이동시키는 기능

```
스페이스 ▼ 키를 눌렀을 때
만일 <발사중 ▼ 값 = 0> 이라면
  발사 ▼ 신호 보내기
```

- 스페이스를 누르면 '발사중' 값이 0인지 확인하고 '발사' 신호를 보내는 기능

```
시작하기 버튼을 클릭했을 때
계속 반복하기
  만일 <<미사일 ▼ 에 닿았는가?> 또는 ▼ <미사일1 ▼ 에 닿았는가?>> 이라면
    10 번 반복하기
      크기를 -4 만큼 바꾸기
    모양 숨기기
    졌다 ▼ 신호 보내기
    모든 ▼ 코드 멈추기
```

- 적의 미사일에 닿았는지 확인하는 기능
- 크기를 줄이는 기능
- 모양을 숨기고, '졌다' 신호를 보내고, 모든 코드를 멈추는 기능

로켓미사일

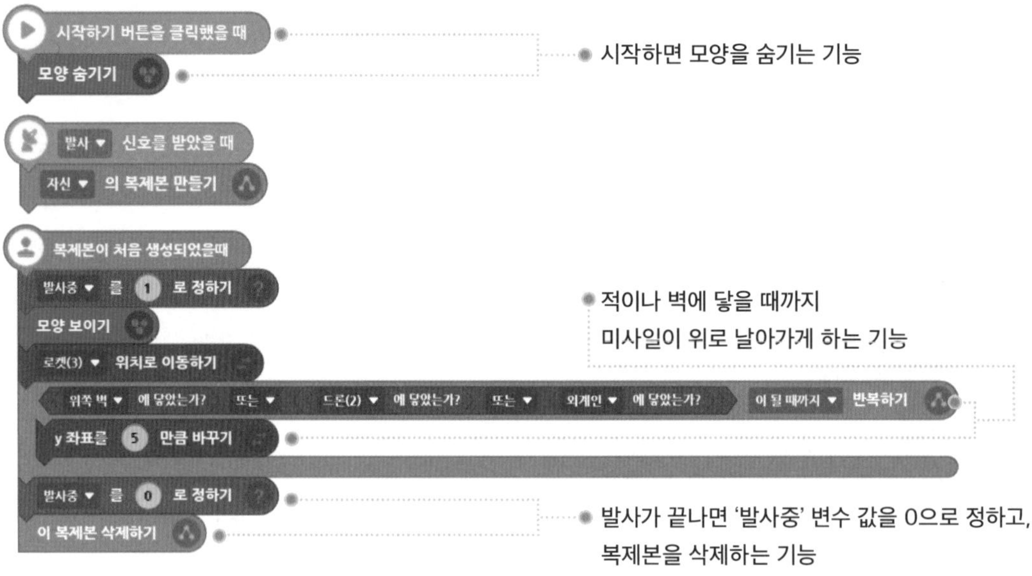
시작하기 버튼을 클릭했을 때
모양 숨기기
시작하면 모양을 숨기는 기능
발사 신호를 받았을 때
자신 의 복제본 만들기
복제본이 처음 생성되었을때
발사중 를 1 로 정하기
모양 보이기
로켓(3) 위치로 이동하기
위쪽 벽 에 닿았는가? 또는 드론(2) 에 닿았는가? 또는 외계인 에 닿았는가? 이 될 때까지 반복하기
y 좌표를 5 만큼 바꾸기
적이나 벽에 닿을 때까지
미사일이 위로 날아가게 하는 기능
발사중 를 0 로 정하기
이 복제본 삭제하기
발사가 끝나면 '발사중' 변수 값을 0으로 정하고,
복제본을 삭제하는 기능

외계인

시작하기 버튼을 클릭했을 때
계속 반복하기
0.5 부터 3 사이의 무작위 수 초 동안 x: -240 부터 240 사이의 무작위 수 y: 100 위치로 이동하기
외계인발사 신호 보내기
실행화면 상단에서 좌우로 왔다갔다하며
'외계인발사' 신호를 보내는 기능
시작하기 버튼을 클릭했을 때
외계인체력 를 2 (으)로 정하기
체력을 '2'로 정하는 부분
계속 반복하기
만일 로켓미사일 에 닿았는가? (이)라면
외계인체력 에 -1 만큼 더하기
로켓미사일에 닿으면
체력이 1씩 줄어들게 하는 기능
모양 숨기기
0.5 초 기다리기
모양 보이기
모양을 숨겼다가 보이게 하는 기능
만일 외계인체력 값 ≤ 0 (이)라면
10 번 반복하기
크기를 -4 만큼 바꾸기
모양 숨기기
자신의 코드 멈추기
체력이 0이 되면 크기를 줄어들게 하고,
모양을 숨기고, 외계인 코드의 실행을 멈추는 기능

드론(2)

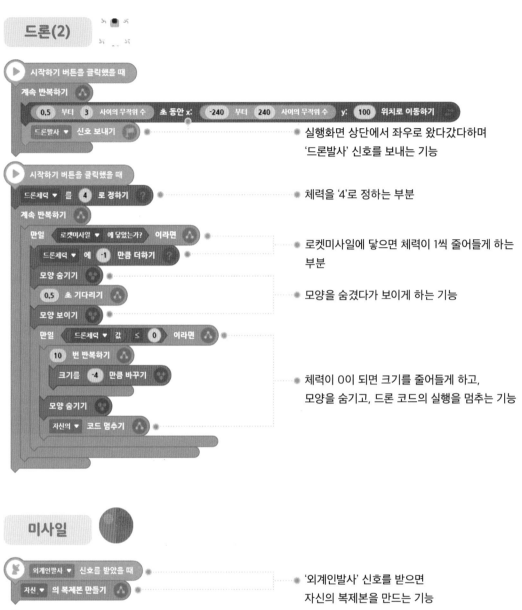

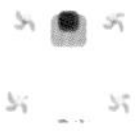

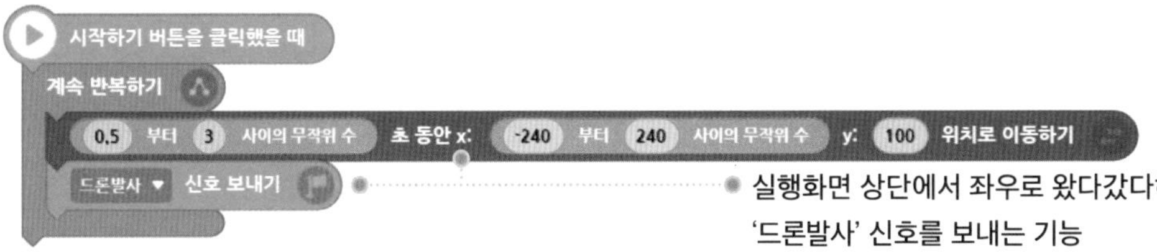

```
시작하기 버튼을 클릭했을 때
계속 반복하기
    0.5 부터 3 사이의 무작위 수 초 동안 x: -240 부터 240 사이의 무작위 수 y: 100 위치로 이동하기
    드론발사 ▼ 신호 보내기
```

실행화면 상단에서 좌우로 왔다갔다하며 '드론발사' 신호를 보내는 기능

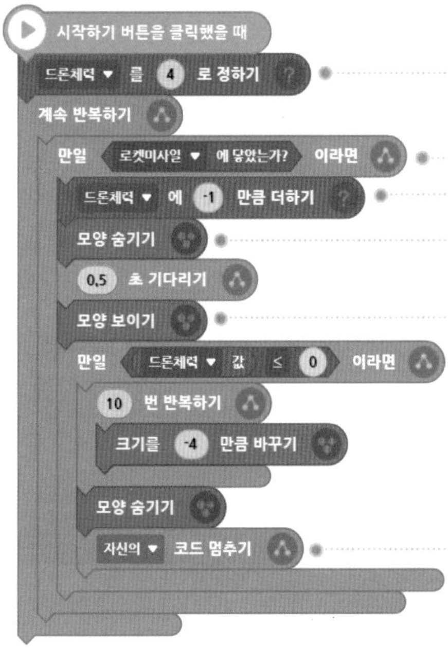

```
시작하기 버튼을 클릭했을 때
드론체력 ▼ 를 4 로 정하기
계속 반복하기
    만일 로켓미사일 ▼ 에 닿았는가? 이라면
        드론체력 ▼ 에 -1 만큼 더하기
        모양 숨기기
        0.5 초 기다리기
        모양 보이기
        만일 드론체력 ▼ 값 ≤ 0 이라면
            10 번 반복하기
                크기를 -4 만큼 바꾸기
            모양 숨기기
            자신의 ▼ 코드 멈추기
```

체력을 '4'로 정하는 부분

로켓미사일에 닿으면 체력이 1씩 줄어들게 하는 부분

모양을 숨겼다가 보이게 하는 기능

체력이 0이 되면 크기를 줄어들게 하고, 모양을 숨기고, 드론 코드의 실행을 멈추는 기능

미사일

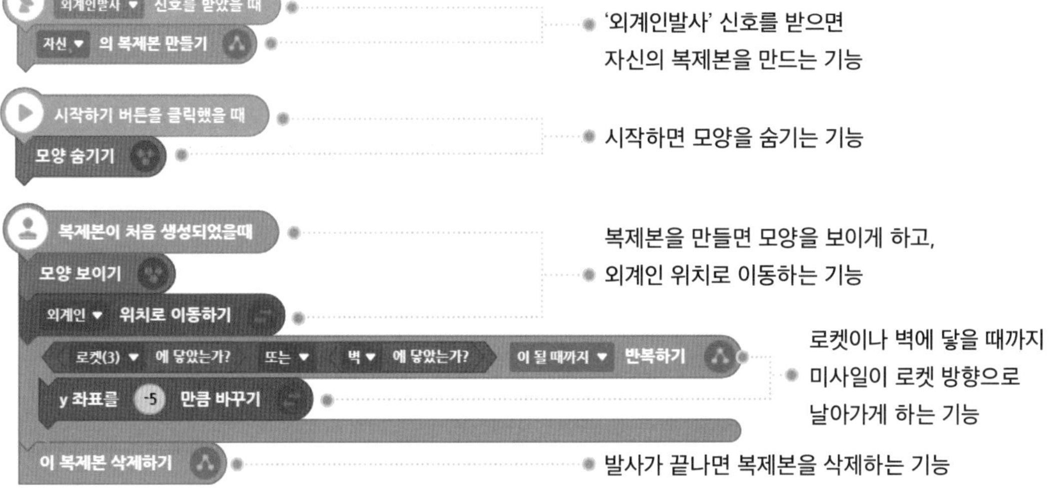

외계인발사 ▼ 신호를 받았을 때
자신 ▼ 의 복제본 만들기
'외계인발사' 신호를 받으면
자신의 복제본을 만드는 기능
시작하기 버튼을 클릭했을 때
모양 숨기기
시작하면 모양을 숨기는 기능
복제본이 처음 생성되었을때
모양 보이기
외계인 ▼ 위치로 이동하기
복제본을 만들면 모양을 보이게 하고,
외계인 위치로 이동하는 기능
로켓(3) ▼ 에 닿았는가? 또는 ▼ 벽 ▼ 에 닿았는가? 이 될 때까지 ▼ 반복하기
y 좌표를 -5 만큼 바꾸기
로켓이나 벽에 닿을 때까지
미사일이 로켓 방향으로
날아가게 하는 기능
이 복제본 삭제하기
발사가 끝나면 복제본을 삭제하는 기능

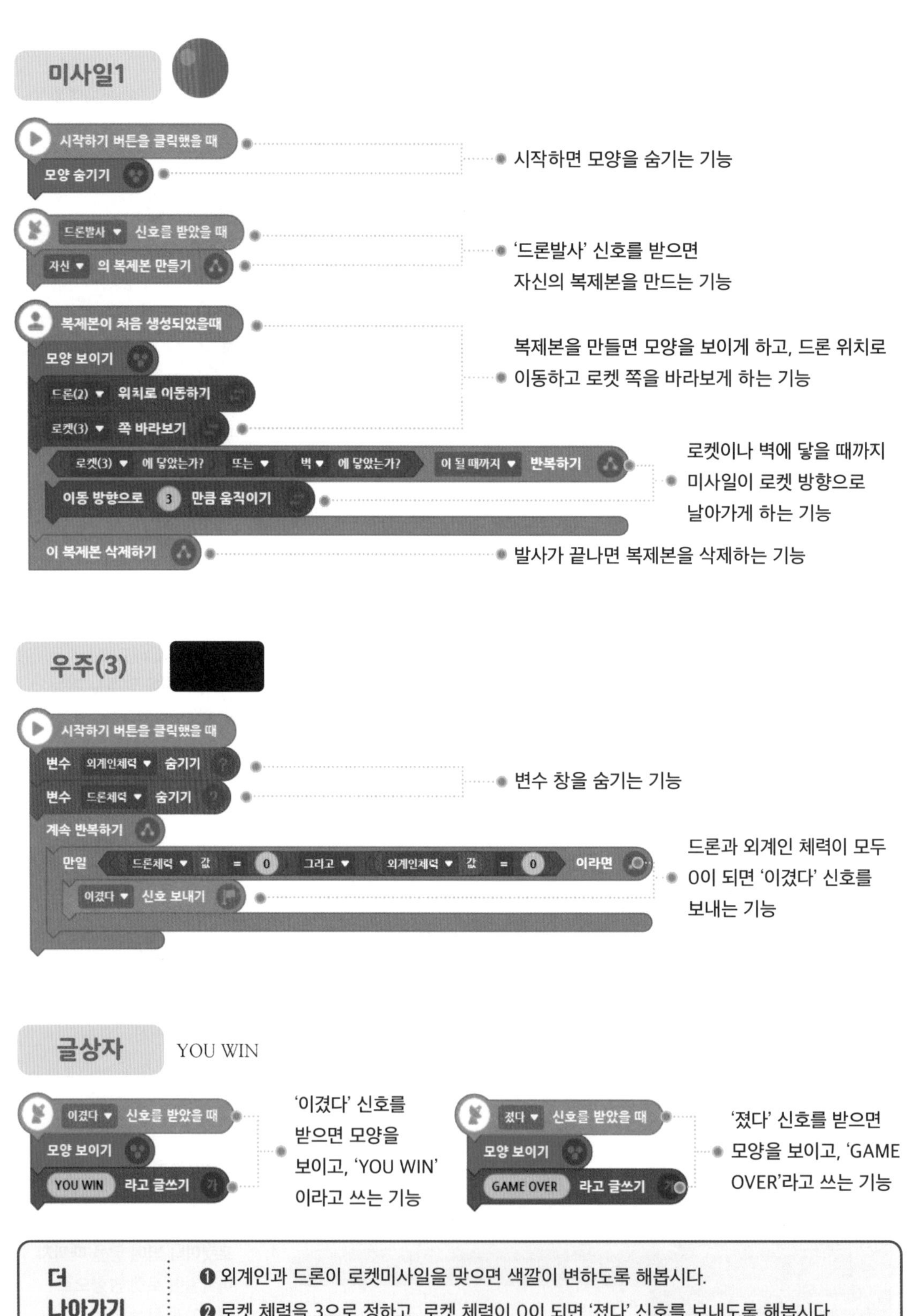
미사일1
시작하기 버튼을 클릭했을 때
모양 숨기기
시작하면 모양을 숨기는 기능
드론발사 신호를 받았을 때
자신 의 복제본 만들기
'드론발사' 신호를 받으면
자신의 복제본을 만드는 기능
복제본이 처음 생성되었을때
모양 보이기
드론(2) 위치로 이동하기
로켓(3) 쪽 바라보기
복제본을 만들면 모양을 보이게 하고, 드론 위치로
이동하고 로켓 쪽을 바라보게 하는 기능
로켓(3) 에 닿았는가? 또는 벽 에 닿았는가? 이 될 때까지 반복하기
이동 방향으로 3 만큼 움직이기
로켓이나 벽에 닿을 때까지
미사일이 로켓 방향으로
날아가게 하는 기능
이 복제본 삭제하기
발사가 끝나면 복제본을 삭제하는 기능
우주(3)
시작하기 버튼을 클릭했을 때
변수 외계인체력 숨기기
변수 드론체력 숨기기
변수 창을 숨기는 기능
계속 반복하기
만일 드론체력 값 = 0 그리고 외계인체력 값 = 0 이라면
이겼다 신호 보내기
드론과 외계인 체력이 모두
0이 되면 '이겼다' 신호를
보내는 기능
글상자
YOU WIN
이겼다 신호를 받았을 때
모양 보이기
YOU WIN 라고 글쓰기
'이겼다' 신호를
받으면 모양을
보이고, 'YOU WIN'
이라고 쓰는 기능
졌다 신호를 받았을 때
모양 보이기
GAME OVER 라고 글쓰기
'졌다' 신호를 받으면
모양을 보이고, 'GAME
OVER'라고 쓰는 기능

더 나아가기

❶ 외계인과 드론이 로켓미사일을 맞으면 색깔이 변하도록 해봅시다.

❷ 로켓 체력을 3으로 정하고, 로켓 체력이 0이 되면 '졌다' 신호를 보내도록 해봅시다.

게임 융합 이야기

게임과 수학의 만남

앞서 만든 우주 대전 게임은 게임 장르 중 '슈팅 게임'에 해당합니다. 슈팅 게임의 핵심은 미사일 발사입니다. 우주 대전 게임에서는 미사일이 주로 직선으로 발사되었습니다. 하지만 대부분의 슈팅 게임에서는 적의 미사일이 직선형뿐만 아니라 아래 그림과 같이 원형, 곡선형 등 다양한 모습으로 발사되는 경우가 많습니다.

❶ 직선형 ❷ 원형 ❸ 곡선형

엔트리로 이런 미사일 발사 패턴을 만들기 위해서는 복제본, 각도, 변수의 기능을 잘 이해해야 합니다. 만약 ❷와 같은 패턴을 만들려면 ❹와 같은 코드를 작성해야 합니다. 이 코드는 처음에 미사일을 로켓 위치로 이동하고, 이동 방향을 0으로 만들어 방향과 일치시키고, 방향을 270도로 정해서 왼쪽을 바라보도록 합니다. 다음으로 복제본을 만들면서 각도와 변수를 각각 10과 1씩 증가시킵니다. 처음에 복제된 것은 방향이 270도이고 이때 변수 값은 1이 됩니다. 다음은 (280, 2) 그다음은 (290, 3)... 이렇게 19번을 반복하면 마지막 복제본의 방향은 450도(360도는 0도이므로 실제로는 90도)가 되어 가장 오른쪽을 바라보게 됩니다. 이때의 변수 값은 19가 됩니다. 복제본을 생성했을 때 바로바로 미사일이 날아가지 않고 다 복제될 때까지 기다리기 위해서 '대기'라는 변수 값이 19가 될 때까지 기다렸다가 적이나 벽에 닿을 때까지 해당 방향으로 나아갑니다. ❹는 원형 패턴에서 한 번 발사하는 코드입니다. 정확하게 ❷와 같이 만들려면 미사일이 여러 번 발사되도록 해야 합니다. 이 부분은 '반복하기'와 '변수' 블록을 활용해서 여러분이 스스로 해결해 봅시다.

❸과 같은 패턴은 조금 더 쉽습니다. ❺와 같이 미사일을 복제하고 그때마다 미사일이 날아가게 하면 미사일이 복제되는 시간 차이 때문에 ❸과 같은 패턴이 만들어집니다.

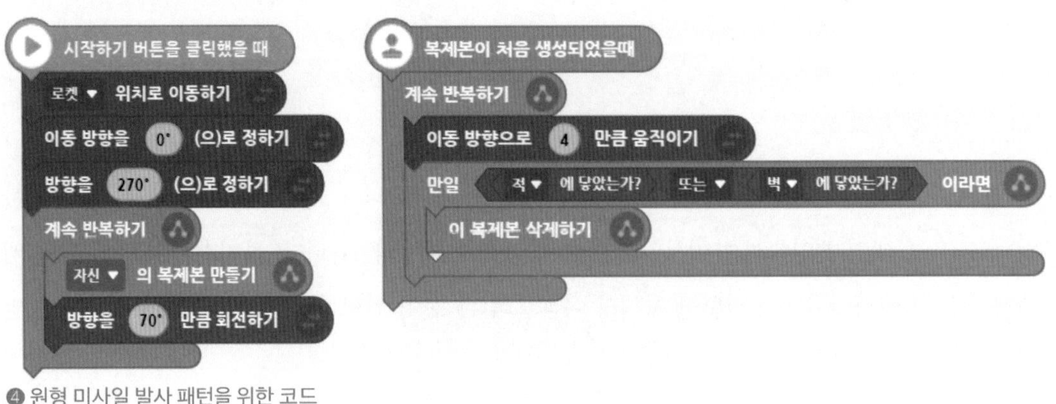

❹ 원형 미사일 발사 패턴을 위한 코드

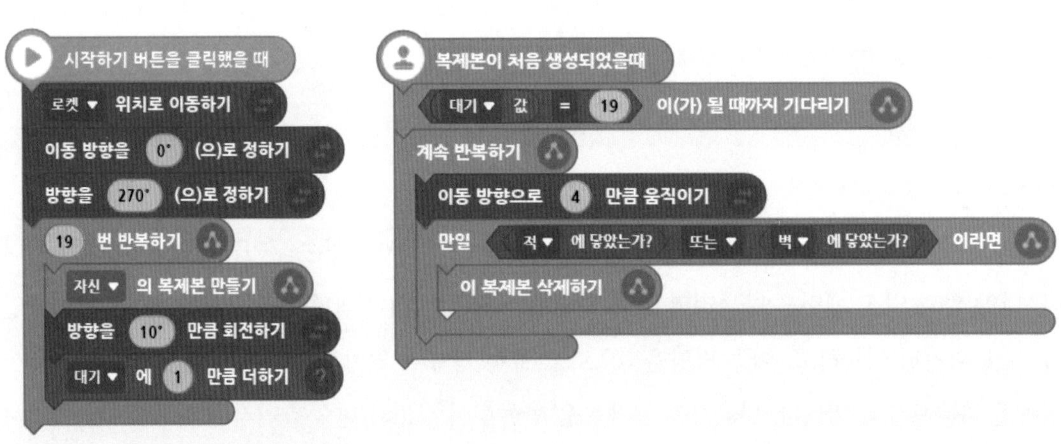

❺ 곡선형 미사일 발사 패턴을 위한 코드

이와 같이 '각도'라는 개념을 활용하면 다양한 미사일 패턴을 만들 수 있습니다. 여러분은 수학 시간에 어떤 개념을 배웠나요? 그것을 적용하면 어떤 게임을 만들 수 있을까요?

PART IV.

심화

chapter 15

최고 기록 만들기

학습 목표

공유 변수를 활용하여 최고 기록 기능 만들기

- **프로그래밍 개념**

  선택 / 반복 / 이벤트 / 변수 / 비교 연산 / 신호

- **엔트리 기능**

  닉네임 / 초시계 / 글상자 / 합치기 / 모양

난이도 ☆ ☆ ☆ ☆ ☆

기능 설명

- 게임에서는 게임이 끝나면 자신의 점수와 함께 가장 높은 점수를 획득한 사람의 점수와 닉네임을 보여줍니다. 여기서는 공유 변수를 활용해서 최고 기록 기능을 만들어봅시다.

게임 살펴보기

https://bit.ly/entrycoding15

장면 1 미리보기

STEP 1
마우스로 버튼을 클릭하면 점수가 올라갑니다.

STEP 2
획득한 점수가 최고 기록보다 높으면 닉네임과 점수를 기록합니다.

STEP 3
10초가 지나면 자신의 점수와 최고 기록을 가진 닉네임과 점수가 나타납니다.

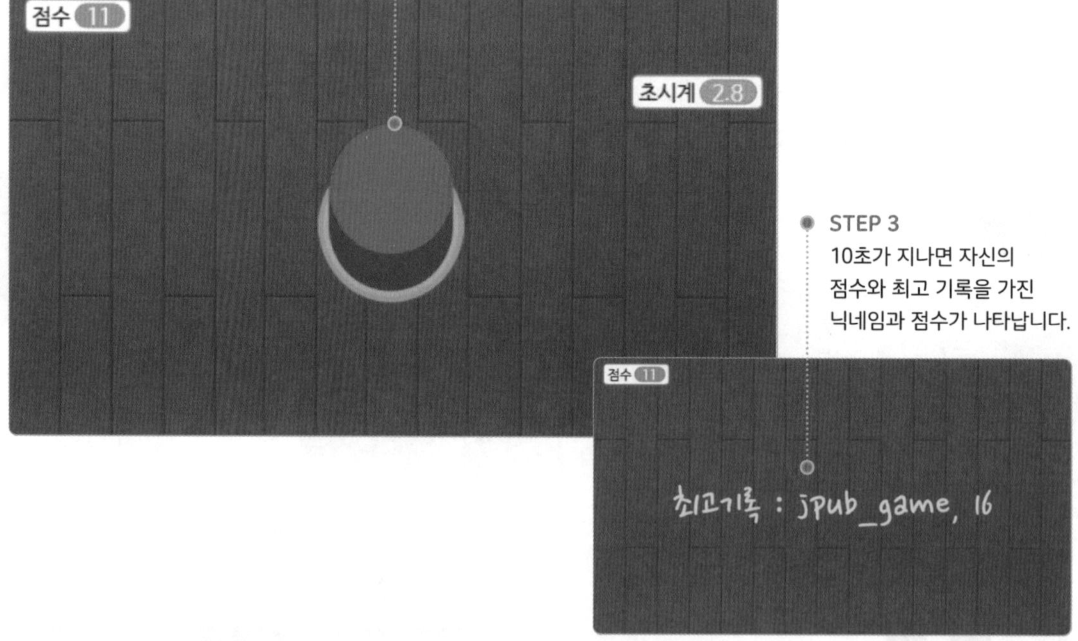

개념 다지기

게임을 실행한 사용자 닉네임을 가져와 사용해요!

엔트리에는 우리가 만든 게임을 어떤 사람이 실행했는지 알 수 있도록 닉네임 블록을 제공합니다. 이 블록은 게임을 실행한 사람의 엔트리 닉네임을 저장합니다. 이 블록을 활용하면 최고 기록을 낸 사람의 닉네임을 자동으로 받아오는 기능이나 특정한 닉네임을 게임에 참여할 수 없도록 하는 강퇴 기능 등을 만들 수 있습니다.

예제

로그인하지 않은 상태에서 코드를 실행하면 빈 칸을 출력합니다.

jpub_game이라는 닉네임으로 로그인하고 코드를 실행하면 로그인한 닉네임인 'jpub_game'을 말합니다.

프로그래밍하기

1. 오브젝트 목록 창에서 '엔트리봇' 오브젝트를 삭제하고, [+ 오브젝트 추가하기]를 눌러 '결과 확인 버튼, 마룻바닥' 오브젝트를 추가합니다.

2. 그리고 [+ 오브젝트 추가하기]와 **글상자**를 눌러 '최고기록' 글상자를 만듭니다. 글꼴은 '나눔손글씨'로, 글 색깔은 '노란색'으로, 글 배경은 '투명'으로 정합니다. 글상자는 숨김 버튼(◉)을 눌러 모양을 숨겨둡니다.

3. 다음과 같이 오브젝트의 위치와 크기를 변경합니다. 자세한 위치와 크기는 **오브젝트 준비하기**를 확인합니다.

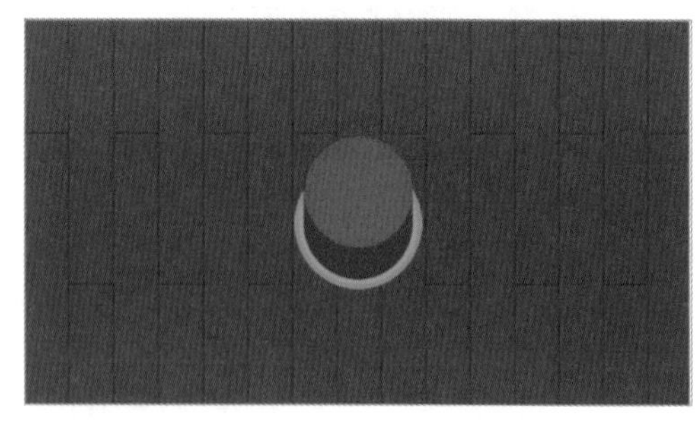

오브젝트 준비하기

오브젝트		최고기록	
이름	결과 확인 버튼	글상자	마룻바닥
카테고리	물건-기타	글상자	배경-실내
X	0	0	0
Y	0	0	0
크기	100	60	375

STEP 1 마우스로 버튼을 클릭하면 점수가 올라갑니다.

❶ 버튼을 누를 때마다 점수가 올라갑니다.
❷ 게임이 시작되면 초시계가 시작됩니다.
❸ 10초가 지나면 초시계와 버튼을 숨깁니다.

4. '결과 확인 버튼' 오브젝트를 클릭할 때마다 점수가 올라가게 해봅시다. 먼저, 자신의 기록을 저장할 '점수' 변수를 만듭니다. **시작**에서 [오브젝트를 클릭했을 때] 블록을 가져오고 **자료**에서 [점수 ▼ 에 10 만큼 더하기] 블록을 가져와 연결합니다. '10'은 '1'로 바꿔 점수가 1점씩 올라가도록 합니다.

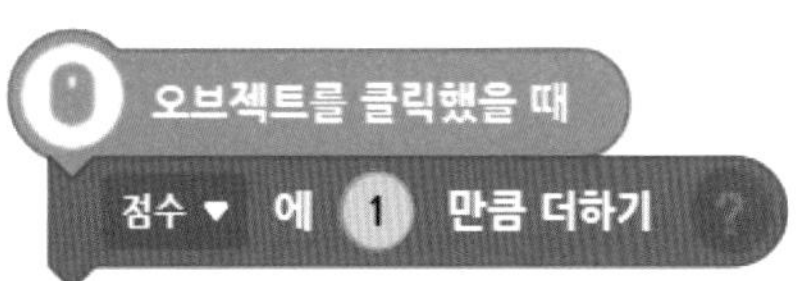

5. 게임이 시작되면 초시계가 시작되고, 10초가 지나면 초시계와 버튼 모양을 숨기도록 해봅시다. **시작**에서 `시작하기 버튼을 클릭했을 때` 블록을 가져오고 **계산**에서 `초시계 시작하기 ▼` 블록을 가져와 연결합니다. 그리고 **흐름**에서 `계속 반복하기` 블록과 `만일 참 이라면` 블록을 연결합니다. `참`에는 초시계 값이 10보다 큰지 판단할 수 있도록 **판단**의 `10 > 10` 블록을 가져와 다음과 같이 `초시계 값`을 넣습니다. 이어서 초시계 값이 10보다 크면 초시계와 결과 확인 버튼 오브젝트를 숨기도록 `초시계 숨기기 ▼` 블록과 `모양 숨기기` 블록을 연결합니다.

```
시작하기 버튼을 클릭했을 때
초시계 시작하기 ▼
계속 반복하기
    만일 < 초시계 값 > 10 > 이라면
        초시계 숨기기 ▼
        모양 숨기기
```

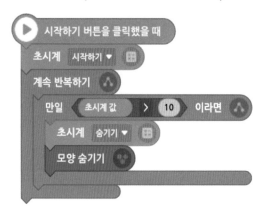

6. `▶ 시작하기`를 눌러 게임을 실행해 봅시다. 버튼을 클릭하면 점수가 올라가고, 10초가 지나면 초시계와 버튼이 사라지는 것을 볼 수 있습니다.

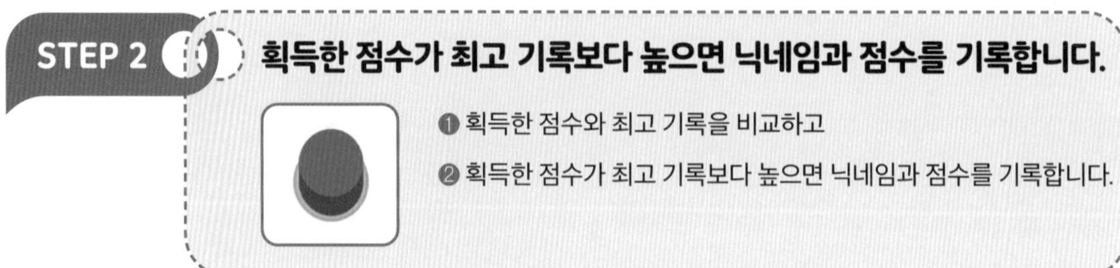

STEP 2 획득한 점수가 최고 기록보다 높으면 닉네임과 점수를 기록합니다.

❶ 획득한 점수와 최고 기록을 비교하고

❷ 획득한 점수가 최고 기록보다 높으면 닉네임과 점수를 기록합니다.

7. 10초가 지나면 획득한 점수와 최고기록을 비교하게 해봅시다. 먼저, '최고기록'과 '최고기록사용자' 변수를 만듭니다. 이 변수를 만들 때는 '공유 변수로 사용'에 체크합니다. 다음으로 **흐름**에서 [만일 참 이라면] 블록을 가져옵니다. [참]에는 '최고기록'보다 현재 '점수'가 높은지 확인하도록 **판단**의 [10 < 10] 블록을 가져와 다음과 같이 자료의 [최고기록 ▾ 값] 블록과 [점수 ▾ 값] 블록을 넣습니다.

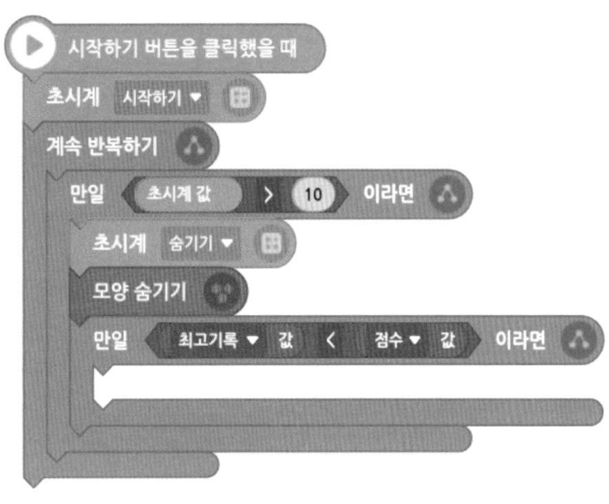

8. 현재 점수가 최고 기록보다 높다면 닉네임과 점수를 기록하도록 **자료**에서 [최고기록사용자 ▾ 를 10 로 정하기] 블록을 가져와 '10'에 **계산**의 [닉네임]을 넣습니다. 마지막으로 **자료**에서 [최고기록사용자 ▾ 를 10 로 정하기] 블록을 하나 더 가져와 '최고기록'을 [점수 ▾ 값]으로 정하도록 다음과 같이 코드를 작성합니다.

시작하기 버튼을 클릭했을 때
초시계 시작하기 ▾
계속 반복하기
만일 초시계 값 > 10 (이)라면
초시계 숨기기 ▾
모양 숨기기
만일 최고기록 ▾ 값 < 점수 ▾ 값 (이)라면
최고기록사용자 ▾ 를 닉네임 (으)로 정하기
최고기록 ▾ 를 점수 ▾ 값 (으)로 정하기

9. [▶ 시작하기]를 누르고 게임을 실행해 보세요. 최고 기록을 내면 '최고기록사용자'와 '최고기록'이 바뀌는 것을 볼 수 있습니다.

10. 최고기록과 최고기록사용자 변수 창은 보이지 않도록 **자료**에서 [변수 최고기록사용자 ▾ 숨기기] 블록을 2개 가져와 8의 [시작하기 버튼을 클릭했을 때] 아래에 연결합니다. 그리고 변수를 각각 '최고기록'과 '최고기록사용자'로 바꿉니다. 마지막으로 '최고기록보이기' 신호를 만들고, **시작**에서 [최고기록보이기 ▾ 신호 보내기] 블록을 가져와 [만일 참 이라면] 아래에 연결합니다.

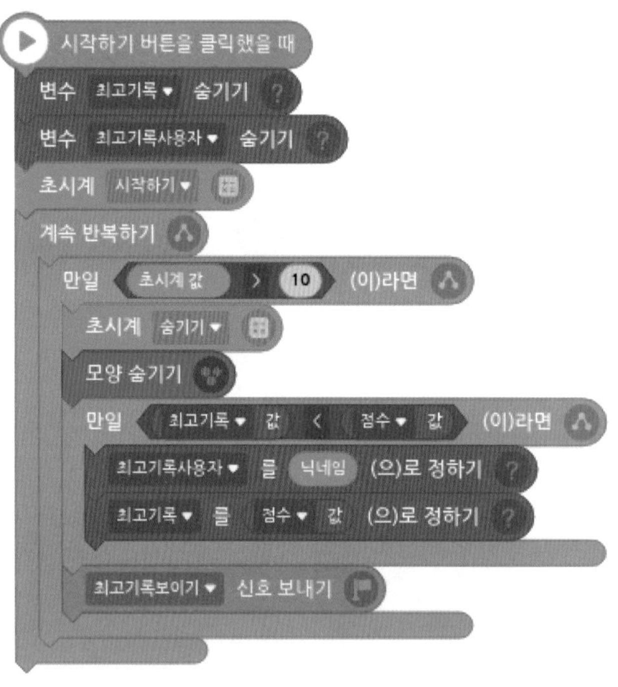

tip 이 신호는 나중에 최고 기록을 보여주는 데 사용됩니다.

STEP 3 게임이 끝나면 최고 기록을 한 닉네임과 점수를 보여줍니다.

최고기록

10초가 지나면 최고 기록을 가진 닉네임과 점수를 보여줍니다.

11. **10**에서 10초가 지나면 최고기록보이기 ▼ 신호 보내기 블록이 실행되도록 코드를 작성했습니다. 글상자는 이 신호를 받으면 모양을 보이고, 최고 기록을 한 닉네임과 점수가 나타나게 해봅시다. '글상자' 오브젝트를 클릭하고, **시작**에서 최고기록보이기 ▼ 신호를 받았을 때 블록을 가져옵니다. '최고기록보이기' 신호를 받았을 때 모양을 보이도록 **생김새**의 모양 보이기 블록을 연결합니다. 그리고 글상자에 최고 기록 사용자의 닉네임과 최고 기록을 나타내도록 **글상자**에서 엔트리 라고 글쓰기 블록을 가져와 연결합니다. '엔트리'에는 **계산**에서 안녕! 과(와) 엔트리 를 합치기 블록 세 개를 합쳐서 넣고, 다음과 같이 순서대로 '최고기록 :', 최고기록사용자 ▼ 값, ','(쉼표), 최고기록 ▼ 값 블록을 넣습니다.

12. ▶ 시작하기 를 눌러 게임을 실행해 보세요. 10초가 지나면 글상자가 최고기록을 한 닉네임과 점수를 보여줍니다.

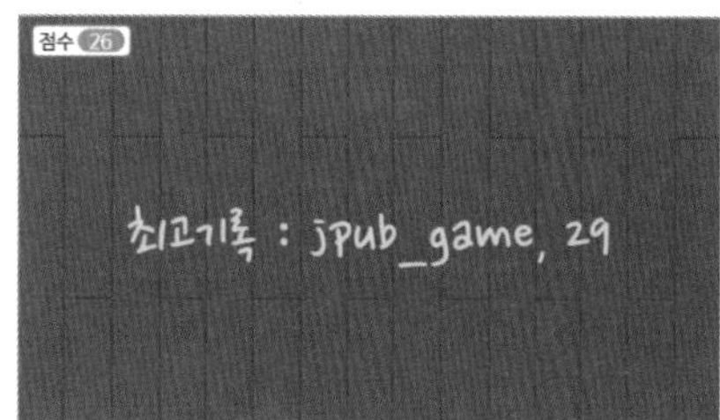

검토하기

완성된 코드를 검토해 봅시다. https://bit.ly/entrycoding15c에 접속하면 전체 코드를 볼 수 있습니다. 놓친 부분은 없는지 천천히 살펴보세요.

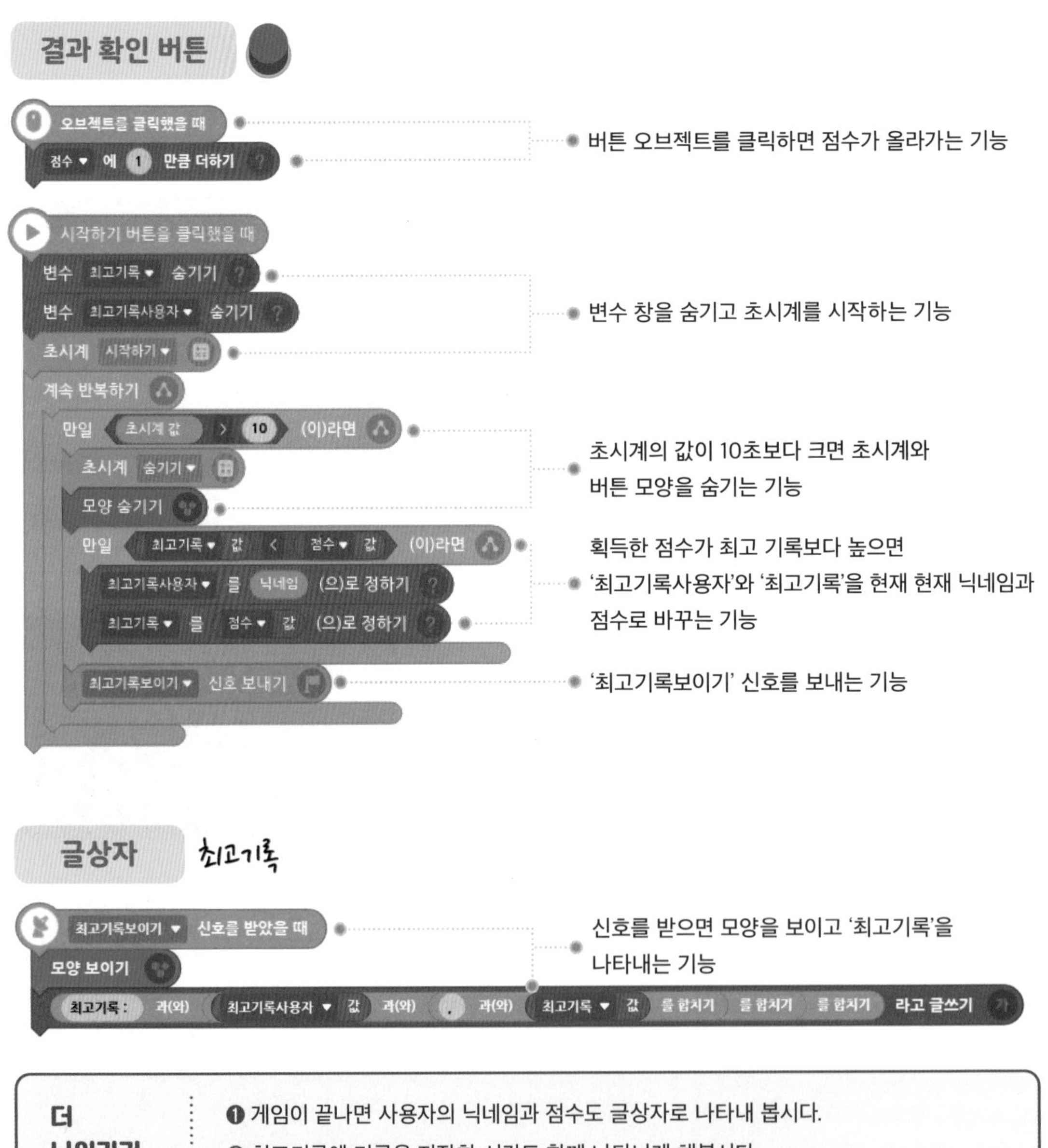

더 나아가기

❶ 게임이 끝나면 사용자의 닉네임과 점수도 글상자로 나타내 봅시다.
❷ 최고기록에 기록을 저장한 시간도 함께 나타나게 해봅시다.

chapter 16

게시판 만들기

학습 목표

공유 리스트와 변수를 활용한 게시판 기능 만들기

- **프로그래밍 개념**

  공유 리스트 / 선택 / 반복 / 이벤트 / 변수 / 비교 연산

- **엔트리 기능**

  글상자 / 묻고 대답 기다리기 / 닉네임 / 말하기 / 합치기

난이도 ☆ ☆ ☆ ☆ ☆

기능 설명

• 게임에는 게임을 해본 사람들이 소감이나 제안을 남길 수 있는 사용자 게시판이 있습니다. 여기서는 공유 리스트와 변수를 활용해서 제목과 내용, 글쓴이가 나타나는 게시판 기능을 만들어봅시다.

게임 살펴보기

https://bit.ly/entrycoding16

장면 1 시작화면

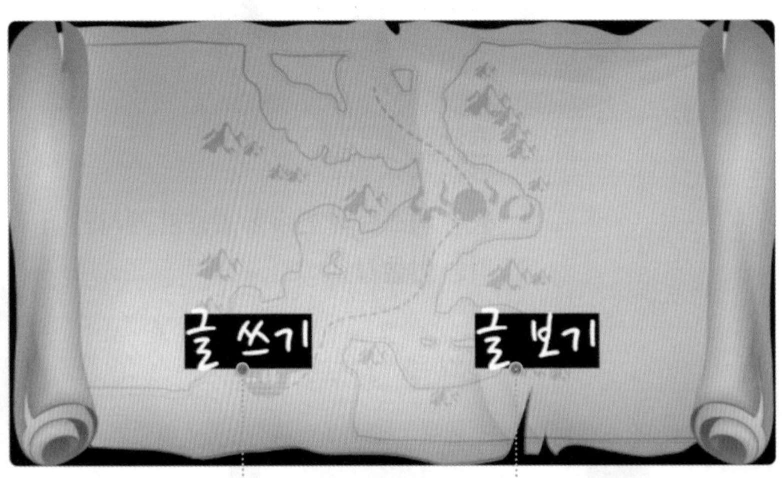

STEP 1 클릭하면 각 장면으로 이동합니다.

장면 2 글쓰기

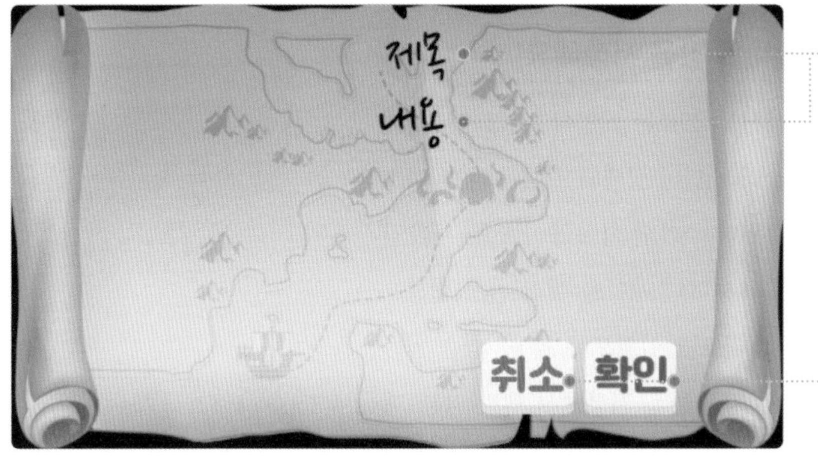

STEP 2
클릭하면 제목과 내용을 입력할 수 있습니다.

STEP 3
클릭하면 글을 등록하거나 시작화면으로 돌아갑니다.

장면 3 글보기

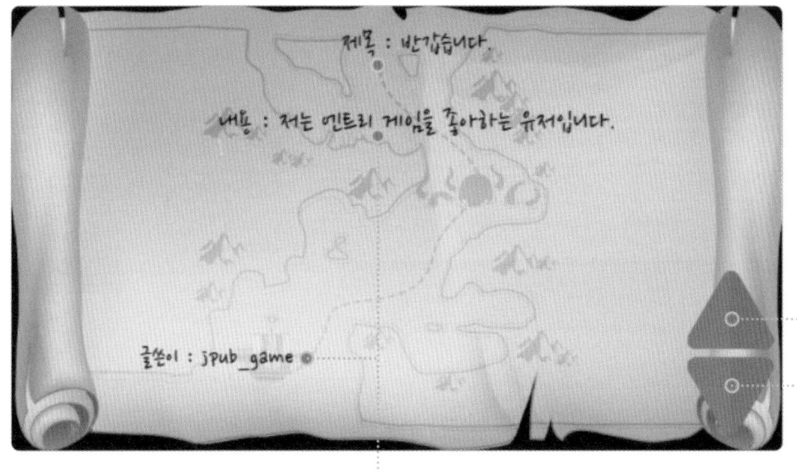

STEP 5
클릭하면 이전/다음 글을 보여줍니다.

STEP 4
첫 번째 글(제목, 내용, 글쓴이)을 보여줍니다.

개념 다지기

공유 리스트–게임이 끝나도 값을 저장해요!

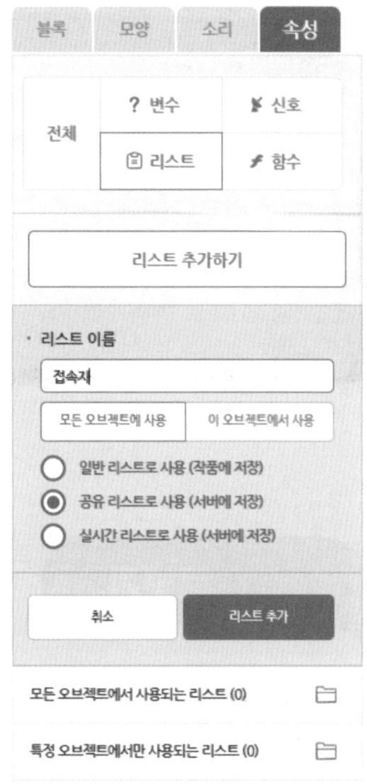

지금까지 우리가 만든 게임에서 리스트는 게임이 종료되면 그 값이 없어졌습니다. ▶ 시작하기 를 눌러 게임이 실행되고 있을 때만 리스트가 저장되고 ■ 를 누르면 추가된 항목들이 모두 사라집니다. 하지만 공유 리스트를 사용하면 게임을 여러 번 실행하고 종료해도 추가된 항목 값이 그대로 남아있도록 할 수 있습니다. 공유 리스트를 사용하면 여러 항목들을 저장해서 랭킹 기능, 메모 저장 기능, 게시판, 로그인 기능 등을 만들 수 있습니다.

공유 리스트 만드는 방법

속성에서 **리스트 ➡ 리스트 추가하기**를 선택하고, 리스트 이름을 '접속자'로 정합니다. 여기까지는 리스트 만들기와 똑같습니다. 리스트를 공유 리스트로 하려면 '공유 리스트로 사용'에 체크 표시만 해주면 됩니다.

예제

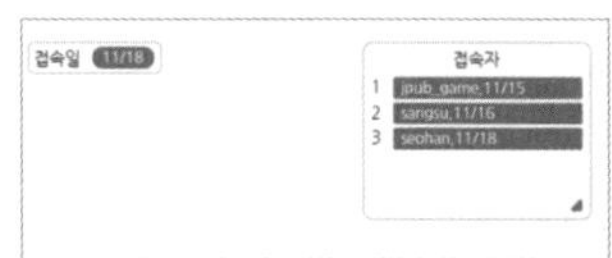

코드를 실행하면 접속자 리스트에 접속일과 접속 닉네임이 저장됩니다. 이 리스트는 게임이 끝나도 계속 저장되어 있습니다.

게시판의 원리를 알아보아요!

게임 또는 웹 사이트에서는 사용자 의견을 받기 위해 게시판을 만들어 운영합니다. 게시판은 보통 '글번호, 제목, 내용, 글쓴이, 날짜, 조회수' 등으로 이루어져 있습니다. 엔트리로 이런 게시판을 만들기 위해서는 각각의 요소를 공유 리스트로 만들어서 정보를 저장한 다음, 그 글 번호에 해당하는 제목과 내용, 글쓴이 등을 글상자로 불러와서 표현할 수 있습니다.

자유게시판

글번호	제목	글쓴이	날짜	조회수
4	엔트리 재미있어요!	jpub007	2019-03-11	2
3	건의사항이 있습니다.	going	2019-03-10	3
2	안녕하세요. 엔트리 유저 입니다.	enter59	2019-03-10	4
1	반갑습니다.	senalove	2019-03-08	1

예를 들어, 위와 같은 게시판은 아래와 같이 각 요소를 공유 리스트로 만들어 정보를 저장한 다음,

	글제목		글쓴이		날짜		조회수
1	반갑습니다	1	senalove	1	2019-03-08	1	1
2	안녕하세요. 엔트리..	2	enter59	2	2019-03-10	2	4
3	건의사항이 있습니다.	3	going	3	2019-03-10	3	3
4	엔트리 재미있어요!	4	jpub007	4	2019-03-11	4	2

자료의 [글제목 ▾ 의 1 번째 항목] 블록과 **글상자**의 [엔트리 라고 글쓰기 가] 블록을 활용하여 글제목의 첫 번째 항목을 불러와 화면에 표시할 수 있습니다.

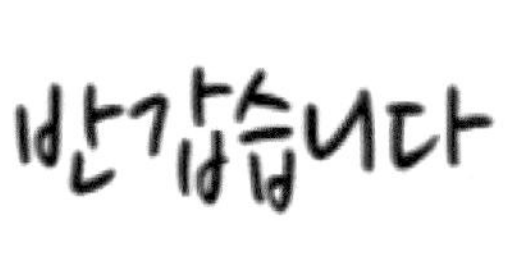

프로그래밍하기

장면 1 시작화면

1. 오브젝트 목록 창에서 '엔트리봇' 오브젝트를 삭제하고, [+ 오브젝트 추가하기]를 눌러 '지도' 오브젝트를 추가합니다.

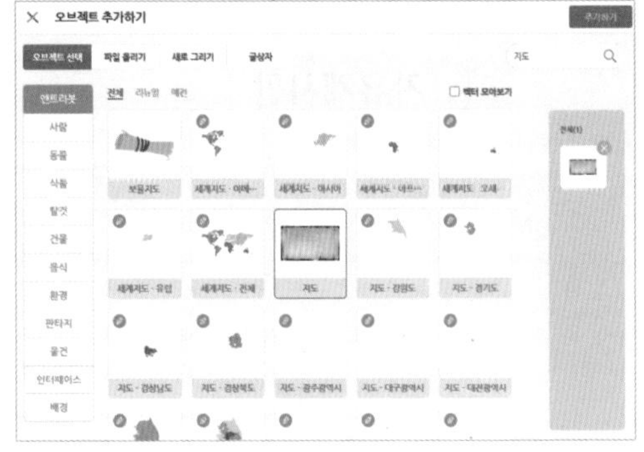

2. [+ 오브젝트 추가하기]와 **글상자**를 눌러 '글 쓰기', '글 보기' 글상자를 만듭니다. 글꼴은 '나눔손글씨'로, 글 색깔은 '흰색'으로, 글 배경은 '검정색'으로 정합니다. 두 글상자의 자세한 위치와 크기는 **오브젝트 준비하기**를 확인합니다.

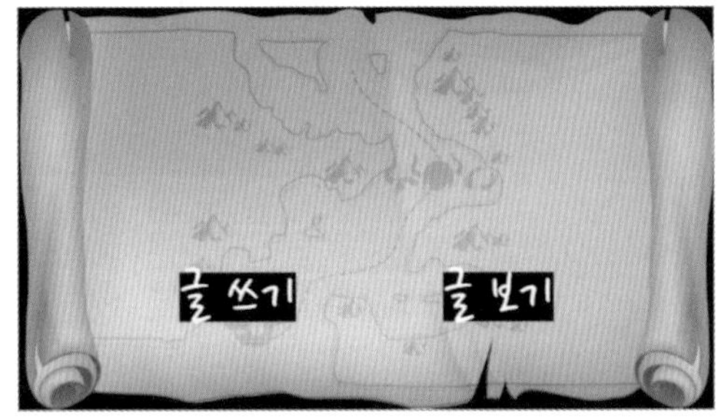

오브젝트 준비하기

오브젝트	글 쓰기	글 보기	
이름	글상자	글상자1	지도
카테고리	글상자	글상자	배경-기타
X	-90	90	0
Y	-60	-60	0
크기	50	50	375

STEP 1 ⓵ **게시판에 '글 쓰기'와 '글 보기' 메뉴를 만듭니다.**

글 쓰기 | 글 보기

글상자를 클릭하면 해당 장면으로 이동합니다.

3. '장면 추가' 버튼을 눌러 2개의 장면을 추가하고, '장면 1'은 '시작화면'으로, '장면 2'는 '글쓰기'로, '장면 3'은 '글보기'로 장면 이름을 바꿉니다.

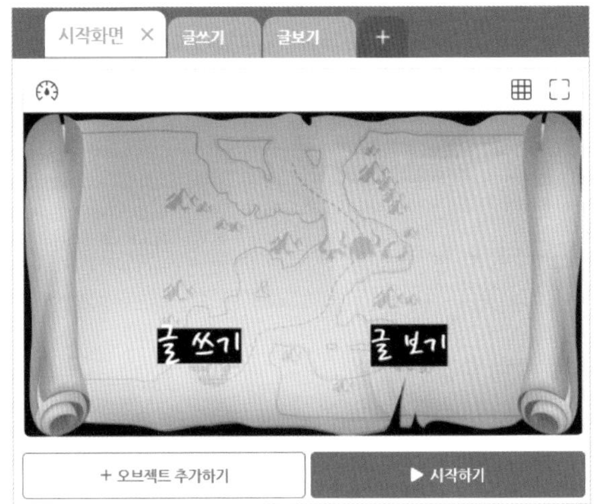

4. '시작화면' 장면으로 돌아와 글상자인 '글 쓰기' 오브젝트를 클릭하면 '글쓰기' 장면이 시작되도록 **시작**에서 [오브젝트를 클릭했을 때], [시작화면 ▾ 시작하기] 블록을 가져와 다음과 같이 코드를 작성합니다.

```
오브젝트를 클릭했을 때
  글쓰기 ▾ 시작하기
```

5. 마찬가지로, '글 보기' 오브젝트를 클릭하면 '글보기' 장면이 시작되도록 4와 똑같이 코드를 작성합니다.

장면 2 글쓰기

6. '글쓰기' 장면을 선택한 후 [+ 오브젝트 추가하기]를 눌러 '취소 버튼, 확인 버튼, 지도' 오브젝트를 추가합니다.

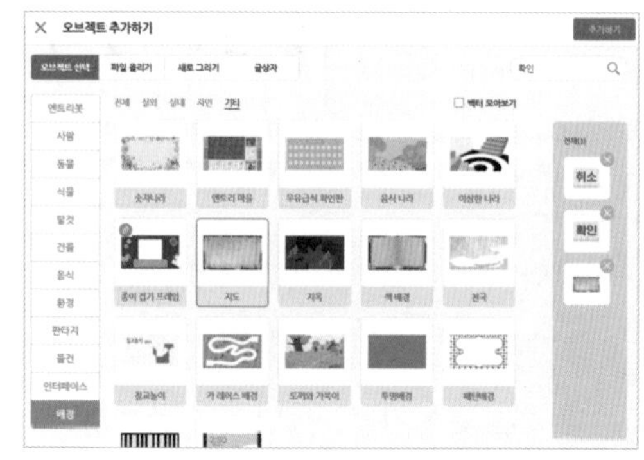

7. 그리고 새 글상자 오브젝트를 추가하여 '제목' 글상자를 만듭니다. 글꼴은 '나눔손글씨'로, 글 색깔은 '검정색'으로, 글 배경은 '투명'으로 정합니다. 이때 '여러 줄 쓰기'를 선택하여 글상자의 크기에 맞게 여러 줄의 글을 쓸 수 있도록 합니다. 같은 방식으로 '내용' 글상자도 만듭니다.

tip 여러 줄 쓰기에서는 글자 크기를 조절할 수 있습니다. 오브젝트 목록에서 해당 글상자를 선택한 뒤 글상자 탭을 누릅니다. '글자 크기'에 있는 커서를 조절하면 실행화면에서 글자 크기가 변하는 것을 볼 수 있습니다.

8. 다음과 같이 오브젝트의 위치와 크기를 변경합니다. 자세한 위치와 크기는 **오브젝트 준비하기**를 확인합니다.

오브젝트 준비하기

오브젝트	제목	내용	취소	확인	
이름	글상자2	글상자3	취소 버튼	확인 버튼	지도
카테고리	글상자	글상자	인터페이스	인터페이스	배경-기타
X	10	10	80	150	0
Y	20	-10	-90	-90	0
크기	250	250	50	50	375

STEP 2 **글 쓰기 메뉴에서 제목과 내용을 입력할 수 있습니다.**

제목 내용

해당 글상자를 클릭하면 제목과 내용을 각각 입력할 수 있습니다.

9. 각 글상자를 클릭하면 제목과 내용을 입력하고, 입력한 값이 글상자에 표시되게 해봅시다. 먼저 '제목'과 '내용' 변수를 만듭니다. '제목' 글상자를 클릭한 다음 **시작**에서 [오브젝트를 클릭했을 때] 블록을 가져옵니다. **자료**에서 [안녕! 을(를) 묻고 대답 기다리기] 블록을 연결하고 '안녕'을 '제목을 입력하세요.'로 바꿉니다. 입력한 값을 '제목' 변수에 저장하도록 **자료**에서 [제목 ▾ 를 10 로 정하기] 블록을 연결하고, '10'에는 **자료**의 [대답]을 넣습니다. 마지막으로 '제목' 변수에 있는 값을 글상자에 표시하도록 **글상자**에서 [엔트리 라고 글쓰기] 블록을 연결하고 '엔트리'에 [점수 ▾ 값]을 넣습니다.

```
오브젝트를 클릭했을 때
제목을 입력하세요. 을(를) 묻고 대답 기다리기
제목 ▾ 를 대답 로 정하기
제목 ▾ 값 라고 글쓰기
```

10. '내용' 글상자도 **9**를 참고하여 다음과 같이 코드를 작성합니다.

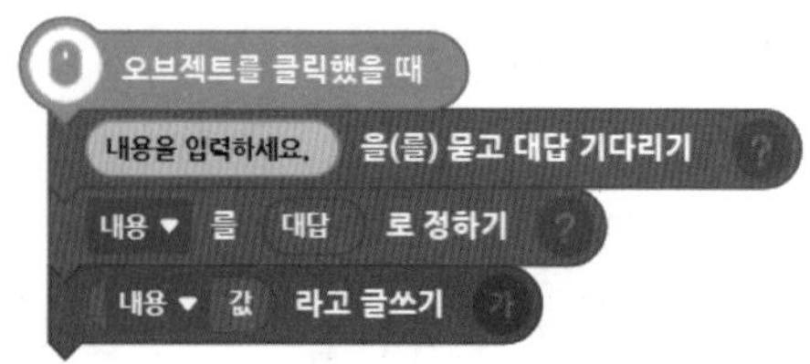

11. ▶ 시작하기 를 눌러 '제목'과 '내용'을 클릭해 보세요. 입력 창에 글을 입력하면 입력한 내용이 글상자에 표시되는 것을 볼 수 있습니다.

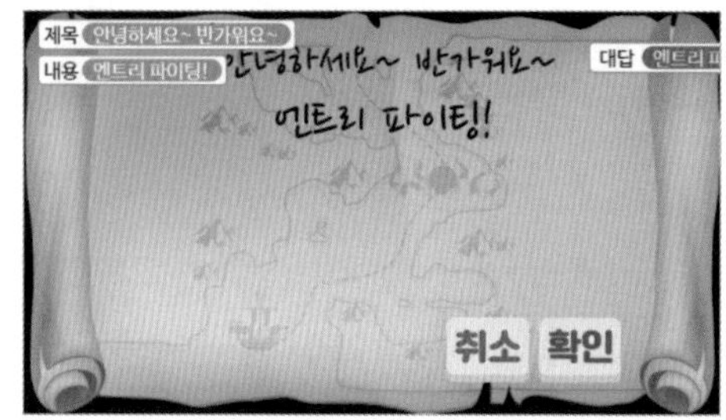

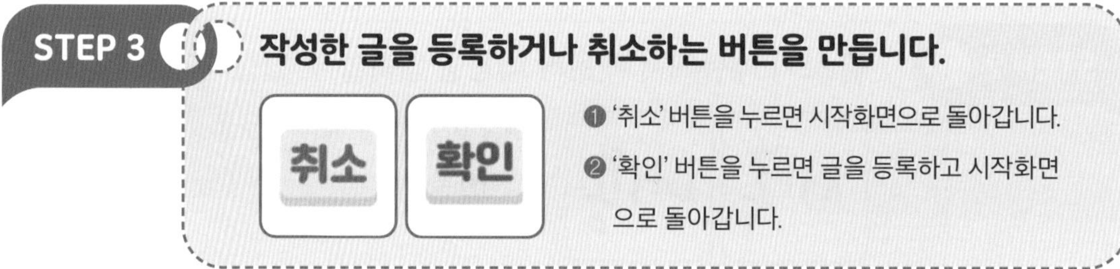

STEP 3 작성한 글을 등록하거나 취소하는 버튼을 만듭니다.

❶ '취소' 버튼을 누르면 시작화면으로 돌아갑니다.

❷ '확인' 버튼을 누르면 글을 등록하고 시작화면으로 돌아갑니다.

12. '취소' 버튼을 누르면 '시작화면'으로 돌아가도록 '취소 버튼' 오브젝트를 선택하고, **시작**에서  블록을 연결합니다.

13. '확인' 버튼을 누르면 글을 등록하도록 **속성** ➡ **리스트** ➡ **리스트 추가하기**를 눌러 '글제목, 글내용, 글쓴이' 리스트를 추가합니다. '확인 버튼' 오브젝트를 선택하고, **시작**의 [오브젝트를 클릭했을 때] 블록과 **자료**의 [10 항목을 글쓴이▾ 에 추가하기] 블록 3개를 가져와 연결합니다. 그리고 '제목' 변수 값을 '글제목' 리스트에 추가하고, '내용' 변수 값을 '글내용' 리스트에 추가하고, '닉네임'을 '글쓴이' 리스트에 추가하도록 다음과 같이 고칩니다. 마지막으로 **시작**의 [시작화면▾ 시작하기] 블록을 연결하여 코드를 완성합니다.

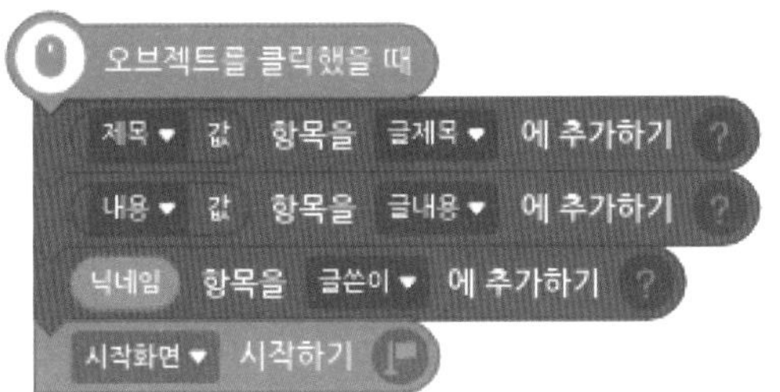

tip 게임을 멈추더라도 리스트 내용을 저장하려면 리스트를 만들 때 '공유 리스트로 사용'에 체크합니다.

14. [▶ 시작하기]를 눌러 제목과 내용을 입력하고 '확인' 버튼을 누르면 각 리스트에 알맞은 변수 값이 저장되는 것을 볼 수 있습니다.

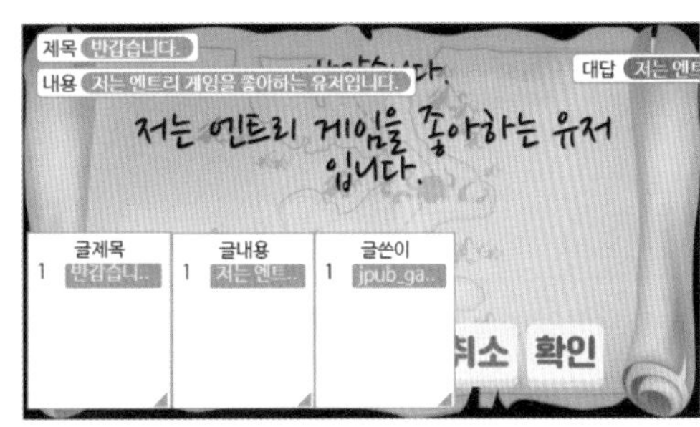

장면 3 글보기

15. '글보기' 장면을 선택한 후 [+ 오브젝트 추가하기]를 눌러 '방향버튼, 지도' 오브젝트를 추가합니다. 방향버튼은 2개를 추가합니다.

16. 새 글상자 오브젝트를 추가하여 '제목' 글상자를 만듭니다. 글꼴은 '나눔손글씨'로, 글 색깔은 '검정색'으로, 글 배경은 '투명'으로 정합니다. 이때 '여러 줄 쓰기'를 선택하여 글상자의 크기에 맞게 여러 줄의 글을 쓸 수 있도록 합니다. 같은 방식으로 '내용'과 '글쓴이' 글상자도 만듭니다.

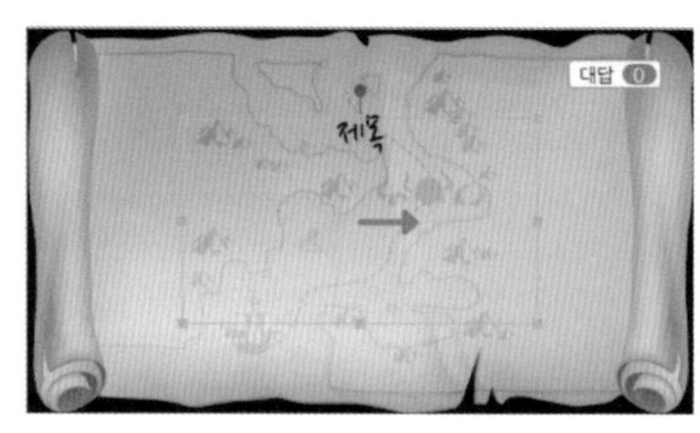

17. '방향버튼' 오브젝트를 클릭한 후 **모양 탭**에서 모양을 '방향버튼_위'로 바꿉니다.

18. 다음과 같이 오브젝트의 위치와 크기를 변경합니다. 자세한 위치와 크기는 **오브젝트 준비하기**를 확인합니다.

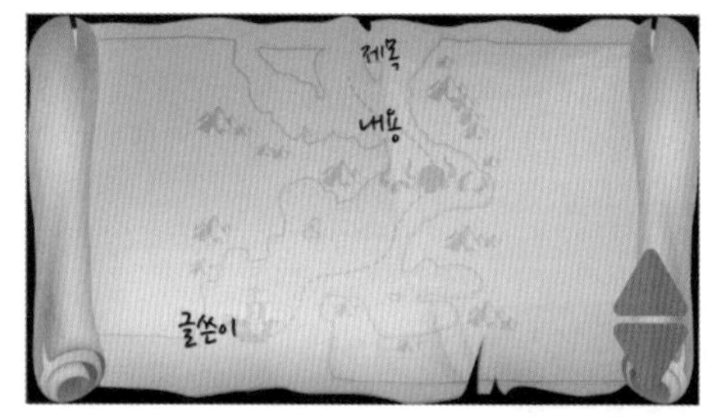

오브젝트 준비하기

오브젝트	제목	내용	글쓴이			
이름	글상자4	글상자5	글상자6	방향버튼	방향버튼1	지도
카테고리	글상자	글상자	글상자	인터페이스	인터페이스	배경-기타
X	10	10	-110	200	200	0
Y	20	-10	-90	-50	-100	0
크기	250	250	100	50	50	375

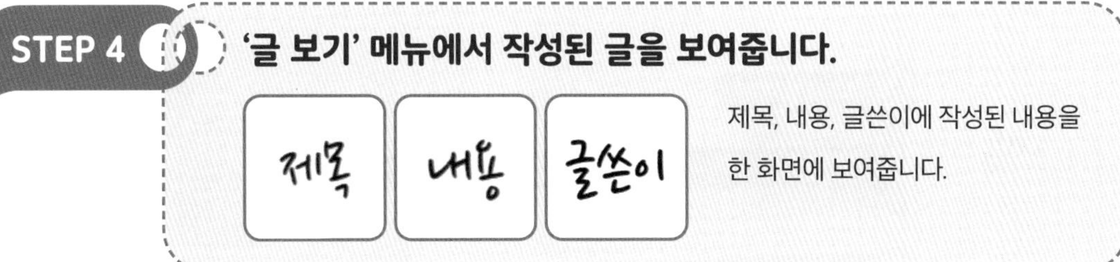

STEP 4
'글 보기' 메뉴에서 작성된 글을 보여줍니다.
제목, 내용, 글쓴이에 작성된 내용을 한 화면에 보여줍니다.

19. '시작화면' 장면으로 돌아가 ▶시작하기 를 누르고 '글 보기' 메뉴를 누르면 작성된 글을 보여줍니다. 글이 여러 개 등록되면 두 번째, 세 번째 항목을 보여줄 수 있도록 **속성 ➡ 변수 ➡ 변수 추가하기**를 눌러 '번호'라는 변수 값을 만듭니다. 이때 번호 변수의 기본값은 0이 아닌 1로 바꿔 항상 첫 번째 글을 먼저 보여주도록 합니다.

? 번호
• 변수 속성
변수 기본값
1
슬라이드
0 ~ 100

여기서 첫 번째 글이란, 글제목, 글내용, 글쓴이 리스트에서 첫 번째 항목을 각각 불러와 글상자로 나타낸 것을 의미합니다.

20. '글보기' 장면에서 '제목' 글상자를 클릭한 후 **시작**에서 [장면이 시작되었을때] 블록을 가져옵니다. **흐름**에서 [계속 반복하기] 블록을 연결하고 그 안에 **글상자**의 [엔트리 라고 글쓰기] 블록을 넣습니다. '엔트리'에는 **계산**의 [안녕! 과(와) 엔트리 를 합치기] 블록을 넣고, '안녕'에는 '제목 : '을, '엔트리'에는 **자료**의 [글제목 ▼ 의 1 번째 항목]을 넣습니다. 그리고 '1'에는 **자료**의 [번호 ▼ 값]을 넣습니다.

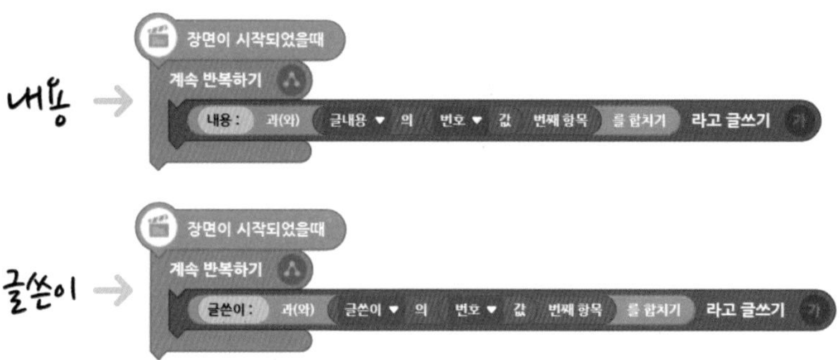
장면이 시작되었을때
계속 반복하기
제목 : 과(와) 글제목 ▼ 의 번호 ▼ 값 번째 항목 를 합치기 라고 글쓰기

tip 이렇게 코드를 작성하면 번호 변수 값의 기본값이 1이므로 제목 글상자는 글제목 리스트의 첫 번째 항목을 보여주게 됩니다.

21. '내용'과 '글쓴이' 글상자도 **20**을 참고하여 다음과 같이 코드를 작성합니다.

내용 →
장면이 시작되었을때
계속 반복하기
내용 : 과(와) 글내용 ▼ 의 번호 ▼ 값 번째 항목 를 합치기 라고 글쓰기

글쓴이 →
장면이 시작되었을때
계속 반복하기
글쓴이 : 과(와) 글쓴이 ▼ 의 번호 ▼ 값 번째 항목 를 합치기 라고 글쓰기

22. '시작화면'으로 돌아가 [▶ 시작하기]를 누르고 '글쓰기'나 '글보기'를 클릭해 보세요. 첫 번째 글이 표시되는 것을 확인할 수 있습니다. 그리고 각종 변수 값과 리스트 창이 보이지 않도록 '시작화면' 장면의 '지도' 오브젝트에 다음과 같이 변수와 리스트 창을 숨기는 코드를 작성합니다.

시작하기 버튼을 클릭했을 때
대답 숨기기 ▼
리스트 글내용 ▼ 숨기기
리스트 글제목 ▼ 숨기기
리스트 글쓴이 ▼ 숨기기
변수 번호 ▼ 숨기기
변수 내용 ▼ 숨기기
변수 제목 ▼ 숨기기

23. 그런데 글을 쓰지 않고 '글보기'를 클릭하면 오류가 납니다. 각 리스트에 추가된 항목이 없는데 해당 항목을 코드로 불러오려고 하기 때문입니다. 따라서 '시작화면' 장면에서 '글보기'를 클릭할 때 글이 하나라도 있을 때만 글보기 장면으로 넘어가게 해 봅시다. '시작화면'에서 '글보기' 오브젝트를 클릭하고 기존의 코드를 다음과 같이 수정합니다.

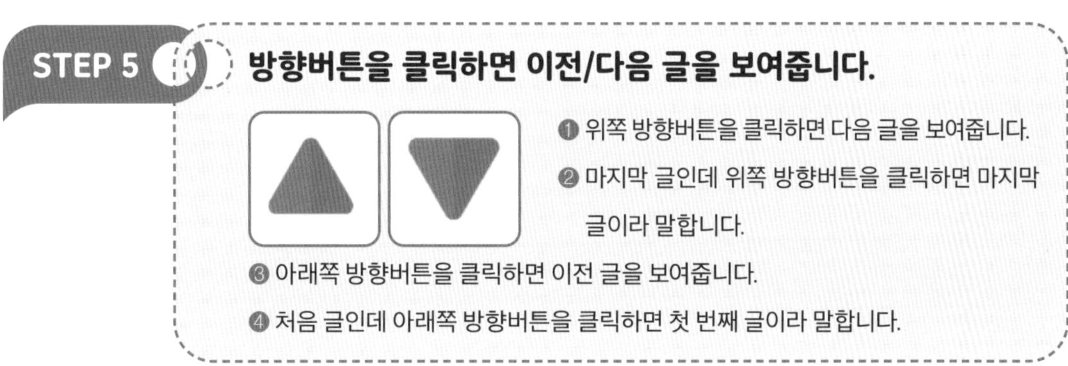

STEP 5
방향버튼을 클릭하면 이전/다음 글을 보여줍니다.
❶ 위쪽 방향버튼을 클릭하면 다음 글을 보여줍니다.
❷ 마지막 글인데 위쪽 방향버튼을 클릭하면 마지막 글이라 말합니다.
❸ 아래쪽 방향버튼을 클릭하면 이전 글을 보여줍니다.
❹ 처음 글인데 아래쪽 방향버튼을 클릭하면 첫 번째 글이라 말합니다.

24. 위쪽 방향버튼을 클릭했을 때 번호 값을 1씩 증가시키면, 다음 글을 보이게 할 수 있습니다. 하지만 등록된 글 개수보다 번호 변수 값이 더 커지면 오류가 발생합니다. 따라서 번호 값이 글 개수보다 적을 때는 위쪽 방향버튼을 클릭하면 번호에 1씩 더하고, 번호 값과 글 개수가 같을 때는 마지막 글이므로 '마지막 글 입니다.'라고 말하도록 다음과 같이 코드를 작성합니다.

```
오브젝트를 클릭했을 때
글보기 ▼ 시작하기
'글 쓰기'를 눌러 아무 글이나 작성한 뒤 다시 한번 작품을 실행해 보세요. 오류가 나지 않죠?
만일 번호 ▼ 값 < 글쓴이 ▼ 항목 수 이라면
    번호 ▼ 에 1 만큼 더하기
아니면
    마지막 글 입니다. 을(를) 2 초 동안 말하기 ▼
```

25. 아래쪽 방향버튼은 번호 값이 1과 같으면 '첫 번째 글입니다.'라고 말하고, 그렇지 않으면 번호가 1씩 감소하게 해봅시다. **24**를 참고하여 다음과 같이 코드를 작성합니다.

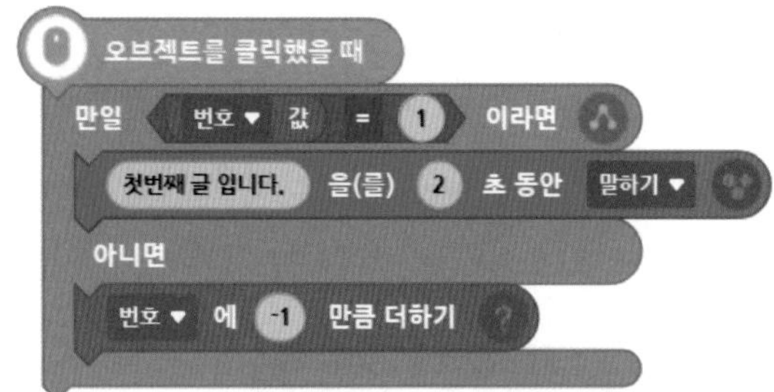

검토하기

완성된 코드를 검토해 봅시다. https://bit.ly/entrycoding16c에 접속하면 전체 코드를 볼 수 있습니다. 놓친 부분은 없는지 천천히 살펴보세요.

장면1–시작화면

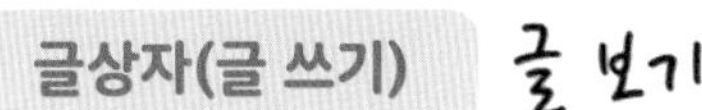

글상자(글 쓰기)
글 보기

오브젝트를 클릭했을 때
글쓰기 시작하기

글상자를 클릭하면 글쓰기 장면을 시작하는 기능

글상자(글 보기) 글 쓰기

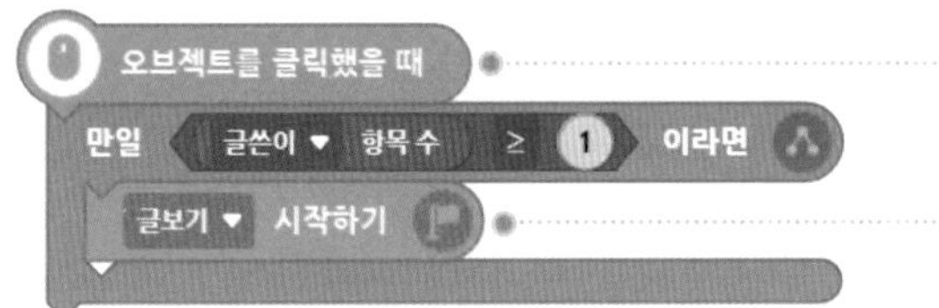

오브젝트를 클릭했을 때
만일 글쓴이 항목 수 ≥ 1 이라면
글보기 시작하기

글상자를 클릭하면 글의 개수가 1개 이상인지 확인하고 글보기 장면을 시작하는 기능

지도 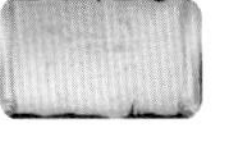

시작하기 버튼을 클릭했을 때
대답 숨기기
리스트 글내용 숨기기
리스트 글제목 숨기기
리스트 글쓴이 숨기기
변수 번호 숨기기
변수 내용 숨기기
변수 제목 숨기기

변수, 리스트, 대답 창을 숨기는 기능

장면2-글쓰기

글상자2(제목)

제목

오브젝트를 클릭했을 때
제목을 입력하세요. 을(를) 묻고 대답 기다리기
제목 ▾ 를 대답 로 정하기
제목 ▾ 값 라고 글쓰기

- 글상자를 클릭하면 제목을 입력하라고 묻는 기능
- 입력한 값을 '제목' 변수에 저장하고,
  글상자에 표시하는 기능

글상자3(내용)

내용

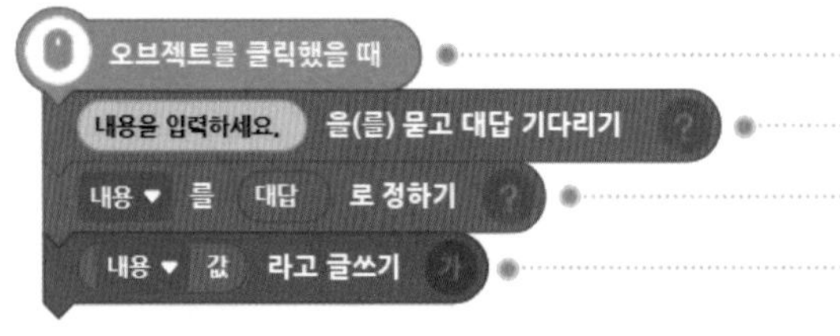

- 글상자를 클릭하면 내용을 입력하라고 묻는 기능
- 입력한 값을 '내용' 변수에 저장하고,
  글상자에 표시하는 기능

취소 버튼

취소

- 버튼을 클릭하면 시작화면 장면을 시작하는 기능

확인 버튼

확인

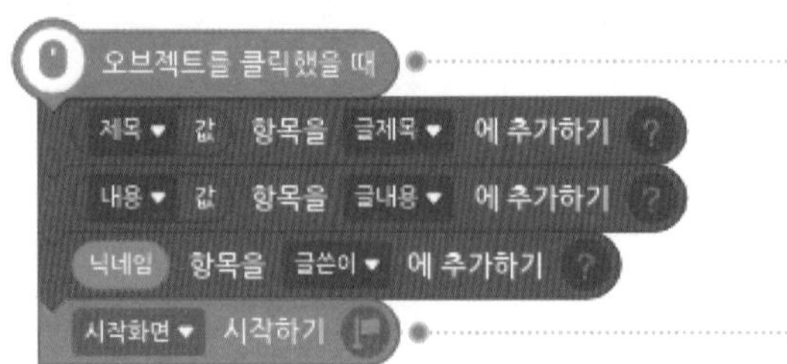

- 버튼을 클릭하면 입력받은 각 변수 값과
  닉네임을 리스트에 저장하고
  시작화면 장면을 시작하는 기능

장면3-글보기

글상자4(제목) 제목

장면이 시작되었을때
계속 반복하기
제목 : 과(와) 글제목 의 번호 값 번째 항목 를 합치기 라고 글쓰기

장면이 시작되면
해당하는 번호의 제목을
글상자로 보여주는 기능

글상자5(내용) 내용

장면이 시작되었을때
계속 반복하기
내용 : 과(와) 글내용 의 번호 값 번째 항목 를 합치기 라고 글쓰기

장면이 시작되면
해당하는 번호의 내용을
글상자로 보여주는 기능

글상자6(글쓴이) 글쓴이

장면이 시작되었을때
계속 반복하기
글쓴이 : 과(와) 글쓴이 의 번호 값 번째 항목 를 합치기 라고 글쓰기

장면이 시작되면
해당하는 번호의
글쓴이를 글상자로
보여주는 기능

방향버튼

오브젝트를 클릭했을 때
만일 번호 값 < 글쓴이 항목 수 이라면
번호 에 1 만큼 더하기
아니면
마지막 글 입니다. 을(를) 2 초 동안 말하기

버튼을 클릭했을 때 현재 번호 값이 글쓴이
항목 수보다 작으면 번호에 1씩 더하는 기능

현재 번호 값이 글쓴이 항목 수보다
작지 않으면 마지막 글이라고 말하는 기능

방향버튼1

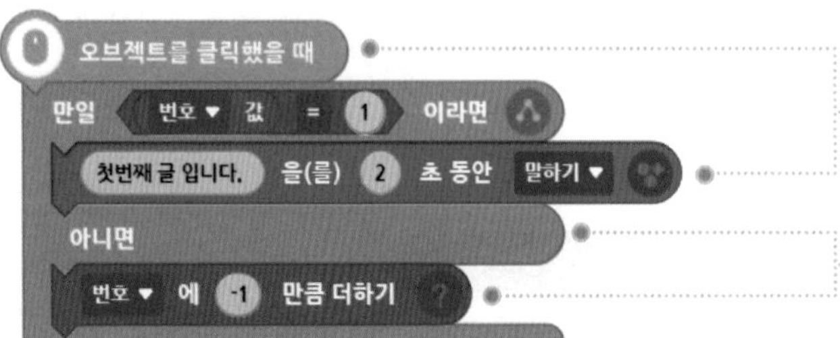

- 버튼을 클릭했을 때 번호 값이 1이면 첫 번째 글이라 말하는 기능
- 번호 값이 1이 아니면 번호를 1씩 감소시키는 기능

더 나아가기

❶ 글쓴이와 함께 글을 쓴 날짜도 자동으로 기록되도록 해봅시다.

❷ 글보기 장면에서 글 제목만 보이게 하고, 제목을 클릭하면 내용이 보이는 기능을 만들어 봅시다.

chapter 17

로그인 기능 만들기

학습 목표

공유 리스트와 변수를 활용한 로그인 기능 만들기

• 프로그래밍 개념

공유 리스트 / 선택 / 반복 / 이벤트 / 변수 / 비교 연산

• 엔트리 기능

글상자 / 묻고 대답 기다리기 / 합치기 / 모양

난이도 ☆ ☆ ☆ ☆ ☆

기능 설명

- 게임에서는 로그인 기능을 제공해서 해당 ID가 획득한 점수나 이전까지 했던 기록을 불러와 보여줍니다.
  공유 리스트와 변수를 활용해서 회원가입을 하고 ID와 비밀번호를 입력해서 로그인할 수 있는 기능을 만들어봅시다.

게임 살펴보기

https://bit.ly/entrycoding17

장면 1 미리보기

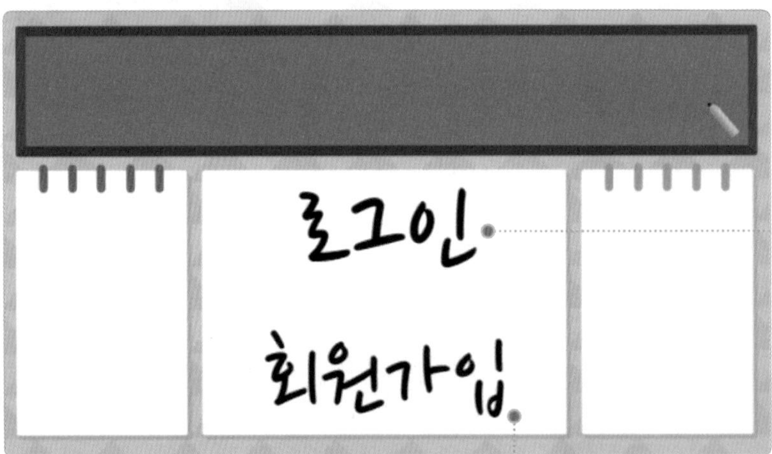

STEP 2
클릭하면 ID와 비밀번호를 묻고 맞으면 로그인이 됩니다.

STEP 1
클릭하면 ID와 비밀번호를 묻고 등록합니다.

개념 다지기

로그인의 원리를 알아보아요!

많은 게임에서는 로그인 기능을 제공하고 있습니다. 로그인을 하면 자신이 만든 캐릭터, 보유한 아이템 등을 볼 수 있습니다. 엔트리로 로그인 기능을 만들기 위해서는 'ID'와 '비밀번호'를 공유 리스트로 만들어서 정보를 저장해 놓은 다음, 해당 ID를 입력했을 때 그에 해당하는 비밀번호가 맞는지 비교하는 방식으로 만들 수 있습니다.

우선, 로그인 기능을 만들기 전에 '회원가입' 기능을 만들어야 합니다. 회원가입을 할 때는 ID가 중복되었는지 확인하여 중복된 ID가 없다면, 비밀번호를 입력받고 아래와 같이 각 요소를 공유 리스트로 만들어 저장해야 합니다.

회원가입

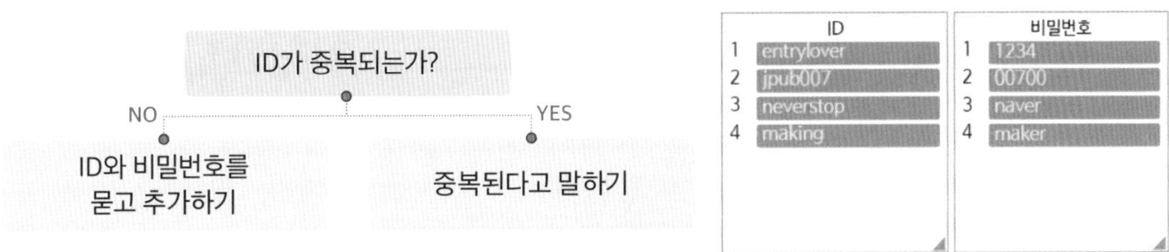

로그인 기능은 ID를 입력하면 먼저 ID가 존재하는지 확인하고, ID가 존재한다면 그 ID에 해당하는 비밀번호가 맞는지 확인하는 방식으로 구현할 수 있습니다.

로그인

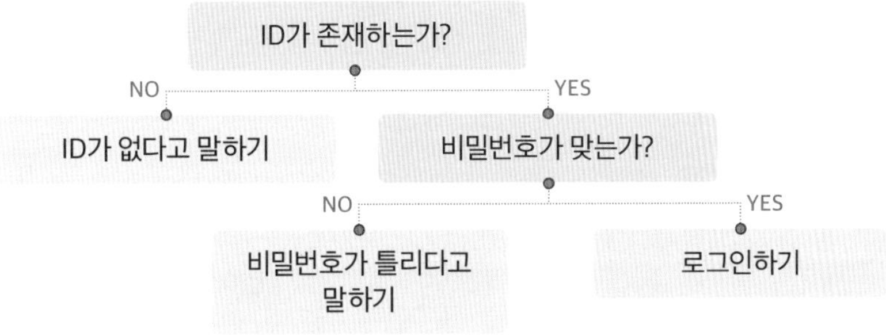

프로그래밍하기

1. 오브젝트 목록 창에서 '엔트리봇' 오브젝트를 삭제하고, [+ 오브젝트 추가하기]를 눌러 '나의공책' 오브젝트를 추가합니다.

2. 새 글상자 오브젝트를 추가하여 눌러 '회원가입, 로그인' 글상자를 만듭니다. 글꼴은 '나눔손글씨'로, 글 색깔은 '검정색'으로, 글 배경은 '투명'으로 정합니다. 그리고 **오브젝트 준비하기**를 참고하여 다음과 같이 오브젝트의 위치와 크기를 변경합니다.

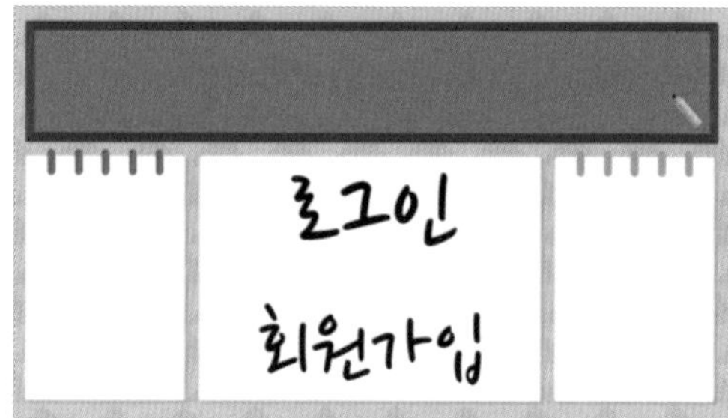

오브젝트 준비하기

오브젝트	회원가입	로그인	
이름	글상자	글상자1	나의공책
카테고리	글상자	글상자	배경-실내
X	0	0	0
Y	-90	0	0
크기	100	100	375

STEP 1 ① '회원가입'을 클릭하면 ID와 비밀번호를 묻고 등록합니다.

회원가입

❶ 가입할 ID를 묻습니다.

❷ 사용 중인 ID라면 '이미 사용중인 ID입니다.'라고 표시합니다.

❸ 사용 중인 ID가 아니면 비밀번호를 묻고 리스트에 추가합니다.

3. 먼저, ID와 비밀번호를 저장할 'ID'와 '비밀번호' 리스트를 만듭니다. 이때 '공유 리스트로 사용'에 체크해서 실행을 멈추더라도 정보가 남아있도록 합니다. 이어서 '회원가입' 글상자를 클릭하고 ID를 입력받을 수 있도록 **시작**에서 [오브젝트를 클릭했을 때] 와 **자료**의 [안녕! 을(를) 묻고 대답 기다리기] 블록을 연결하고, '안녕'을 '가입할 ID를 입력하세요.'로 바꿉니다.

```
오브젝트를 클릭했을 때
가입할 ID를 입력하세요. 을(를) 묻고 대답 기다리기
```

4. ID를 입력했을 때 이미 사용 중인 ID라면, 즉 이미 ID 리스트에 존재하는 ID라면 '이미 사용중인 ID입니다.'라고 표시했다가 잠시 후에 다시 '회원가입'으로 표시되도록 다음과 같이 코드를 작성해 보세요. 처음 등장하는 [ID ▼ 에 대답 이 포함되어 있는가?] 블록은 **자료**의 [ID ▼ 에 10 이 포함되어 있는가?] 블록과 [대답] 블록을 합친 블록입니다.

```
오브젝트를 클릭했을 때
가입할 ID를 입력하세요. 을(를) 묻고 대답 기다리기
만일 ID ▼ 에 대답 이 포함되어 있는가? 이라면
    이미 사용중인 ID입니다. 라고 글쓰기
    2 초 기다리기
    회원가입 라고 글쓰기
아니면
```

5. 만약 ID가 중복되지 않았다면 입력한 ID를 ID 리스트에 추가하도록 **자료**의 [10 항목을 비밀번호 ▾ 에 추가하기] 블록과 [대답] 블록을 합쳐서 다음과 같이 코드를 연결합니다.

```
오브젝트를 클릭했을 때
가입할 ID를 입력하세요. 을(를) 묻고 대답 기다리기
만일 ID ▾ 에 대답 이 포함되어 있는가? 이라면
    이미 사용중인 ID입니다. 라고 글쓰기
    2 초 기다리기
    회원가입 라고 글쓰기
아니면
    대답 항목을 ID ▾ 에 추가하기
```

6. ID를 만들었다면 비밀번호를 입력할 차례입니다. **자료**의 [10 항목을 비밀번호 ▾ 에 추가하기] 블록을 가져와 '10'을 '사용할 비밀번호를 입력하세요.'로 고칩니다. 그리고 사용자가 입력한 비밀번호를 '비밀번호' 리스트에 추가하기 위해 자료의 [10 항목을 비밀번호 ▾ 에 추가하기] 블록과 [대답] 블록을 합쳐서 연결합니다. 마지막으로, ID와 비밀번호를 생성한 후에는 글상자가 보이지 않도록 **생김새**의 [모양 숨기기] 블록을 연결합니다.

```
오브젝트를 클릭했을 때
가입할 ID를 입력하세요. 을(를) 묻고 대답 기다리기
만일 ID ▾ 에 대답 이 포함되어 있는가? 이라면
    이미 사용중인 ID입니다. 라고 글쓰기
    2 초 기다리기
    회원가입 라고 글쓰기
아니면
    대답 항목을 ID ▾ 에 추가하기
    사용할 비밀번호를 입력하세요. 을(를) 묻고 대답 기다리기
    대답 항목을 비밀번호 ▾ 에 추가하기
    모양 숨기기
```

7. ▶시작하기 를 눌러 회원가입을 해봅시다. ■ 를 눌렀다가 다시 같은 ID로 가입하려고 하면 '이미 사용중인 ID입니다.'라고 표시됩니다.

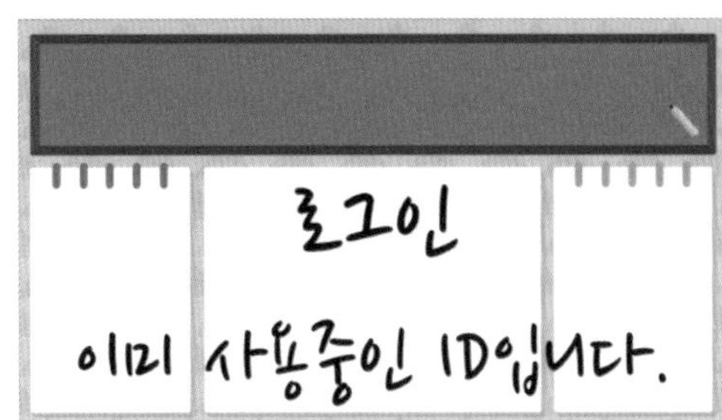

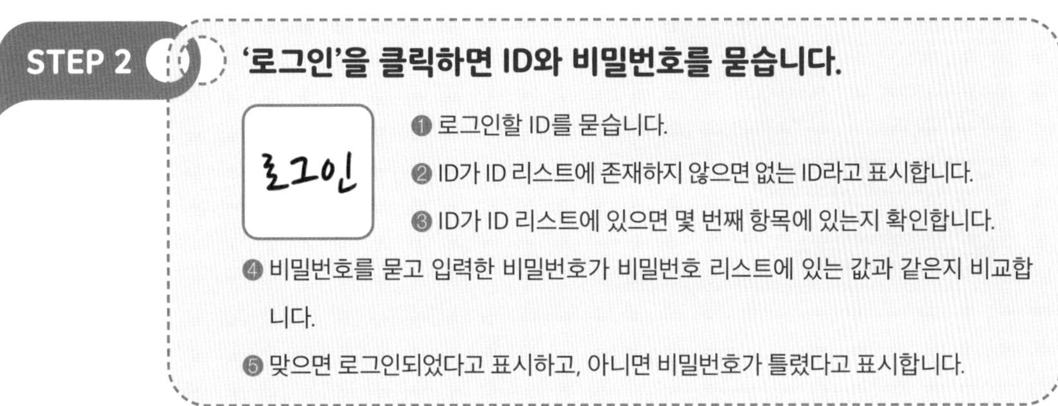

STEP 2
'로그인'을 클릭하면 ID와 비밀번호를 묻습니다.
로그인
❶ 로그인할 ID를 묻습니다.
❷ ID가 ID 리스트에 존재하지 않으면 없는 ID라고 표시합니다.
❸ ID가 ID 리스트에 있으면 몇 번째 항목에 있는지 확인합니다.
❹ 비밀번호를 묻고 입력한 비밀번호가 비밀번호 리스트에 있는 값과 같은지 비교합니다.
❺ 맞으면 로그인되었다고 표시하고, 아니면 비밀번호가 틀렸다고 표시합니다.

8. '로그인' 글상자를 클릭하면 'ID를 입력하세요.'라고 묻고, 입력한 값이 ID 리스트에 없으면 ID가 없다고 표시하도록 4를 참고하여 다음과 같이 코드를 작성합니다.

```
오브젝트를 클릭했을 때
ID를 입력하세요. 을(를) 묻고 대답 기다리기
만일 ID▼ 에 대답 이 포함되어 있는가? 이라면

아니면
    ID가 없습니다. 라고 글쓰기
    2 초 기다리기
    로그인 라고 글쓰기
```

9. 코드 8에서 `만일 <ID ▼ 에 대답 이 포함되어 있는가?> 이라면` 블록 아래에는 입력한 ID가 ID 리스트에 있는지 확인하는 내용과 입력한 비밀번호가 해당 ID의 비밀번호가 맞는지 확인하는 내용이 들어갑니다. 먼저, ID가 ID 리스트에 있다면 몇 번째 항목에 있는지 확인해 봅시다. 몇 번째 항목에 있는지 확인하는 이유는 비밀번호를 확인할 때 필요하기 때문입니다. 예를 들어, ID 리스트의 2번 항목의 비밀번호는 비밀번호 리스트의 2번 항목입니다. 이를 위해서는 281쪽에서 사용했던 것처럼 '번호' 변수를 만들고, **자료**에서 `번호 ▼ 를 10 로 정하기` 블록을 가져와 그 값을 '1'로 정해야 합니다.

```
오브젝트를 클릭했을 때
ID를 입력하세요. 을(를) 묻고 대답 기다리기
만일 <ID ▼ 에 대답 이 포함되어 있는가?> 이라면
    번호 ▼ 를 1 로 정하기
아니면
    ID가 없습니다. 라고 글쓰기
    2 초 기다리기
    로그인 라고 글쓰기
```

10. 이어서 입력한 ID가 ID 리스트의 특정 번호 항목과 같은지 판단하는 코드를 다음과 같이 작성합니다. 이 코드는 ID 리스트의 첫 번째 항목부터 차례로 판단하면서 입력한 ID가 ID 리스트의 해당 항목 값과 같지 않을 때는 번호 변수를 1씩 증가시킵니다. 그리고 이를 ID 리스트 항목 수만큼 반복합니다. 이 과정을 통해 입력한 ID가 ID 리스트의 몇 번째에 존재하는지 알 수 있습니다.

```
오브젝트를 클릭했을 때
ID를 입력하세요. 을(를) 묻고 대답 기다리기
만일 <ID ▼ 에 대답 이 포함되어 있는가?> 이라면
    번호 ▼ 를 1 로 정하기
    ID ▼ 항목 수 번 반복하기
        만일 <ID ▼ 의 번호 ▼ 값 번째 항목 = 대답> 이라면
            반복 중단하기
        아니면
            번호 ▼ 에 1 만큼 더하기
아니면
    ID가 없습니다. 라고 글쓰기
    2 초 기다리기
    로그인 라고 글쓰기
```

개념 톡톡

입력한 ID가 ID 리스트의 몇 번째에 있는지 확인하기

코드 10을 정확히 이해하기 위해 예를 들어 설명해 보겠습니다. 만약, 다음과 같이 ID와 비밀번호 리스트가 등록되어 있고, 사용자가 입력한 ID가 'neverstop'이라고 해봅시다.

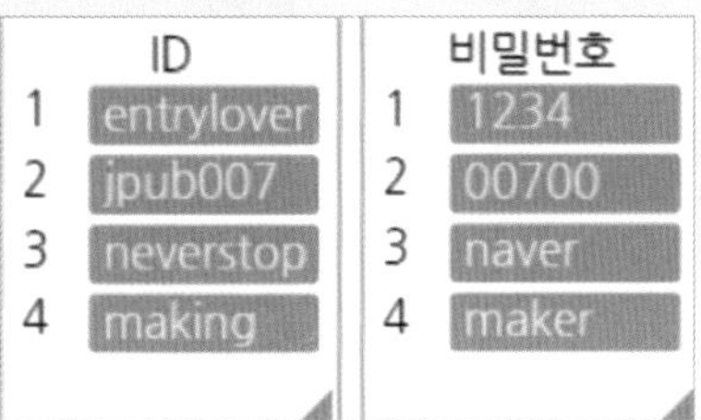

코드가 반복되는 동안 번호▼ 값(❶)과 ID▼ 의 번호▼ 값 번째 항목 값(❷), 대답 값(❸)이 어떻게 변하는지 살펴보겠습니다.

처음 코드 실행

❷와 ❸이 같지 않으므로 ❶에 1을 더합니다.

두 번째 반복

이번에도 ❷와 ❸이 같지 않으므로 ❶에 1을 더합니다.

세 번째 반복

❷와 ❸이 같으므로 반복을 중단합니다. 이때 ❶이 '3'이므로 입력한 ID가 ID 리스트의 세 번째에 있는 것을 확인할 수 있습니다.

11. ID가 몇 번째 항목에 있는지 찾았다면 비밀번호를 묻도록 **자료**에서 [안녕! 을(를) 묻고 대답 기다리기] 블록을 가져와 '안녕'을 '비밀번호를 입력하세요.'로 바꿉니다. 그리고 다음과 같이 비밀번호 리스트의 '번호' 변수 값에 있는 항목([비밀번호 ▼ 의 번호 ▼ 값 번째 항목])이 입력한 비밀번호([대답])와 같은지 확인하는 코드를 작성합니다.

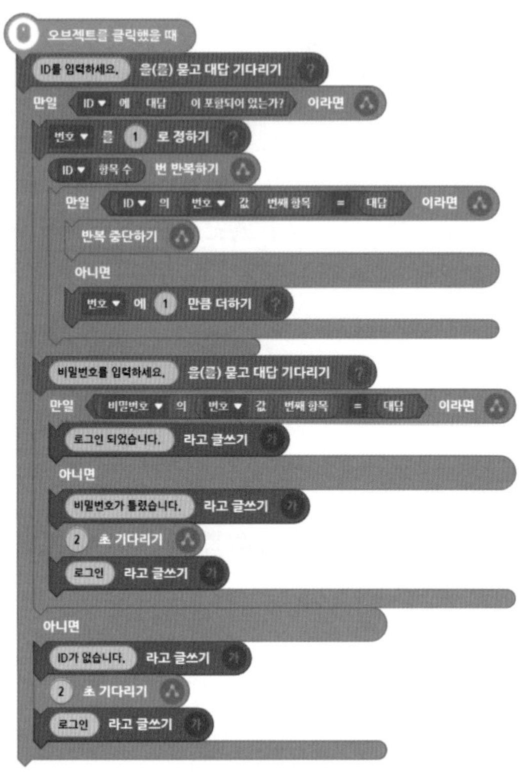

tip 이 코드는 두 비밀번호가 같으면 '로그인 되었습니다.'를 표시하고, 다르면 '비밀번호가 틀렸습니다.'라고 표시했다가 잠시 후에 다시 '로그인'으로 표시합니다.

12. 마지막으로, 변수, 리스트, 대답 창이 보이지 않도록 다음과 같이 코드를 추가합니다.

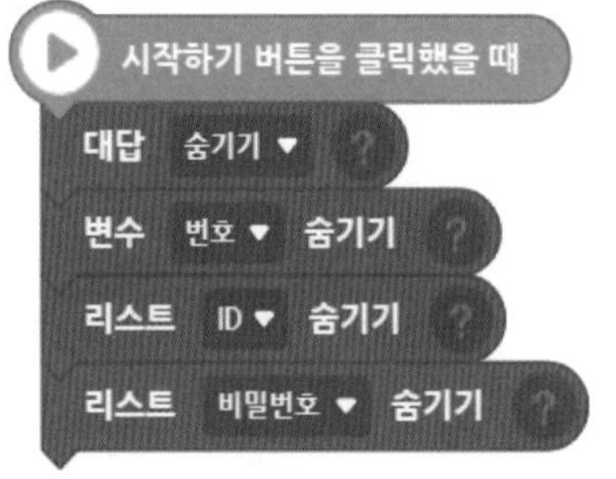

13. [▶ 시작하기]를 눌러 실행해 보세요. 회원가입과 로그인 기능이 잘 작동하는 것을 확인할 수 있습니다.

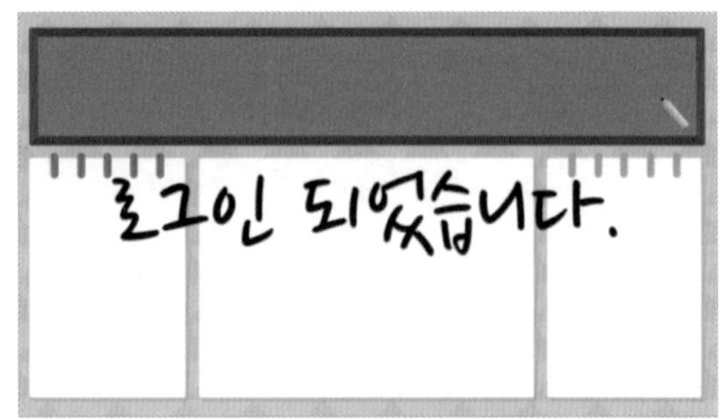

검토하기

완성된 코드를 검토해 봅시다. https://bit.ly/entrycoding17c에 접속하면 전체 코드를 볼 수 있습니다. 놓친 부분은 없는지 천천히 살펴보세요.

글상자(회원가입) 회원가입

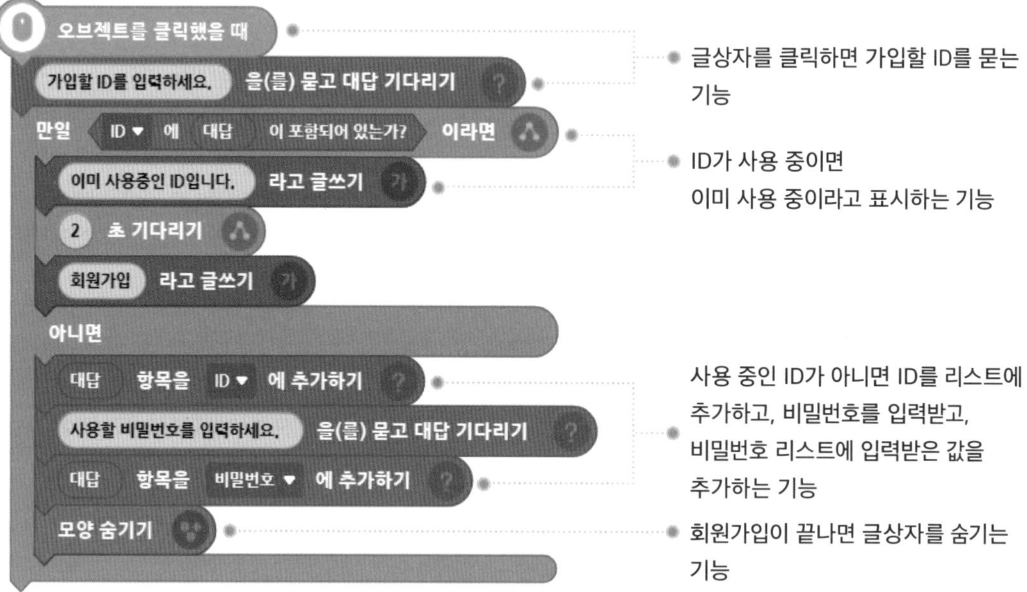

글상자1(로그인) 로그인

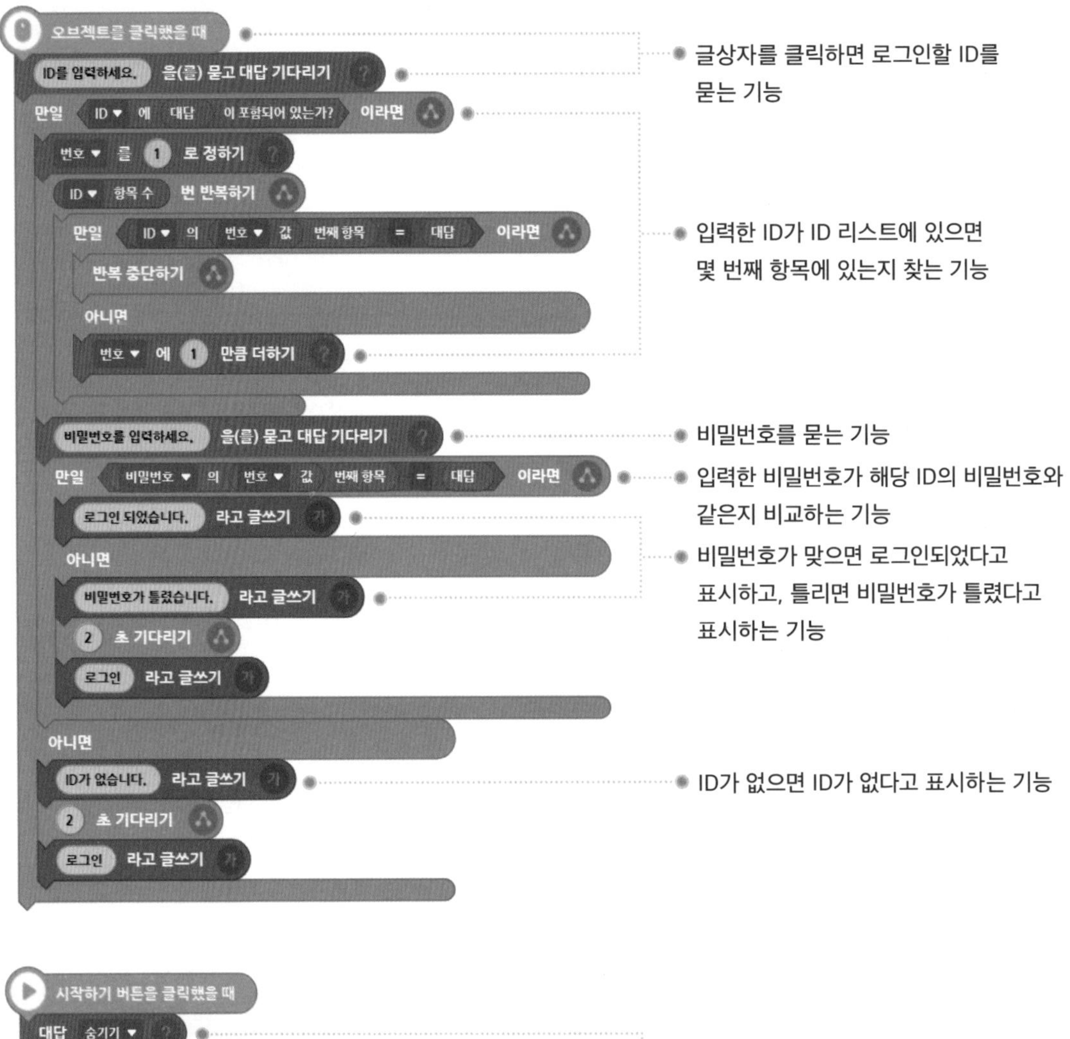

더 나아가기

❶ 회원가입을 할 때 비밀번호 확인 기능을 넣어 비밀번호를 두 번 입력하게 해봅시다.
❷ 로그인을 하면 다른 장면으로 넘어가게 해봅시다.

chapter 18

랭킹 기능 만들기

학습 목표

공유 리스트와 변수를 활용한 랭킹 기능 만들기

- **프로그래밍 개념**

  공유 리스트 / 선택 / 반복 / 이벤트 / 변수 / 비교 연산

- **엔트리 기능**

  글상자 / 묻고 대답 기다리기 / 합치기

난이도 ☆ ☆ ☆ ☆ ☆

기능 설명

• 게임에서는 사용자가 획득한 점수를 다른 사용자의 기록과 비교해서 순위를 알려주는 랭킹 기능을 제공합니다. 공유 리스트와 변수를 활용하여 점수를 입력하면 몇 등인지 알려주는 랭킹 기능을 만들어봅시다.

게임 살펴보기

https://bit.ly/entrycoding18

장면 1 미리보기

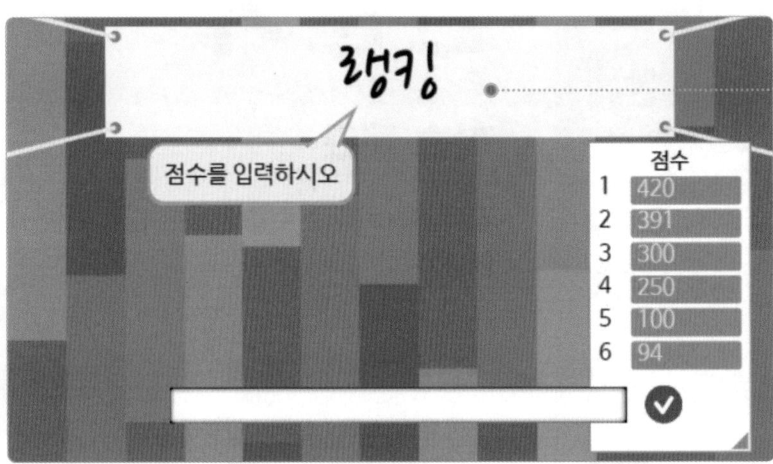

STEP 1
클릭하면 점수를 입력할 수 있고, 점수를 입력하면 랭킹이 표시됩니다.

개념 다지기

랭킹 기능의 원리를 알아보아요!

랭킹은 사용자의 점수가 몇 등인지 알려주는 기능입니다. 랭킹 기능은 사용자 사이에 경쟁심을 불러일으켜 사용자가 게임에 더욱 몰입할 수 있게 도와줍니다. 엔트리로 랭킹 기능을 만들기 위해서는 '점수'라는 리스트를 만들고, 새로운 기록이 생길 때마다 해당 기록을 추가해야 합니다. 이때, 새로 생긴 기록을 리스트의 가장 마지막에 추가하는 것이 아니라, 기록의 순위에 맞는 위치에 추가하면 쉽게 랭킹 기능을 만들 수 있습니다.

랭킹 기능의 원리를 자세히 알아봅시다. 제일 처음 게임을 실행한 사용자가 100점을 획득했다고 해봅시다. 점수 리스트는 ❶처럼 추가된 점수가 없으므로 ❷와 같이 100점을 기록하고 사용자에게 1등이라고 알려줍니다. 두 번째 사용자가 획득한 점수가 200점이라면 ❷의 리스트에서 가장 첫 번째 항목을 살펴보고 더 높은 점수인 200점을 첫 번째 항목에 기록한 뒤 사용자에게 1등이라고 알려줍니다. 이렇게 기록이 추가되면 점수 리스트는 ❸과 같이 됩니다. 다음 사용자가 획득한 점수가 150점이라면 ❸의 리스트에서 첫 번째 항목인 200과 비교합니다. 150은 200보다 작으므로 다시 두 번째 항목인 100과 비교합니다. 150은 100보다는 크므로 두 번째 항목에 150점을 기록한 뒤 사용자에게 2등이라고 알려줍니다. 그러면 점수 리스트가 ❹와 같이 됩니다. 마지막 사용자가 50점을 획득하였다면 첫 번째 항목부터 차례로 비교하여 가장 마지막에 기록한 뒤 사용자에게 4등이라고 알려줍니다. 이렇게 마지막 기록이 추가되면 점수 리스트는 ❺와 같이 됩니다.

이와 같은 원리를 사용하여 랭킹 기능을 직접 구현해 봅시다.

프로그래밍하기

1. 오브젝트 목록 창에서 '엔트리봇' 오브젝트를 삭제하고, [+ 오브젝트 추가하기]를 눌러 '학교강당' 오브젝트를 추가합니다.

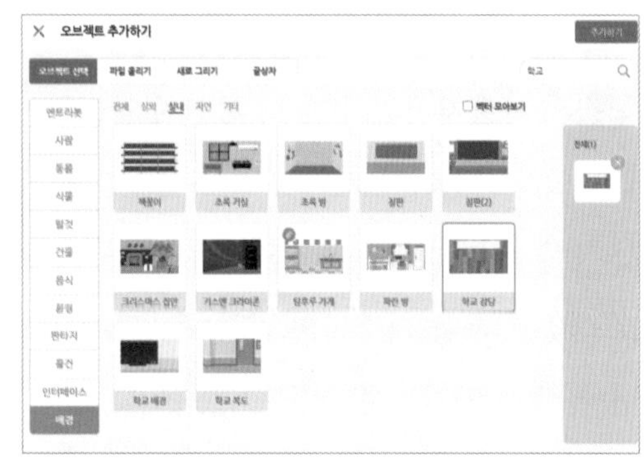

2. 새 글상자를 추가하여 '랭킹' 글상자를 만듭니다. 글꼴은 '나눔손글씨'로, 글 색깔은 '검정색'으로, 글 배경은 '투명'으로 정합니다. 그리고 **오브젝트 준비하기**를 참고하여 다음과 같이 오브젝트의 위치와 크기를 변경합니다.

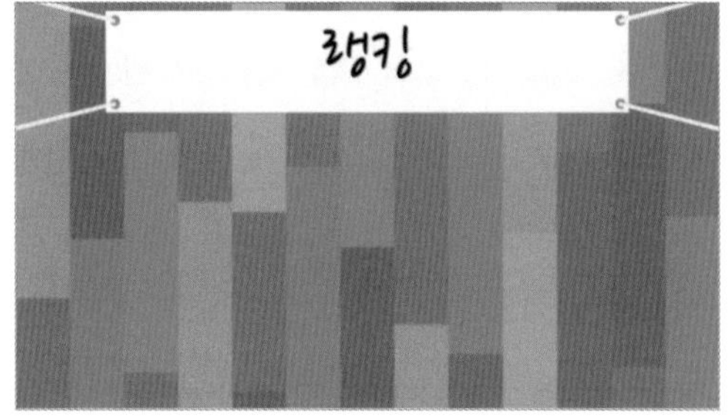

오브젝트 준비하기

오브젝트	랭킹	(학교강당 이미지)
이름	글상자	학교강당
카테고리	글상자	배경-실내
X	0	0
Y	100	0
크기	50	375

STEP 1 점수를 입력하면 랭킹이 표시됩니다.

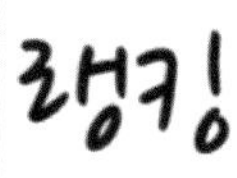

❶ 랭킹을 클릭하면 획득한 점수를 묻습니다.

❷ 점수 리스트에 항목이 하나도 없으면 점수 리스트에 새 점수를 바로 추가합니다.

❸ 점수 리스트에 항목이 하나라도 있으면 점수 리스트의 첫 번째 항목부터 차례대로 획득한 점수와 비교합니다.

❹ 획득한 점수가 특정 항목보다 더 높으면 그 위치에 획득한 점수를 추가합니다.

❺ 획득한 점수가 리스트에 추가된 모든 항목보다 작으면 마지막 위치에 획득한 점수를 추가합니다.

❻ 랭킹을 표시합니다.

3. 먼저, 점수를 저장할 '점수' 리스트를 만듭니다. 이때 '공유 리스트로 사용'에 체크해서 ■ 를 눌러도 정보가 남아있도록 합니다. 그리고 획득한 점수를 입력받을 수 있도록 '랭킹' 글상자를 클릭하고 **시작**에서 [오브젝트를 클릭했을 때]와 **자료**의 [안녕! 을(를) 묻고 대답 기다리기] 블록을 연결하고 '안녕'을 '점수를 입력하세요.'로 바꿉니다.

```
오브젝트를 클릭했을 때
점수를 입력하세요. 을(를) 묻고 대답 기다리기
```

4. 점수를 입력했을 때 점수 리스트에 추가된 점수가 하나도 없으면, 입력한 값을 점수 리스트에 추가하도록 **판단**에서 [10 = 10] 블록을 가져와 각각의 '10'에 [점수 ▼ 항목 수] 블록과 '0'을 넣습니다. 그리고 점수 리스트에 항목이 하나도 없을 때 입력한 내용을 점수 리스트에 추가하도록 **자료**에서 [10 항목을 점수 ▼ 에 추가하기] 블록을 가져와 다음과 같이 **흐름**의 [만일 참 이라면 / 아니면] 블록에 연결합니다. 이때 '10'은 [대답]으로 바꿉니다.

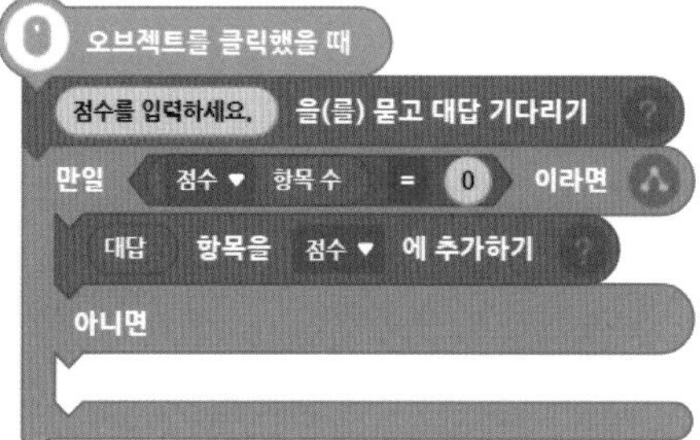

5. 만약에 점수 리스트에 이미 추가된 항목이 하나라도 있으면 점수 리스트의 첫 번째 항목부터 하나씩 입력한 점수와 비교하게 해봅시다. 먼저 '번호'라는 변수를 만들고 **자료**에서 [번호 ▾ 를 10 로 정하기] 블록을 가져와 4의 [점수를 입력하세요. 을(를) 묻고 대답 기다리기] 아래에 연결하고 '10'을 '1'로 바꿉니다.

```
오브젝트를 클릭했을 때
점수를 입력하세요. 을(를) 묻고 대답 기다리기
번호 ▾ 를 1 로 정하기
만일 < 점수 ▾ 항목 수 = 0 > 이라면
    대답 항목을 점수 ▾ 에 추가하기
아니면
```

tip 이제 리스트를 다룰 때 '번호' 변수를 만드는 건 익숙하죠?

6. 이제 입력한 값과 리스트에 있는 항목을 비교하기 위해 5의 코드에 **흐름**의 [만일 참 이라면 / 아니면] 블록을 연결합니다. 우선, 입력한 값이 리스트에 있는 항목보다 클 때를 코딩하겠습니다. **판단**에서 [10 ≥ 10] 블록을 가져와 첫 번째 '10'에는 [대답] 블록을 넣고, 두 번째 '10'에는 [점수 ▾ 의 1 번째 항목] 블록을 넣은 뒤 '1'에는 [번호 ▾ 값] 블록을 넣습니다. 그리고 입력한 값이 리스트의 어떤 항목보다 크거나 같으면, 점수 리스트의 해당 항목의 위치에 입력한 값을 추가하도록 **자료**에서 [10 을(를) 리스트 ▾ 의 1 번째에 넣기]을 가져와 '10'에는 [대답] 블록을 넣고, '1'에는 [번호 ▾ 값] 블록을 넣습니다. 입력한 점수가 리스트 항목에서 비교한 항목보다 크거나 같으면 반복을 멈추도록 [반복 중단하기] 블록을 연결합니다.

```
오브젝트를 클릭했을 때
점수를 입력하세요. 을(를) 묻고 대답 기다리기
번호 ▾ 를 1 로 정하기
만일 < 점수 ▾ 항목 수 = 0 > 이라면
    대답 항목을 점수 ▾ 에 추가하기
아니면
    만일 < 대답 ≥ 점수 ▾ 의 번호 ▾ 값 번째 항목 > 이라면
        대답 을(를) 점수 ▾ 의 번호 ▾ 값 번째에 넣기
        반복 중단하기
    아니면
```

7. 그리고 입력한 점수가 리스트 항목에서 비교한 항목보다 작으면 '번호' 변수를 1만큼 증가시키도록 [번호▼ 에 10 만큼 더하기] 블록을 가져와 '10'을 '1'로 고칩니다.

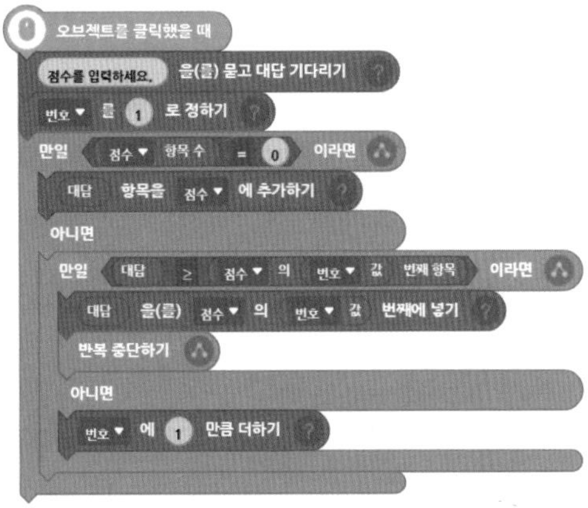

8. 입력한 점수를 모든 리스트 항목과 반복하여 비교할 수 있도록 [10 번 반복하기] 블록을 가져와 다음과 같이 7 에서 만든 블록을 감싸도록 연결하고, '10'에는 [점수▼ 항목 수] 블록을 넣습니다.

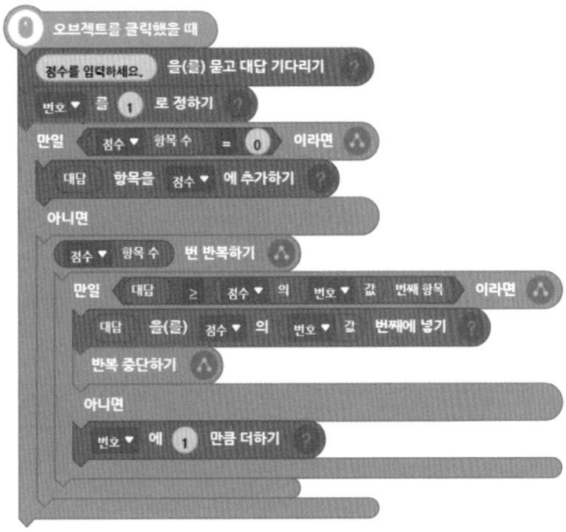

tip 이 코드는 입력한 점수 값을 점수 리스트의 첫 번째 항목과 비교한 뒤 그것보다 크면 리스트 첫 번째 항목으로 추가하고, 작으면 두 번째 항목과 비교합니다. 그리고 두 번째 항목보다 크면 두 번째 항목으로 추가하고, 두 번째 항목보다도 작으면 세 번째 항목과 비교합니다. 즉, 입력한 점수를 리스트 항목 순서대로 비교하다가 입력한 점수 값이 특정 항목보다 더 크면 그 위치에 입력한 점수 값을 추가하고 더 이상 반복할 필요가 없으므로 반복을 중단합니다.

9. [▶시작하기]와 랭킹 글상자를 차례대로 눌러 100, 200, 300을 입력해 봅시다. 점수가 큰 순서대로 추가되는 것을 볼 수 있습니다. 하지만 마지막에 50점을 입력하면 정상적으로 동작하지 않게 됩니다. 8 에서는 가장 작은 점수를 입력했을 때는 점수를 어디에 추가할지 따로 명령하지 않았기 때문입니다.

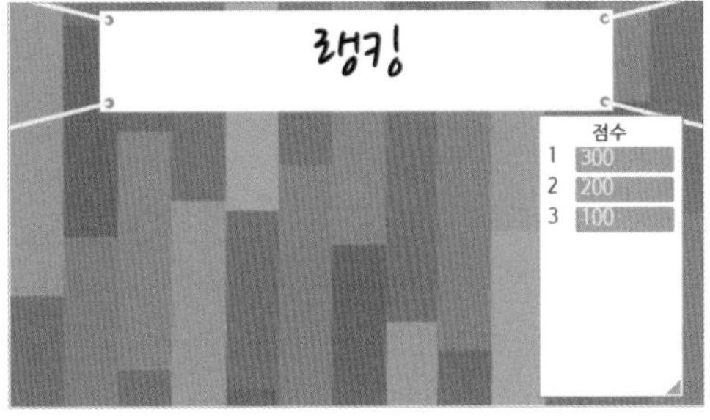

10. 입력한 점수가 가장 작으면 마지막 위치에 획득한 점수를 추가하도록 해봅시다. **흐름**에서 [만일 참 이라면]을 가져와 [참]에 **판단**의 [10 = 10]를 넣습니다. 첫 번째 '10'에는 **자료**의 [점수▼ 항목 수]를, 두 번째 '10'에는 **자료**의 [번호▼ 값]를 넣습니다. 그리고 **자료**의 [10 항목을 점수▼ 에 추가하기] 블록을 가져와 '10'에는 **자료**의 [대답]을 넣어 다음과 같이 코드를 작성합니다.

```
오브젝트를 클릭했을 때
점수를 입력하세요. 을(를) 묻고 대답 기다리기
번호▼ 를 1 로 정하기
만일 < 점수▼ 항목 수 = 0 > 이라면
    대답 항목을 점수▼ 에 추가하기
아니면
    점수▼ 항목 수 번 반복하기
        만일 < 대답 ≥ 점수▼ 의 번호▼ 값 번째 항목 > 이라면
            대답 을(를) 점수▼ 의 번호▼ 값 번째에 넣기
            반복 중단하기
        아니면
            만일 < 점수▼ 항목 수 = 번호▼ 값 > 이라면
                대답 항목을 점수▼ 에 추가하기
            번호▼ 에 1 만큼 더하기
```

tip 이렇게 코드를 작성하면 입력한 점수 값이 모든 점수 리스트 항목보다 작을 때, 즉 번호 변수 값이 점수 항목 수와 같아졌을 때 해당 점수 값을 점수 리스트의 가장 마지막에 추가합니다.

11. 이제 입력한 점수의 랭킹을 보여주도록 해봅시다. 입력한 점수의 랭킹은 '번호' 변수 값과 같습니다. **글상자**에서 엔트리 라고 글쓰기 블록을 가져와 마지막에 연결하고, **계산**의 안녕! 과(와) 엔트리 를 합치기 블록을 넣습니다. '안녕'에는 **자료**의 번호 ▾ 값 을, '엔트리'는 '등!'으로 바꿉니다.

```
오브젝트를 클릭했을 때
점수를 입력하세요. 을(를) 묻고 대답 기다리기
번호 ▾ 를 1 로 정하기
만일 < 점수 ▾ 항목 수 = 0 > 이라면
    대답 항목을 점수 ▾ 에 추가하기
아니면
    점수 ▾ 항목 수 번 반복하기
        만일 < 대답 ≥ 점수 ▾ 의 번호 ▾ 값 번째 항목 > 이라면
            대답 을(를) 점수 ▾ 의 번호 ▾ 값 번째에 넣기
            반복 중단하기
        아니면
            만일 < 점수 ▾ 항목 수 = 번호 ▾ 값 > 이라면
                대답 항목을 점수 ▾ 에 추가하기
        번호 ▾ 에 1 만큼 더하기
( 번호 ▾ 값 과(와) 등! 를 합치기 ) 라고 글쓰기
```

12. 그리고 대답과 변수 창은 보이지 않도록 다음과 같은 코드를 추가합니다.

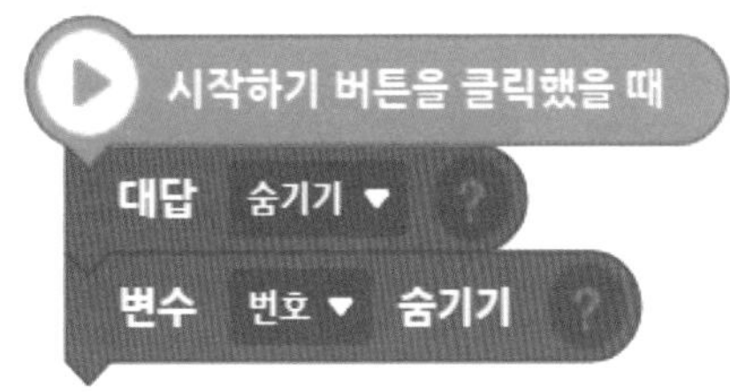

13. ▶시작하기 와 랭킹 글상자를 눌러 점수를 입력해 보세요. 랭킹이 순서대로 나열되는 것을 확인할 수 있습니다.

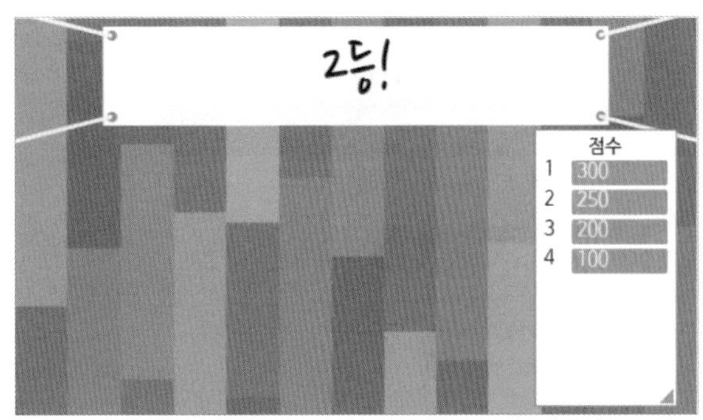

검토하기

완성된 코드를 검토해 봅시다. https://bit.ly/entrycoding18c에 접속하면 전체 코드를 볼 수 있습니다. 놓친 부분은 없는지 천천히 살펴보세요.

글상자(랭킹) 랭킹

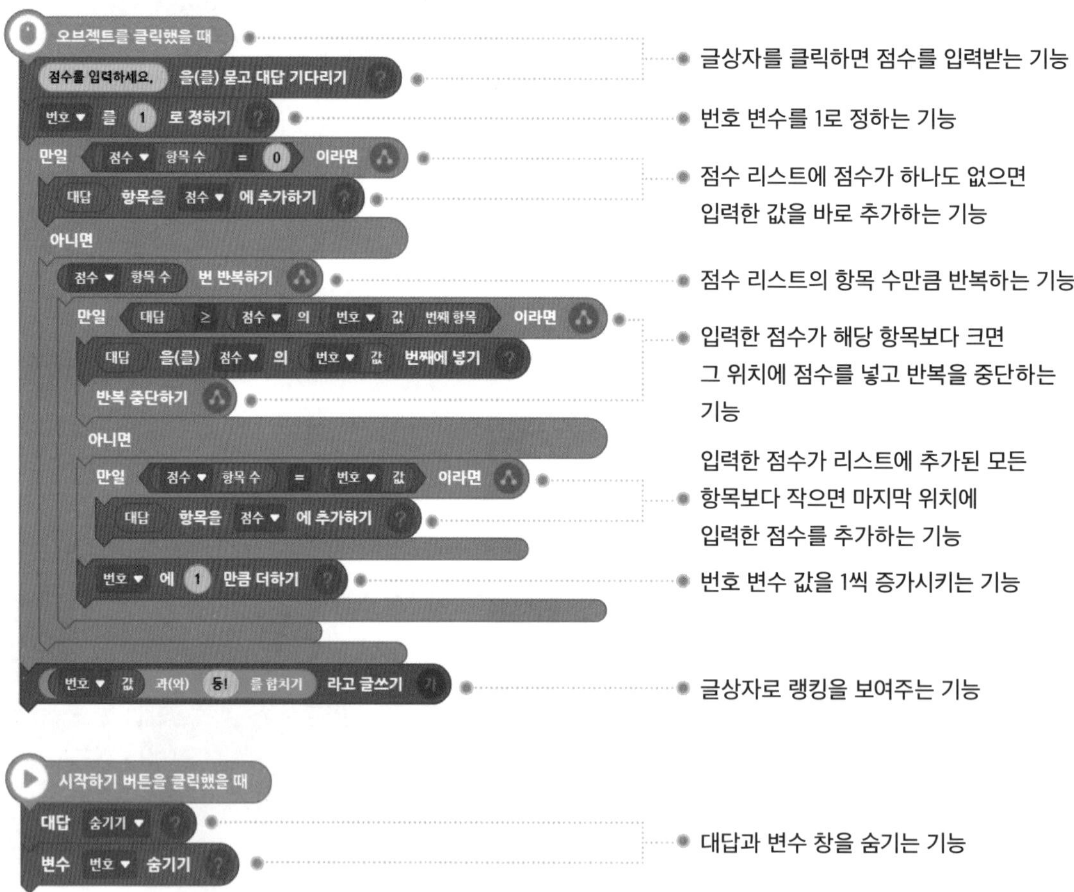

오브젝트를 클릭했을 때
점수를 입력하세요. 을(를) 묻고 대답 기다리기
번호 를 1 로 정하기
만일 점수 항목 수 = 0 이라면
대답 항목을 점수 에 추가하기
아니면
점수 항목 수 번 반복하기
만일 대답 ≥ 점수 의 번호 값 번째 항목 이라면
대답 을(를) 점수 의 번호 값 번째에 넣기
반복 중단하기
아니면
만일 점수 항목 수 = 번호 값 이라면
대답 항목을 점수 에 추가하기
번호 에 1 만큼 더하기
번호 값 과(와) 등! 를 합치기 라고 글쓰기
시작하기 버튼을 클릭했을 때
대답 숨기기
변수 번호 숨기기
글상자를 클릭하면 점수를 입력받는 기능
번호 변수를 1로 정하는 기능
점수 리스트에 점수가 하나도 없으면 입력한 값을 바로 추가하는 기능
점수 리스트의 항목 수만큼 반복하는 기능
입력한 점수가 해당 항목보다 크면 그 위치에 점수를 넣고 반복을 중단하는 기능
입력한 점수가 리스트에 추가된 모든 항목보다 작으면 마지막 위치에 입력한 점수를 추가하는 기능
번호 변수 값을 1씩 증가시키는 기능
글상자로 랭킹을 보여주는 기능
대답과 변수 창을 숨기는 기능

더 나아가기

❶ '사용자' 리스트를 만들어 어떤 사용자가 그 점수를 획득했는지 함께 보여주도록 해봅시다.

❷ 점수가 무작위로 기록되어 있을 때 점수가 큰 순서대로 정렬하는 기능을 만들어봅시다.

진솔한 서평을 올려 주세요!

이 책 또는 이미 읽은 제이펍의 책이 있다면, 장단점을 잘 보여 주는 솔직한 서평을 올려 주세요.
매월 최대 5건의 우수 서평을 선별하여 원하는 제이펍 도서를 1권씩 드립니다!

- **서평 이벤트 참여 방법**

  ❶ 제이펍 책을 읽고 자신의 블로그나 SNS, 각 인터넷 서점 리뷰란에 서평을 올린다.

  ❷ 서평이 작성된 URL과 함께 **review@jpub.kr**로 메일을 보내 응모한다.

- **서평 당선자 발표**

  매월 첫째 주 제이펍 홈페이지(**www.jpub.kr**) 및 페이스북(**www.facebook.com/jeipub**)에 공지하고, 해당 당선자에게는 메일로 개별 연락을 드립니다.

독자 여러분의 응원과 채찍질을 받아 더 나은 책을 만들 수 있도록 도와주시기 바랍니다.

찾아보기